社会主义新农村建设书系

养老知识 300 问

唐晓东　吴效耘　主编

ZHEJIANG UNIVERSITY PRESS
浙江大学出版社

图书在版编目(CIP)数据

养老知识 300 问 / 唐晓东,吴效耘主编. —杭州:
浙江大学出版社,2013.7(2015.9 重印)
ISBN 978-7-308-11773-9

Ⅰ.①养… Ⅱ.①唐… ②吴… Ⅲ.①农民－养老－
问题解答 Ⅳ.①C913.6-44

中国版本图书馆 CIP 数据核字(2013)第 141977 号

养老知识 300 问

唐晓东 吴效耘 主编

丛书策划	阮海潮
责任编辑	何 瑜
封面设计	俞亚彤
出版发行	浙江大学出版社
	(杭州市天目山路 148 号 邮政编码 310007)
	(网址:http://www.zjupress.com)
排 版	浙江时代出版服务有限公司
印 刷	德清县第二印刷厂
开 本	850mm×1168mm 1/32
印 张	10
字 数	250 千
版 印 次	2013 年 7 月第 1 版 2015 年 9 月第 6 次印刷
书 号	ISBN 978-7-308-11773-9
定 价	25.00 元

序

　　养老问题是事关社会安定、人民幸福的大事，国家重视，人民关心。养老是一个大话题，也是一个大问题，更是一个大课题。

　　养老是一个大话题。从古至今，养老都是一个绕不过的话题，上至皇帝总理，下至黎民百姓，人人都会老，人人都需要养老。古人说"养儿防老、积谷充饥"，"养儿方知父母恩"。这是对中国社会长期以来解决养老问题的高度概括和深刻认识。这种"以恩报恩"的抚养、赡养关系，在中国老百姓中深入人心、代代相传。时至21世纪，特别是中共十七大把"老有所养"列入施政目标，国家实施的全民养老、医疗保险的养老政策正在全面贯彻落实之中，传统的家庭养老模式发展成为国家、社会、家庭、个人四者结合的共同养老方式，养老的话题也更多了。从国家层面上讲，是如何让中国老人的老年生活有保障，是一个实现老有所养的话题；从社会层面上讲，是养老机构、社区组织等如何为老人做好服务和老人如何发挥服务社会的作用，是一个实现老有所处和老有所为的话题；从家庭层面上讲，是子女如何为老人的晚年生活承担赡养义务，是一个实现老有所依的话题；从老人层面上讲，是如何让自己的晚年生活丰富多彩、健康长寿，是一个实现养生有道的话题。

　　养老是个大问题。中国自1999年人口进入老龄化以来，养老问题日益突出，已经成为中国经济社会发展中的大问题。据2010年第六次全国人口普查结果显示，在我国大陆总人口数

13.39 亿中,60 岁及以上人口 1.78 亿,占 13.26％。预计到 2015 年,老年人口将达到 2.21 亿,约占总人口的 16％;到 2020 年,老年人口将达到 2.43 亿,约占总人口的 18％。独生子女政策的"少子化"与跨区域异地自由就业后的"空巢化"问题日趋严重。"养儿防老"已不适应当今社会养老需求的现实情况。近年来,党和国家制定了一系列养老政策和出台了一系列养老措施,让老百姓"老有所养"、"老有所医"、"老有所乐"。国务院办公厅于 2011 年 12 月印发了《社会养老服务体系建设规划(2011－2015 年)》,提出了建立以居家为基础、社区为依托、机构为支撑,着眼于老年人的实际需求,优先保障孤老优抚对象及低收入的高龄、独居、失能等困难老年人的服务需求,兼顾全体老年人改善和提高养老服务条件要求的社会养老服务体系。国家、社会、家庭、个人的共同努力,养老问题终将会得到全面解决。

养老是一个大课题。养老课题包罗万象,复杂变化,是一个研究不完的人类生活的永续课题。养老包含了国家政策,理论实务和物质文化;养老包含了老人的衣食住行、柴米油盐酱醋茶;养老包含了老人的琴棋书画、文体娱乐和睦家;养老包含了老人的健康养生、医疗保健寿命长。

唐晓东同志编写的《养老知识 300 问》,写进了国家的养老政策,写进了家庭养老、社区养老、机构养老的方式,写进了老人的养生保健、饮食起居、医疗护理的方法。实质上是对一个大话题的叙说,是对一个大问题的叙述,是对一个大课题的论述,是在为发展我国的养老事业、宣传养老政策、传播养老知识做着一桩大好事,也可以说是为天下父母的养老生活尽一次高层次的精神孝道。《礼记》中说:"孝有三:大尊尊亲,其次弗辱,其下能养。"孝道最高的层次是在精神层面上让父母得到天下人的尊敬,其次是不让自己的言行使父母受辱,再次是要力尽所能保障父母的生活供养。

　　《养老知识300问》是浙江大学出版社约请唐晓东写的社会主义新农村书系之一，系统性、通俗性、知识性是该书的主要特点。一是该书从人为什么会老开始到树立怎样的养老态度，然后提供养老政策帮助，再介绍三种养老方式，重点把养生保健、饮食起居、医疗护理等养老的核心内容表达出来，形成了一个完整的体系；二是该书所选择的提问绝大部分是人们普遍碰到的、但又不是很清楚的一些问题，采用问答的形式编写，一事一问，简洁明快，通俗易懂；三是该书聚集了人体生命知识、年龄段划分知识、养老政策运用知识、地理环境知识、养生保健知识、日常生活知识、医疗护理急救知识等与养老相关的实用知识。《养老知识300问》是一本融知识性、实用性、通俗性于一体的综合性养老读物。我相信，这本《养老知识300问》的出版发行，将会对广大的老年朋友、子女、亲属及关心养老事业发展的人们快速了解养老知识、掌握和运用养老知识将会起到积极的帮助作用。

魏跃华

2013 年 7 月 18 日

前　言

养老是全社会的共同责任。如何为天下老人尽一份责任,也是我们长期以来的共同心愿。2012年浙江大学出版社编辑室阮海潮主任约请本人继续编写"社会主义新农村建设书系"300问丛书的《养老知识300问》。我深知,要写好这本题材宽、内容广、读者多、专业性强的书是一件很不容易做的事情,特别是涉及许多专业知识是本人胜任不及的。为了写好这本书,使书的内容更贴近实际,给读者用得上、不误导,我带着专题到浙江省规模最大的社会养老机构——嘉兴湘家荡颐养中心实地调研,得到了该中心董事长汝才良先生的大力支持,并邀请该中心具有丰富的养老机构管理经验的吴效耘副总经理一起共同编写。我们还深入医疗机构了解情况、咨询专家,并结合自己一些亲身经历和感受,进行选材、采集、汇总、提炼、修改。经过了一年多的努力,在有关领导鼓励支持、医疗护理专家指导帮助、出版社编审人员的审核修饰下,得以正式出版发行。

本书按照浙江大学出版社"社会主义新农村建设书系"中的300问体例编写,内容涉及养老态度、养老政策、养老方式、养生保健、医疗护理等人们关心或关注的、日常遇见但又不是很清楚的一些基本问题,在选材和写作上尽量贴近生活实际并有现实的指导意义。全书分九章,共300个问题,一问一答。其中:第一章、第二章、第五章、第六章、第七章、第八章为唐晓东主笔,第三章、第四章、第九章为吴效耘主笔,全书由唐晓东负责统稿。

　　第一章老有所养,主要介绍人为什么会老、老了由谁来养、老人如何处理家庭琐事以及如何调正心态过好老年生活的问题,把人老的原因和对待养老的基本态度告诉老年朋友。有一句名言叫"态度决定人生。"态度端正了,老年生活才能过得快乐。

　　第二章养老政策,主要介绍了国家有关老年生活保障的一系列政策,包括养老保障的基本制度,退休规定和退休金计算,城乡居民以及被征地后农民的养老保险、医疗保险、最低生活保障,残疾人、五保户、烈军属、老党员等特殊优惠政策以及社会给予老年人普遍的优惠政策等,把政策送给老年朋友,让他们在学政策、用政策中,感受国家给予人生保障所带来的生活温暖。

　　第三章机构养老,主要介绍养老机构的基本要求,如何选择和评价养老机构,如何办理入住手续,如何适应养老机构生活等一些基本常识,给想要入住养老机构的老人以及他的子女们在选择进住养老机构生活提供指导性的参考。

　　第四章社区养老,主要介绍社区养老的基本方式、基本服务功能,社区养老法律支持和机构建设要求,给企业退休人员和老党员等如何享受社区的服务以及老人和家庭子女如何取得社区养老服务提供参考。

　　第五章家庭养老,主要介绍老人住房选择以及装修注意事项,如何处理金钱、邻居、子女、婆媳等一些生活中最普通的关系,如何找合适的保姆,如何取得养老服务等一些基本的问题,给老人们一个提示性的指导,让老人在家过得舒心、健康、快乐。

　　第六章养生保健,主要介绍人类养生中如何围绕"合理膳食、适量运动、戒烟限酒、心理平衡"的问题,根据春夏秋冬四季不同,选择合理饮食、运动、进补、心理调节方式,做到如何不生气,保持身心健康。把养生保健的基本理念传递给读者,讲究养生之道的基本道理是人类生活要尊重自然规律。

　　第七章饮食起居，主要介绍日常生活中的如何选择房间，如何合理饮食、调养，如何适时睡眠，如何讲究穿着等普遍遇到的一些问题，如哪些食物不能吃，哪些食物可防癌，哪些食物利于补养五脏六腑，如何适应养生时间起床、排便、吃饭、活动、睡觉等。告诉读者：人在日常生活中，要注意科学饮食、适应环境、注重卫生、养成良好的生活习惯。

　　第八章医疗知识，主要介绍医院类型，看病如何选医院、选医生，如何办理挂号、住院、出院手续，如何选择体检项目以及B超、CT、胃镜等检查的适用病症，如何看化验单，如何正确用药和保管药品等一些问题。把人们上医院看病、用药的常识告诉读者，得到合理医疗，纠正错误做法。

　　第九章护理服务，主要介绍老年护理的特点，哪些病可以在家庭护理以及家庭护理中要注意哪些事项，医院护理等级如何划分以及每级别的护理要求，常见病的护理，急救基本常识等问题，把护理的知识告诉读者，让被护理的人能够得到更好的护理服务，有时还能维护自身的合法权益。

　　由于本书内容涉及一些中医、西医、中药、西药、医疗、检验等专业知识，限于作者的专业水平，书中编写的内容不一定是正确的。在此特别提醒读者朋友：凡涉及需要治病用药的，不能按书中写的自行使用，要到医院去，在医生指导下安全用药、接受治疗，以防止乱用药或用药不当而损害身体健康。

　　本书在编写过程中，得到了浙江省财政厅魏跃华副厅长的热情鼓励，并为本书写了序；得到了浙江省台州市五官科医院黄耀忠院长、嘉兴市第一医院急诊科李忠主任、嘉兴市第一医院李莉主管检验师、嘉兴湘家荡颐养中心康复院蔡张巍医师和护理办李小燕副主任对医疗护理知识等内容的指导和审稿把关；得到了浙江大学出版社领导和编审人员的信任、指导和精心修饰，在此，一并表示衷心感谢！

　　限于我们的学识水平和专业知识，本书在编写的内容以及对问题的设计和阐述上都会存在不足或错误，敬请广大读者批评指正。

唐晓东

2013 年 7 月 18 日

目　录
CONTENTS

问题17：城镇个体工商户等自谋职业者、农民合同制工人以及采取各种灵活方式就业人员国家有退休规定吗？

问题18：省部级以上领导干部的退休年龄国家是怎样规定的？

问题19：国家对军官的退休是怎样规定的？

问题20：我国的基本养老保险金是由哪几部分组成的？

问题21：退休后享受基本养老保险待遇的要具备哪些基本条件？

问题22：实行城乡居民社会养老保险制度后，城乡居民原来没有缴过费的，可否按月享受基础养老金待遇？

问题23：办理城乡居民社会养老保险需要准备哪些证件资料？

问题24：企业退休养老金是怎样计算的？

问题25：行政机关、事业单位退休人员的退休费计发比例是如何规定的？

问题26：企业职工养老金可以异地转移接续，退休后是否可以选择任何一个地方的养老保险机构领取养老金？

问题27：在城镇就业并已交养老金的农民合同制工人回乡后，其养老金如何处理？

问题28：被征地后的农民基本生活保障是怎样规定的？

问题29：被征地后的农民的生活保障费是怎样处理的？

问题30：城乡居民社会养老保险制度与其他有关制度是如何衔接的？

问题31：城镇职工基本医疗保险制度的框架是怎样的？

问题32：哪些单位和职工必须参加基本医疗保险？

问题33：退休人员享受医疗保险待遇要要符合哪些条件？

样规定的？

问题53：农民养老金标准是多少？养老金支付期限和继承
　　　　是怎么规定的？

问题54：农村参加医疗保险的人员，死亡时可否享受丧葬补
　　　　助？

问题55：什么叫农村"五保"供养？

问题56：农民怎样申请和取得农村五保供养待遇？

问题57：残疾人如何申请和取得国家基本生活保障待遇？

问题58：生活不能自理的重度残疾人国家有什么特殊优惠
　　　　政策？

问题59：重度残疾人如何申请和取得托养、安养优惠待遇？

问题60：经济困难的公民无钱打官司，能申请国家法律援
　　　　助吗？

问题61：哪些人员可以享受国家的军人抚恤优待？

问题62：残疾军人等可以享受国家抚恤补助，其标准是
　　　　多少？

问题63：退出现役残疾军人供养待遇是怎样规定的？

问题64：新中国成立前加入中国共产党的农村老党员有生
　　　　活补助吗？

问题65：老人在哪些方面得到社会各界的特别优待？

问题66：国家机关工作人员及离退休人员死亡，一次性抚恤
　　　　金发放标准是怎样规定的？

问题67：什么叫机构养老？我国有哪些类型的养老机构？

问题68：老人到养老机构养老有哪些好处？

问题69：养老机构能为老人提供哪些方面的服务？

问题70：如何判断养老机构是不是合法规范？

问题293：老年人在用药上如何加强管理？

问题294：老人骨质疏松症怎样护理？

问题295：缓解老花眼有什么护理方法？

问题296：怎样照顾有抑郁症的老人？

问题297：脑卒中病人如何实施家庭急救？

问题298：冠心病病人急性发作时如何采取急救措施？

问题299：如何现场抢救猝死者？

问题300：临终关怀护理包含哪些主要内容？

第 1 章 老有所养

 问题 1：人为什么会衰老？

答：衰老是一种自然规律，任何人都是从出生的新生儿开始，经历幼儿、少年到青年的成长、中年的健壮、再到老年的衰亡，代代相传，从古至今还没有出现过长生不老的人。

1. 从生物学上讲，衰老是生物随着时间的推移，自发地经历生、长、壮、老的必然过程，表现为结构和机能衰退、适应性和抵抗力减退。

2. 从生理学上讲，人的衰老过程是从受精卵开始一直进行到年老死亡的个人生长的全过程。

3. 从病理学上看，衰老是应急和劳损、损伤和感染、免疫反应衰退、代谢出现障碍、营养平衡失调、疏忽和滥用药物等积累的结果。

4. 从社会学上看，衰老是个人对新鲜事物失去兴趣、脱离了现实、喜欢怀旧，正像人们常说的"人老背时了"。

衰老是不可违背的自然现象，老年人要遵循自然规律，注意自我保健，积极参与社会活动，适应时代发展，争取延缓衰老，健康长寿，做一个老有所为的人。

 问题 2：人体主要器官是从什么时候开始老化的？

答：人的衰老实际是人体器官的慢慢老化所致。科学

实验测定,人的表皮与内脏都有开始老化的时间,主要器官老化时间介绍如下:

1. 脸部皮肤:女性25岁就开始衰老了,会慢慢长出皱纹;男性35岁脸部皮肤开始出现干燥、粗糙、松弛、面部轮廓不再清晰。

2. 头发:男性头发30岁后开始变白,女性则从35岁左右开始。60岁以后毛囊变少,头发变稀。

3. 肌肉:30岁开始衰老。肌肉一直在生长、衰竭,再生长、再衰竭。30岁后,肌肉衰竭速度大于生长速度,过了40岁,人们的肌肉开始以每年0.5%到2%的速度减少。

4. 牙齿:40岁开始衰老。40岁以上的成年人唾液分泌量会减少。因唾液可杀死细菌,唾液减少,牙齿和牙龈容易腐蚀。牙周的牙龈组织流失后,牙龈会逐渐萎缩。

5. 眼睛:40岁开始衰老。近距离观察事物会越来越费劲。接着,眼睛适应不同强度光的能力降低,对闪烁光更敏感,老年人不适宜夜晚开车。

6. 听力:55岁左右开始衰老。60多岁以上的人半数会因为老化导致听力受损。这叫老年性耳聋。老人的耳道壁变薄、耳膜增厚、听高频度声音变得吃力,所以在人多嘈杂的地方,交流会变得十分困难。

7. 声带:65岁开始衰老。随着年龄的增长,声音会变得轻声细气,且越来越沙哑。这是因为喉咙里的软组织弱化,影响声音的响亮程度。女人的声音变得越来越沙哑,音质越来越低,而男人的声音越来越弱,音质越来越高。

8. 骨骼:35岁开始衰老。25岁前骨密度一直在增加,但35岁骨质开始流失,进入自然老化过程。80岁时因骨骼老化,身高一般会降低 5 厘米。

9. 舌头和鼻子:60 岁开始退化。一生中最初舌头上分布有大约 1 万个味蕾。60 岁后这个数可能减半,味觉和嗅觉会逐渐衰退。

10. 大脑和神经系统:22 岁开始衰老。大脑中的神经细胞会慢慢减少;40 岁后,神经细胞将以每天 1 万个的速度递减,从而对记忆力及大脑功能造成影响。

11. 心脏:40 岁开始衰老。随着身体日益变老,心脏向全身输送血液的效率也开始降低;45 岁以上的男性和 55 岁以上的女性心脏病发作的概率增大。

12. 肺:20 岁开始衰老。肺活量从 20 岁起开始缓慢下降,到了 40 岁,一些人就开始气喘吁吁;30 岁时,男性每次呼吸会吸入 946 毫升空气,而到了 70 岁,绝大部分老人会降至 473 毫升。

13. 肾:50 岁开始衰老。肾滤过率从 50 岁开始减少,表现为夜间憋尿功能下降,需要多次上卫生间。75 岁老人的肾滤过率只有 30 岁时的一半。

14. 肝脏:70 岁开始衰老。肝脏似乎是体内唯一能挑战衰老进程的器官。肝细胞的再生能力非常强大。手术切除部分肝后,3 个月之内它就会长成一个完整的肝。如果捐赠人不饮酒不吸毒,没有患过传染病,一个 70 岁老人的肝也可以移植给 20 岁的年轻人。

15. 肠:55 岁开始衰老。健康的肠道可以在有害和"友好"细菌之间找到良好的平衡。肠内"友好"细菌的数量在 55 岁后开始大幅减少,结果是人体消化功能下降,肠道疾病风险增大。

16. 膀胱:65岁开始衰老。65岁后,有可能丧失对排尿的控制。此时,膀胱会忽然间收缩,即便尿液尚未充满,也有排尿的反应。如果说30岁时膀胱能容纳两杯尿液,那么70岁时只能容纳一杯。膀胱肌肉的伸缩性下降,使得其中的尿液不能彻底排空,反过来导致尿道感染。

17. 乳房:35岁开始衰老。随着女性体内雌、孕激素水平减少,乳房逐渐衰老、下垂,40岁后,乳晕会急剧收缩。

18. 前列腺:50岁开始衰老。正常的前列腺大小有如一个胡桃,增生的前列腺可达到一个橘子那么大,困扰着半数50岁以上的男子。

19. 性器官:男性65岁时,25%的人会勃起困难,渐渐出现性功能障碍;女性55岁时,阴道萎缩、干燥,阴道壁丧失弹性,性交越来越感觉疼痛。

问题3:人体衰老有哪些表现特征?

答:人体衰老特征通常表现在人体外表的变化和器官功能的衰退,一般人会有以下的特征表现。

1. 人体衰老的外部特征:(1)皮肤松弛发皱,特别是额及眼角皱纹增多。(2)毛发逐渐变白,脱落而稀少。(3)出现老年斑。(4)牙龈萎缩,牙齿脱落。(5)骨质变松变脆。70岁后的老人身高一般比青壮年时期减少5～10厘米,不少老人还会出现驼背弓腰现象。(6)性腺退化,人在40岁以后,内分泌腺,特别是性腺逐渐退化,出现"更年期"的各种症状,例如女人经期紊乱、发胖;男人发生忧郁、性亢进、失眠等。(7)肌肉萎缩,人到50岁以后,肌纤维逐渐萎缩,肌肉变硬,肌力衰退,易于疲劳,易发生腰酸腿痛。由于腹

壁变厚,腰围变粗,动作逐渐变得笨拙迟缓。(8)血管硬化,
特别是心血管及脑血管的硬化和肺、支气管的弹力组织萎
缩等。

2. 人体衰老的功能特征:(1)视力、听力减退。(2)记忆
力、思维能力逐渐降低,大多数人在 70 岁以后记忆力会大
大下降,特别是有近记忆健忘的通病,即近事遗忘,这主要
是因为老年人的大脑神经细胞大量死亡的关系。(3)反应
迟钝,行动缓慢,适应力低。(4)心、肺功能下降,代谢功能
失调。(5)免疫力下降,因此易受病菌侵害,有的还产生自
身免疫病。(6)出现老年性疾病,如高血压、心血管病、肺气
肿、支气管炎、糖尿病、癌症、前列腺肥大和老年精神病等。

以上衰老特征,不一定全部会出现在同一个人身上,但
一个人可能出现一种或几种情况,并且也有先有后,因人而
异。老年人遇到上述情况的,要以良好的心态去正确对待,
因为是老年现象,人人都会经历,不必恐慌和过度忧虑。

问题 4:男性衰老主要表现在哪些方面?

答:男性衰老主要表现在一些身体机能的减弱,以下一
些现象比较明显。

1. 视力减弱。排除眼睛本身的问题,这说明血管方面
出现病症。它使眼部的血液循环受到影响,引起视神经代
谢障碍,造成视力减退,40 岁出现老花眼,50 岁老花眼已经
是一种普遍现象。

2. 脱发和白发。进入事业高峰期,精神和心理压力随
之增大,引起内分泌紊乱和血液循环局部受阻,从而引起脱
发,头发渐渐稀疏。白发也是成为老人的主要标志之一。

3. 听力下降。内耳听神经血液循环不良,就会出现听力下降趋势。另外,城市的噪音大,而青少年又酷爱戴耳机,人在年少时可能对听力的损害程度感觉不明显,但到了40岁左右就能明显感受到听力在下降。

4. 性冲动减少。40岁男人性能力下降的原因来自心理、生理两方面。心理上的审美疲劳、精神压力过大,生理上的雄激素水平下降、血液循环不畅,50岁以后会有勃起障碍,65岁后有勃起困难。

5. 运动能力弱。运动后心跳过快现象持续时间长,心脏调节能力越来越低,这说明心脏本身的储备能力已经下降。这是心脏肌肉老化、弹性减弱造成的,与血管健康状况不良有关。

6. 气喘吁吁。上楼梯、跑步后气喘吁吁,说明肺功能开始下降。研究表明,若不进行锻炼,人在20岁后肺功能就开始减弱,40岁以后运动时,会有明显的喘气表现。

7. 前列腺炎和前列腺肥大。前列腺炎和前列腺肥大是男子健康的常见病,40岁以后,随着机体衰老而逐渐增多,老年男性的前列腺问题相当普遍。

问题5:女性衰老主要有哪些表现?

答:每个女性朋友都希望自己漂亮大方、青春永驻。从古到今人们就一直探索着抗衰老的方法。虽然现在抗衰老的方法很多,但并非很多人都能实现有效的抗衰老梦想。随着年龄的不断增长,衰老必然会出现,女人常见的衰老的表现有:

1. 皮肤弹性降低、松弛。随着年龄增长,人体皮肤软组织逐渐丧失弹性、抗张力的能力下降;眼尾、眼角、脸颊皮肤开始松弛,皮肤逐渐失去弹性、活力,开始显得苍老。

2. 面部凹陷、脂肪堆积。随着年龄的增长,皮下脂肪细胞萎缩,眉心、太阳穴、鼻唇沟等部位开始逐渐凹陷,一些脸部位置脂肪细胞也开始堆积,原有的圆润面孔开始凹凸不平。

3. 色斑、皱纹形成。由于长期的日晒、紫外线、辐射等综合因素的影响,出现色素沉着,导致色斑的形成;由于身体机能的衰退皮下纤维组织弹力减弱,开始逐渐形成皱纹。

4. 新陈代谢减慢、功能衰退。由于新陈代谢减慢,各种内分泌失调情况的出现导致身体逐渐呈现衰老状态:腹部脂肪堆积,大腿变粗,乳房下垂,性功能减弱,月经失调,睡眠质量下降,虚寒等症状相继出现。

女性要想有效地抗衰老,对于自身合理的调节必不可少,常规的抗衰老饮食调节有:多吃黑色水果,丰富的维生素C可以增加人体的抵抗能力,同时水果可以给人体补充更多的水分;多吃绿色蔬菜,蔬菜中丰富的维生素A、B等以及微量元素,对于人体机能的调节,加快新陈代谢功能都有非常大的帮助;养成良好的饮食习惯和生活习惯对于抗衰老是最重要的。

问题6:女人的哪些生活习惯容易导致提早衰老?

答:女性提早衰老原因很多,但不良的生活习惯容易使人加速衰老,有人归纳了10个不良的生活习惯:(1)使用不合适的护肤品损伤肌肤;(2)卸妆不彻底影响皮肤正常呼吸;(3)常熬夜影响细胞活力;(4)愁眉苦脸易长皱纹;(5)表情丰富皱纹增多;(6)不爱喝水致皮肤失去润泽细嫩;(7)长期曝晒导致皮肤变黑变粗;(8)不喜爱运动,身材臃肿;(9)抽烟喝酒使皮肤脱水长皱纹;(10)常吃辛辣油炸食品。

问题7:到了什么年龄才算是老年人?

答:一般来说,年龄在 60 周岁以上的为老年人。联合国世界卫生组织将 60 周岁以上的划为老年人,中国则把 65 周岁以上划为老年人。年龄段划分有以下几种情况:

1. 国际上将年龄段的划分为少儿、青年、中年、老年,并将老年细分为年轻老年人、老年人、长寿老人。

(1)1994 年之前,国际上认同 14 岁以前为少儿,15～64 岁(中国为 60 岁)为青壮年和逐渐进入劳动年龄段,64 岁以上为老年人。

(2)2000 年联合国世界卫生组织提出新的年龄分段:44 岁以下为青年人;45 岁至 59 岁为中年人;60 岁至 74 岁为年轻老年人;75 岁至 89 岁为老年人;90 岁以上为长寿老人。

2. 中国将年龄段划分:童年、少年、青年、中年、老年,并将老年划分为初期、中期、年老期三个阶段。

(1)童年为 0～6 岁:婴儿期 0～3 个月,小儿期 4 个月～2.5 岁,幼儿期 2.5～6 岁。

(2)少年为 7～17 岁:启蒙期 7～10 岁;逆反期 11～14 岁;成长期 15～17 岁。

(3)青年为 18～40 岁:青春期 18～28 岁;成熟期 29～40 岁。

(4)中年为 41～65 岁:壮实期 41～48 岁,稳健期 49～

55 岁,调整期 56~65 岁。

(5)老年为 66 岁以后:初老期 67~72 岁,中老期 73~84 岁;年老期 85 岁以后。

问题 8:人类是如何解决养老问题的?

答:养老有两层基本意思:一是人到了一定的生理年龄,由于人体器官老化,不能继续工作,需要退休保养身体,以延长人的生命,叫闲居休息养生,这是从老人的自身生理上来讲,需要养生,也叫生理性养老;二是人老了,行动不便,生活不能自理,需要他人赡养,以度过晚年,叫养老送终,这是从人类社会关系上的保障养老。因此,人类解决养老问题,是从这两个方面入手的。

1. 个人自身承担的养老责任。每个人要在年轻时候做养老准备,储蓄一定的财力、物力,安排自己的老年生活。同时,在进入老年退休之后,通过保养身体、培养情趣,使自己的老年生活丰富多彩、质量高、寿命长。

2. 家庭、政府、社会承担养老责任。国家制定养老政策,家庭和社会分工协作,通过安排与养老相适应的人力、财力、物力,从饮食起居、医疗保险、文化娱乐、社会活动、特殊关怀等全方位保障老人的晚年生活,解决老人的后顾之忧。

问题 9:我国城镇主要有哪几种养老方式?

答:我国城镇的养老方式主要有三种:居家养老、社区养老、机构养老。

1. 居家养老。是指老人居住在家里,接受子女配偶、亲属、养老服务人员提供的生活照料、家政服务、康复护理、医疗保健、精神慰藉等,以安度晚年生活。这种养老方式是我国社会目前最普遍的养老方式。它适合于身体状况较好、生活基本能自理或者生活不能自理但能够及时得到子女、保姆、社区养老机构照料服务的老人。这种养老方式,让老人生活在一个熟悉的家庭环境里,感受家的温馨。

2.社区养老。是政府有组织地在社区建立养老服务平台,为居家养老提供社区内的日间照料和居家养老支持,主要为家庭日间暂时无人或者无力照护的社区老年人提供服务。倡议、引导多种形式的志愿活动及老年人互助服务,动员社会各类人群参与社区养老服务。它适合于社区建立了养老服务中心等管理机构,并且养老服务设施、管理制度、服务人员齐备的居住区老人。这种养老方式,让老人居住在家庭里,得到社区的服务,感受社会的温暖。

3.机构养老。是指各类组织机构或个人通过建造符合国家管理要求的养老设施,依法办理注册登记,为老人提供专业化的基本养老服务,主要的养老机构有福利院、敬老院、养老院或养老服务中心、老年公寓等。养老机构为老年人提供生活照料、康复护理、紧急救援、居家养老服务等专业化有偿或无偿服务。福利院、敬老院一般是政府出资建立,免费解决无经济来源、无赡养人的困难老人的生活问题;养老院或养老服务中心、老年公寓一般是有偿服务的,老人可根据自身的经济条件,选择不同档次的养老服务。随着老龄化社会的到来,机构养老将越来越成为老人养老的理性选择。

 问题10:我国农村有哪些养老模式?

答:农村的养老问题已经摆上国家的议事日程,各级政府和村民委员会积极探索适合农村的养老模式。我国广大的农村地区,除了以传统的家庭养老为主体的基本模式之外,正积极探索土地养老、社会保险养老、乡镇(村)集中养老、消费养老等多种模式,形成了农村养老体系。

1. 家庭养老模式。是中华民族绵延了几千年的优良传统,以儒家文化的"孝"道为主旨,把赡养老人的义务变成了每一个中华儿女的内在责任和自主意识,成为其人格的一部分。由于我国广大农村的社会经济发展水平低下,实施其他养老模式的条件尚不普遍具备,因此,目前家庭养老仍是我国农村养老的最主要模式。这种以亲情为基础的家庭养老,在提供老人生活照顾和精神慰藉方面,是其他养老方式无可替代的。

2. 土地养老模式。是农民以土地使用权被置换为条件,换取养老保险和生活费用的一种养老方式。土地养老模式的实施,要根据城镇统一规划或新农村建设规划,在依法、自愿的基础上,主要有农民宅基地与城镇房产置换和土地承包经营权与社会保障置换方式。已经在全国各地实施失地农民的养老保险政策,就是土地养老的典型模式。

3. 社会保险模式。民政部于 1992 年出台的《县级农村社会养老保险基本方案(试行)》(以下简称《方案》),为"农村社会保险"开了先河。在《方案》中,提出了个人、集体、国家三方共同付费,由社会统筹解决农村养老问题的新思路。保险基金以农民个人缴纳为主,集体补助为辅,国家予以政策扶持,实行储备积累的模式,并根据积累的资金总额和预期的平均领取年限领取养老金。2009 年,国务院发布《关于开展新型农村社会养老保险试点的指导意见》(国发〔2009〕

32号),建立了个人缴费、集体补助、政府补贴的新型农村养老制度,符合政策的农村60岁以上老人可以按月领取养老金。

4. 乡镇(村)养老模式。是以乡镇村为单位集中养老,主要有三种方式:(1)在集体经济实力比较雄厚的乡村或乡镇企业,仿照城镇企事业单位的做法,给农村老年人发放养老金;(2)对于五保户、生活无法自理的贫困户等老人,由乡镇集中养老;(3)以村为单位,建设老人公寓,集老人生活、娱乐于一体。

5. 消费养老模式。是新近崛起的一种养老模式,其核心是消费者在购买企业的产品后,企业把消费者的消费视为对企业的投资,并按一定的时间间隔,把该企业的利润按一定的比例返还给消费者。这样消费者不仅关心自己所购买商品的数量和质量,也关心购买后所带来的利益,为养老保险提供一个广阔的巨大资金来源,在不增加消费者负担的情况下,逐步为消费者积攒一笔可观的养老资金,从而解决许多与养老有关的难题。

问题 11:退休老人应该以怎样的态度对待晚年生活?

答:退休是国家安排老人生活的一种待遇。退休老人如何颐养天年,让自己的晚年生活过得更加快乐、幸福,都是老人们所思考和追求的。有句名言叫"态度决定人生"。老人以怎样的态度来对待晚年生活就显得十分重要。尊敬的朱镕基总理对待退休生活的态度,有十点论述。他从普通的琐事中,阐述了很深刻的生活哲理,值得记取。

1. 岁数大了不是本钱。这年头什么都值钱，就是岁数不值钱。心里千万别有那么多的"应该"或者"不应该"。喊你一声"老头儿"没什么错，叫你一声"老先生"是对方的教养，并不关你的事。年轻人凭力气抢先占优，那是生物本能；有人给你让个座，那一定要记着说声"谢谢"，那是有幸碰到了大好人。

2. "想当年"不是人人都爱听的话。如今不是忆苦思甜的年代，没人愿意享受你的光荣历史和坎坷经历。时代毕竟不同了，你吃过的野菜，现在变成了高档佳肴；你垦荒造田，现在成了破坏生态。红军煮皮带充饥的故事，让年轻人没法理解，放到现在煮一根皮带总没有炖几斤肉来得经济。因此，"想当年"的话题要适可而止，毕竟"当年"不如"当今"更实际。

3. 少管闲事，特别是家中的"闲事"。孙辈的教育是子女的事，不是你的责任。如今都是"奥特曼"、"灰太狼"年代了，你还在讲"从前有座山，山上有个庙……"那才叫"毁"人不倦！与子女相处，千万不要喋喋不休，要有"政协"的位置感，既要到位，又不能越位和错位。大事上表个态，听不听别计较。子女征求你的意见就是尊重，要主动追求清闲自在。

4. 年轻人一定比你忙。你想孩子了可打个电话，孩子想你了，可能连打几个电话的时间都没有，千万不要为这种事较劲儿，拿自己去做比较。记住：抱怨多了会"两败俱伤"。如果孩子真的来看你，可千万不要找理由强留着，孩子们"花时间"与"花钱"一样，是用金子买光阴，能抽出一分钟来看你就是好事。如果不给孩子一个"花时间"的宽松环境,今后看你的次数只能越来越少。

5. 自愿付出时别想着回报。不要总把为别人做的那些事挂在嘴上。帮助子女做饭洗衣、照看孩子没有不叫苦的,但千万别当着子女的面倾诉。理解不理解的要多些淡定,全当是为社会做了义务工。有些事不一定就能将心比心,"尊老爱幼"永远是把"爱幼"放在第一位,因为"朝阳"总比"夕阳"能让人憧憬。记住:"付出"是送给别人的东西,千万不要想着再"找补"回来,那会让所有人都不愉快。

6. 不要总想着改变别人。邻家女孩乍暖还寒就穿上了短裙丝袜,那是姑娘喜欢"美丽冻人";老伴做事丢三落四,无法完美,那是多年难改的"顽疾"。其实,每人都有自己的习惯和活法,原本没有绝对的错对。改变不了别人就试着改变自己,其实你自己也很难改变。与其这样,不如来个和平共处,淡然处之总比指手画脚让人喜欢。

7. 待人处事别太抠门儿,钱多钱少都要有个爽快大度。对亲朋好友自不必说,就是子女买来东西孝敬,也一定要说声谢谢、想着付钱。虽然很多人都不缺钱儿,但咱就要那种坦然。记住:世上没有免费的午餐,享受和谐快乐也要掏银子出本钱。把数得过来的养老金花费好,可是一种智慧,"人死了钱没花完"真不如生前开明大义些;把积蓄全花光了也不是个办法,毕竟"人没死钱先没了"会更悲哀。

8. 邋邋遢遢不是小事儿。人老了懒点可以,但千万别懒在穿衣戴帽、洗刷卫生上。你要保持艰苦朴素的革命传统也可以,但要记着整洁干净。这年头世界都变成了地球村,国与国、人与人的关联更加紧密,别因为自己的邋遢影响了家庭的生态。要知道你的卫生、你的穿戴不是你自己的事,那是家庭的招牌和子女的脸面。你不在乎不行,因为有太多的人在乎。

9. 千万别像存钱那样存着破烂儿。有道是"破家值万贯",那是上世纪前的说法儿;见什么都稀罕,那是老化的征兆。当下留存东西不能看有没有用,要看常用不常用。不常用的东西,真用的时候不一定记得起,记得起也不一定找得到,所以还是早早处理掉好。大件东西得赶快更新,说不定以后花钱撵它走都不容易。家里的东西究竟是多是少,先看看你家的"踢脚线"能露出多少就立马知道。

10. 别老想着靠子女,消除寂寞根本还在自己。自从四合院改成单元房,放飞的都是小家庭的梦想。小家庭的日子就像私家车,虽然都在一条路上跑,但没有人愿意去合伙拼车,即使独守长夜,也要勇敢地往前走。广交朋友、储蓄友谊才是老年人应当尽早做的事情。当你不能再嬉戏走动时,依然可以给新朋老友打电话,去交流喜欢的美好话题。

问题 12:有什么方法能让老年人每一天都过得快乐些?

答:人进入老年期后,生理心理都会发生变化,如何经常保持良好心态,让每一天都过得快乐很重要。有人总结了以下三种方法,让自己每天过得都快乐。

1. 运用"三乐法、三不要法、年龄减十法",让自己常处于乐观状态。

(1)"三乐法"。就是助人为乐、知足常乐、自得其乐,让自己乐在其中。①助人为乐,为别人做一些力所能及的事情,得到了人家的感激和尊重,体现了人生的价值。②知足常乐,要有满足感,心态要平衡。记住 3 句话:比上不足比下有余、人家想到我就很满足了、钱财多少到最后都一个样。③自得其乐,要学会欣赏自己,对自己所做的事情,首先自己要肯定自己,不要期望别人来欣赏,也不用顾及人家说三道四,走自己的路,让别人说去吧。

(2)"三不要法"。一是不要拿别人的错误来惩罚自己,别人的错误是别人造成的,应该让错误的人去承担责任,自己只要吸取别人错误的教训就可以了,无需把别人的错误揽到自己身上,增加自己的压力;二是不要拿自己的错误来惩罚别人;三是不要拿自己的错误来惩罚自己。

(3)"年龄减十法"。要保持自己的年轻心态,尽量让自己年轻 10 岁,假如您今年 78 岁了,当别人问您多大年纪时,您可以乐呵呵地说:我今年 68 岁。这样保持年轻心态,对身心健康有好处。

2. 学会"算了、不要紧、会过去的"三句话,让自己走出烦恼和困苦的境地。

(1)"算了"。当被人骗了或被偷窃了,就说句"算了",对于既成事实,最好的办法就是接受这个事实。

(2)"不要紧"。不管发生什么事情,一定要学会说不要紧,要心胸豁达,乐观处事。

(3)"会过去的"。遇到困难的时候,别烦恼,一切都会过去的。

3. 做好"把握、计算、放弃"三件事,让自己在轻松的状态下生活。

(1)"把握"。人一辈子过的是"3 天",即昨天、今天和明天。"3 天"中"今天最重要",要把每一个"今天"过好,一生就很完美了。

（2）"计算"。学会只计算自己昨天做得对的事情和快乐的事情，把烦恼和错误忽略不计，每天照着做对的事去做，肯定做的都是好事。

（3）"放弃"。要牢记"舍得是平衡的"，要明白"舍在前、得在后"的道理，只有舍了才会得，所以，老人应该放弃一些自己无能为力做的东西，多做一些力所能及的善事，儿孙琐事让它去，使自己心安理得地过生活。

第2章　养老政策

🐢 问题13：国家有哪些政策措施保障老年人的生活？

答：我国已经建立了国家、企业、个人相互补充的三大基本保障体系，保障老年人的生活。

1. 国家提供的社会保障。这类保障是以全体公民为对象，以法定的形式，保障公民的生老病死，包括了社会保险、社会救济、社会福利、优抚安置、最低生活保障。

（1）社会保险，包括了企事业单位的养老保险、医疗保险、失业保险、生育保险、工伤保险；农村养老保险、农村医疗保险、失地农民保险；残疾人保险。

（2）社会救济，对因各种原因无法维持最低生活水平的公民给予无偿救助：一是无依无靠、没有劳动能力、又没有生活来源的人，主要包括孤儿、残疾人以及没有参加社会保险且无子女的老人；二是有收入来源，但生活水平低于法定最低标准的人；三是有劳动能力、有收入来源，但由于意外的自然灾害或社会灾害，而使生活一时无法维持的人。

（3）社会福利，为老年人、残疾人、孤儿和弃婴提供养护、康复、托管等服务。

（4）优抚安置，革命伤残军人享受伤残抚恤；革命烈士家属、因公牺牲军人家属、病故军人家属中符合规定条件的人员享受定期抚恤;在乡红军老战士、西路军红军老战士享受抚恤生活补助费;红军失散人员和符合规定条件的在乡老复员军人享受定期补助;少数带病还乡、医疗生活困难很大的退伍军人也可享受定期补助待遇。

(5)最低生活保障,国家财政拨款,给予未达到最低生活保障标准的城乡居民和农民发放生活补助金,保障他们的基本生活。

2. 企业补充保障。这种保障,一般是垄断行业、优势行业及大企业和劳动者共同出资缴纳除社会基本养老金以外的保障。主要有两种方式:(1)向保险公司购买职工商业保险;(2)建立"企业年金"制度,按员工贡献把一定的股份奖励给员工。

3. 个人保险和储蓄保障。(1)个人保险是由个人出资向保险公司购买保险,以获取定期返还保费或意外保险赔偿金,来保障老年生活。(2)个人银行储蓄,是将现在多余不用的资金,存到银行,以备养老使用,同时获取利息收入。个人保险和储蓄是个人能够决定的养老保障机制,也是在当前国家养老无法完全保障的条件下,个人应当考虑的养老保障方式。(3)有人采用"以房养老"方式,在货币贬值房价上涨的时期里是一种新的尝试。

问题 14:我国法定的基本退休年龄是怎样规定的?

答:国家法定的基本退休年龄是:男年满 60 周岁,工人身份女性年满 50 周岁,干部身份女性年满 55 周岁;从事井下、高温、高空、特别繁重体力劳动或其他有害身体健康工作的,退休年龄男年满 55 周岁,女年满 45 周岁;因病或非因工致残,由医院证明并经劳动鉴定委员会确认完全丧失劳动能力的,退休年龄为男年满50周岁,女年满45周岁。

问题15:国家对行政机关公务员和群众团体、企业、事业单位的干部退休有哪些具体的规定?

答:国家行政机关公务员和群众团体、企业、事业单位的干部退休有以下具体规定:

1. 符合下列条件之一的,可以退休:(1)男年满60周岁,女年满55周岁,参加革命工作年限满10年的;(2)男年满50周岁,女年满45周岁,参加革命工作年限满10年,经过医院证明完全丧失工作能力的;(3)因工致残,经过医院证明完全丧失工作能力的。

2. 在行政机关、事业单位、群众团体工作的县(处)级女干部,凡能坚持正常工作、本人自愿的,其离休退休年龄可到60周岁。

3. 公务员符合下列条件之一的,本人自愿提出申请,经任免机关批准,可以提前退休:(1)工作年限满30年的;(2)距国家规定的退休年龄不足5年,且工作年限满20年的;(3)符合国家规定的可以提前退休的其他情形的。

问题16:国家对工人退休有哪些具体的规定?

答:国家对企事业单位、机关群众团体的工人退休有以下规定:

1. 工人退休的基本规定:符合下列条件之一的,应该退休:(1)男年满60周岁,女年满50周岁,连续工龄满10年的;(2)从事井下、高空、高温、特别繁重体力劳动或者其他有害身体健康的工作,男年满55周岁,女年满45周岁,连续工龄满10年;同时要求从事高空和特别繁重体力劳动的必须在该工种岗位上工作累计满10年,从事井下和高温工作的必须在该工种岗位上工作累计满9年,从事其他有害身体健康工作的必须在该工种岗位上工作累计满8年。(3)男年满50周岁,女年满45周岁,连续工龄满10年的,由医院证明,并经过劳动鉴定委员会确认,完全丧失劳动能力的;(4)因工致残,由医院证明,并经劳动鉴定委员会确认,完全丧失劳动能力的。

2. 工人退休的特别规定:(1)破产国有企业职工,111个资本结构试点城市的破产国有企业职工(特殊工种退休、因病或非因工致残完全丧失劳动能力人员退休除外),可提前5年退休。(2)资源枯竭型破产关闭企业职工,在享受111个资本结构试点城市的破产国有企业职工退休政策的同时,其符合特殊工种退休条件的人员,可再提前5年退休。

问题17:城镇个体工商户等自谋职业者、农民合同制工人以及采取各种灵活方式就业人员国家有退休规定吗?

答:城镇个体工商户等自谋职业者、农民合同制工人以及采取各种灵活方式就业人员有退休规定。劳动保障部《关于完善城镇职工基本养老保险政策有关问题的通知》(劳社部发〔2001〕20号)规定:城镇个体工商户等自谋职业者、农民合同制工人以及采取各种灵活方式就业人员在男年满60周岁,女年满55周岁时,累计缴费年限满15周年的,可按规定领取基本养老金。

问题 18：省部级以上领导干部的退休年龄是国家怎样规定的?

答：省部级以上领导干部的退休规定：（1）国家主席、副主席，总理、全国人大常委会委员长、全国政协主席、军委主席以及中央政治局常委等正职领导和中央政治局委员、候补委员，中央书记处书记、中央纪委书记、副总理、国务委员、全国人大常委会副委员长、全国政协副主席、最高人民法院院长、最高人民检察院检察长等国家级副职领导在职年龄一般不超过 70 周岁，退休年龄尚没有相关规定，大概是 75 周岁左右，要根据一届中央、人大、国务院、政协的任期需要由党中央决定；（2）省部级党政正职领导是 65 周岁，但任期未满的可延期 3 年，所以大多数为 68 周岁；省部级副职是 65 周岁，但 60 周岁以后要安排在人大、政协等"二线"；（3）中共中央连任不得超过两届和政治局常委"七上八下"（即常委年满 68 周岁退休，67 周岁及其以下则可连任）的退休制度；（4）省、自治区、直辖市党委书记、省长任职规定：62 周岁可新（升）任，63 周岁可连任，64 周岁不留任，65 周岁必退任。换届年龄到职规定：省委书记、省长 65 周岁，省纪委书记 63 周岁，其他省委常委 60 周岁。

问题 19：国家对军官的退休是怎样规定的?

答：国家对军官的退休有以下规定：

1. **基本规定**：根据国务院、中央军委颁发的《关于军队干部退休的暂行规定》（国发〔1981〕39 号）规定：军队的现役干部，男年满 55 周岁，女年满 50 周岁，或因公、因战致残，积劳成疾，基本丧失工作能力的，可办理退休。专业技术干部以及其他干部,因工作需要,身体又能坚持正常工作的,退休时间可以适当延长。

2. 文职干部规定:1988 年 4 月中华人民共和国中央军事委员会颁发的《中国人民解放军文职干部暂行条例》,对文职干部的退休条件作了规定:文职干部达到退休年龄或丧失工作能力,应按规定办理退休。其中担任高级专业技术职务的退休年龄为 60 周岁,少数专业技术水平高、工作需要、身体条件许可的,按照任免权限批准,其退休年龄可适当延长;担任中级专业技术职务的,退休年龄为男 60 周岁、女 50 周岁,有的退休年龄可根据工作性质和身体条件提前 1～5 岁;担任中、初级专业技术职务的正副局级、正副处级干部,退休年龄为男 60 周岁、女 55 周岁;科级以下的为男 55 周岁、女 50 周岁。

3. 军官退役安置规定:1988 年 9 月,全国人民代表大会常务委员会通过的《中国人民解放军现役军官服役条例》中规定:担任师级以上职务和高级专业技术职务的军官,退出现役后作退休安置;军官未达到服现役的最高年龄,基本丧失工作能力的,退出现役后作退休安置;军官服现役满 30 年以上或者服现役和参加工作满 30 年以上,或者年满 50 周岁以上,本人提出申请,经组织批准的,退出现役后可以作退休安置。

问题 20:我国的基本养老保险金是由哪几部分组成的?

答:我国的基本养老保险制度是实行社会统筹与个人账户相结合的模式。基本养老保险覆盖城镇各类企业的职工,城镇所有企业及其职工必须履行缴纳基本养老保险费的义务。目前,企业的缴费比例为工资总额的20%左右,个人缴费比例为本人工资的8%。企业缴纳的基本养老保险费一部分用于建立统筹基金,一部分划入个人账户;个人缴纳的基本养老保险费计入个人账户,可以继承。基本养老金由基础养老金和个人账户养老金组成,基础养老金由社会统筹基金支付,月基础养老金为职工社会平均工资的20%,月个人账户养老金为个人账户基金积累额的1/120。对于新制度实施前参加工作、实施后退休的职工,还要加发过渡性养老金。

问题21:退休后享受基本养老保险待遇的要具备哪些基本条件?

答:参加养老保险的职工享受基本养老金要同时具备三个条件:

1. 退休前本人按规定参加了基本养老保险。

2. 退休年龄符合下列条件之一的,可以退休:(1)正常退休年龄,即男年满60周岁,女管理岗位年满55周岁、生产岗位年满50周岁;(2)特殊工种提前退休,即从事井下、高空、高温、特别繁重体力劳动或者其他有害身体健康工作的职工,累计工作年限符合国家规定的特殊工种年限,男年满55周岁,女年满45周岁;(3)因病提前退休,即职工因病完全丧失劳动能力,经劳动能力鉴定委员会鉴定符合条件的,男年满50周岁,女年满45周岁;(4)其他人员,城镇个体工商户、灵活就业人员和农民合同制工人,男年满60周岁,女年满55周岁。

3. 缴费年限(含视同缴费年限,下同)累计达到 15 年。

如果只符合前两个条件,而缴费年限(包括视同缴费年限)不足 15 年,则不能按月享受养老保险金。有关基本养老保险待遇的具体规定是:统一制度后参加工作的职工(称为"新人"),个人缴费年限累计满 15 年的,退休后按月发给基本养老金。基本养老金由基础养老金和个人账户养老金两部分组成。个人累计缴费不满 15 年的,退休后不享受基础养老金,其个人账户储存额一次性支付给本人。统一制度前已经离退休的人员(称为"老人"),仍按国发〔1978〕104号文件规定发给基本养老待遇。而对于统一制度实施前参加工作,统一制度实施后退休且个人实际缴费年限和视同缴费年限累计满 15 年的人员(称为"中人"),在发给基本养老金和个人账户养老金的基础上,再增加一块过渡性养老金。

按 1978 年国务院 104 号文件规定,职工连续工龄满 10 年,退休后可享受月领基本养老金。而 1997 年国务院 26 号文件将缴费年限(含视同缴费年限)统一限定为 15 年方能享受按月领取基本养老金。考虑到 104 号文件是经人大立法程序讨论通过的,因此对统一制度之前(或当地出台"统账结合"方案之前)参加工作,之后退休的"中人"的缴费年限累计满 10 年不满 15 年的,各地一般是按如下办法处理:国务院国发〔1997〕26 号文件发布之日前或当地实行"社会统筹与个人账户相结合"改革之前参加工作,即"中人"到达法定退休年龄时缴费年限(含视同缴费年限)满 10 年不满 15 年的,仍按月支付养老金。具体标准由省、自治区、直辖市确定。对于缴费不满 15 年的年份,原则上不予补缴。

但对于待遇水平较低的职工,如果企业和本人自愿,也可以补缴足15年。符合上述两项条件者,经人力资源和社会保障部门审批或审核办理退休手续后,可按月在养老保险经办机构领取基本养老金。

问题22:实行城乡居民社会养老保险制度后,城乡居民原来没有缴过费的,可否按月享受基础养老金待遇?

答:从2010年1月1日起,实施城乡居民社会养老保险制度时,已年满60周岁,未享受国家机关、事业单位、社会团体离休、退休、退职待遇和职工基本养老金待遇的城乡居民,不用缴费,可以按月享受基础养老金,但其符合参保条件的子女应当参保缴费。未满60周岁的,可以补缴养老保险费,距领取年龄不足15年的,应按年缴费,也允许补缴,年补缴额不得低于当地当年的最低缴费标准,累计缴费年限不超过15年;距领取年龄超过15年(含15年)的,应按年缴费,累计缴费年限不少于15年。

城乡居民养老金待遇由基础养老金、个人账户养老金和缴费年限养老金三部分组成,支付至终身。基础养老金和缴费年限养老金标准由国家规定,个人账户养老金的月标准按参保人个人账户全部储存额除以139计算,参保人死亡后,其个人账户中的资金余额,除政府补贴外,可以依法继承。

问题23:办理城乡居民社会养老保险需要准备哪些证件资料?

答:参保人员办理城乡居民社会养老保险需要准备下列证件资料:(1)本人持居民身份证原件及复印件、户口簿原件及复印件或户籍证明、近期一寸免冠照 1 张;(2)向所在行政村或社区提出申请,填写《城乡居民社会养老保险申请表》;(3)符合计生奖励条件的,还需提供《独生子女父母光荣证》原件及复印件;(4)委托他人办理参保申请手续的,需提供委托人和被委托人居民身份证原件及复印件。

问题 24:企业退休养老金是怎样计算的?

答:参加市城镇企业职工基本养老保险社会统筹的人员,参保人在达到法定退休年龄时,养老保险最低缴费年限达到 15 年,可以享受养老金待遇,从退休次月开始,按月计发基本养老金,直至死亡。退休后死亡的,还有丧葬费、抚恤金。

根据最新的养老金计算办法,职工退休时的养老金由两部分组成:养老金=基础养老金+个人账户养老金。

基础养老金=全省上年度在岗职工月平均工资(1+本人平均缴费指数)÷2×缴费年限×1%。

个人的平均缴费指数就是自己实际的缴费基数与社会平均工资之比的历年平均值。低限为 0.6,高限为 3。

个人账户养老金=个人账户储存额÷计发月数。计发月数按固定数值结算:50 岁退休的为 195;55 岁退休的为 170;60 岁退休的为 139。

个人账户储存额是指个人从缴费之月开始,从自己工资里按月缴纳的部分,可以从社保局的个人账户中查询。

【举例 1】　某男职工在 60 岁退休时,全省上年度在岗职工月平均工资为 4000 元,累计缴费年限为 15 年时,个人养老金账户储存额为 43200 元,个人平均缴费基数为 1.0,

养老金计算如下：

（1）基础养老金全省上年度在岗职工月平均工资（1＋本人平均缴费指数）÷2×缴费年限×1‰＝4000×（1＋1）÷2×15×1‰＝600（元）

（2）个人账户养老金＝个人账户储存额÷计发月数＝43200÷139＝310.79（元）

（3）个人养老金＝基础养老金＋个人账户养老金＝600＋310.79＝910.79（元）

【举例2】　假如某男职工在60岁退休时，全省上年度在岗职工月平均工资为4000元，累计缴费年限为25年时，个人养老金账户储存额为93200元，个人平均缴费基数为2.5，养老金计算如下：

（1）基础养老金全省上年度在岗职工月平均工资（1＋本人平均缴费指数）÷2×缴费年限×1‰＝4000×（1＋2.5）÷2×25×1‰＝1750（元）

（2）个人账户养老金＝个人账户储存额÷计发月数＝93200÷139＝670.50（元）

（3）个人养老金＝基础养老金＋个人账户养老金＝1750＋670.50＝2420.50（元）

问题25：行政机关、事业单位退休人员的退休费计发比例是如何规定的？

答：行政机关、事业单位退休人员退休费计发比例主要是按工作年限分段比例计算的，基本规定如下表：

类别	工作年限	计发比例
退休	满 35 年及以上	90%
	满 30 年不满 35 年	85%
	满 20 年不满 30 年	80%
	满 10 年不满 20 年	70%
退职	满 20 年及以上	70%
	满 10 年不满 20 年	60%
	不满 10 年	50%

教龄满 30 年的中小学教师和高等师范院校教师、获国家特殊贡献的人员,可按原工资的 100% 计发退休费。

值得注意的是,退休工资的具体规定是由各省级政府做出的,不同省份的计发比例不一定统一,要按当地的规定执行。

问题 26:企业职工养老金可以异地转移接续,退休后是否可以选择任何一个地方的养老保险机构领取养老金?

答:根据国务院办公厅转发人力资源和社会保障部、财政部《城镇企业职工基本养老保险关系转移接续暂行办法》规定,自 2010 年 1 月 1 日起,参保人员跨省流动并在城镇就业时办理过基本养老保险关系的可以转移接续。参保人员跨省就业,除转移个人账户储存额外,还转移 12% 的单位缴费。该办法规定流动就业人员离开原参保地,社保经办机构要开具统一样式的参保缴费凭证;到新就业地参保缴费后,只要提出转移接续申请,所有手续都由相关两地社保经办机构办理。按照"唯一性"原则,跨省流动就业的参保人员达到待遇领取条件时,按下列规定确定其待遇领取地,不能自由选择。

1. 基本养老保险关系在户籍所在地的,由户籍所在地负责办理待遇领取手续,享受基本养老保险待遇。如一个四川籍农民合同制工人,在四川省内缴纳基本养老保险15年后,退休时,在户籍所在地办理待遇领取手续,享受基本养老保险待遇。

2. 基本养老保险关系不在户籍所在地,而在其基本养老保险关系所在地累计缴费年限满10年的,在该地办理待遇领取手续,享受当地基本养老保险待遇。如该四川籍农民合同制工人,在浙江省工作,并缴纳基本养老保险15年,退休时,在浙江省交费所在地办理待遇领取手续,享受基本养老保险待遇。

3. 基本养老保险关系不在户籍所在地,且在其基本养老保险关系所在地累计缴费年限不满10年的,将其基本养老保险关系转回上一个缴费年限满10年的原参保地办理待遇领取手续,享受基本养老保险待遇。如该四川籍农民合同制工人,在江苏省缴纳养老保险11年,后到浙江省工作,并缴纳基本养老保险4年,退休时,不能在浙江省交费所在地办理领取手续,要到江苏省缴纳养老保险的所在地办理领取手续,享受基本养老保险待遇。

4. 基本养老保险关系不在户籍所在地,且在每个参保地的累计缴费年限均不满10年的,将其基本养老保险关系及相应资金归集到户籍所在地,由户籍所在地按规定办理待遇领取手续,享受基本养老保险待遇。如,该四川籍农民合同制工人,先后在江苏、上海、浙江的城镇就业,参保缴费各 5 年。当他达到国家法定待遇领取年龄时,由于累计缴费年限满了 15 年,因此可以按月领取基本养老金。由于他在三地参保都不满 10 年,就由他的户籍所在地四川省负责发放基本养老金,而三地社保机构应按规定把相应的资金转到四川省;如果他在达到领取待遇条件之前,已把户籍转到了最后参保地浙江省,那么就由浙江省负责发放基本养老金,其他两省市应按规定把相应的资金转到浙江省。

问题 27:在城镇就业并已交养老金的农民合同制工人回乡后,其养老金如何处理?

答:在城镇就业的已交养老金的农民合同制工人回乡后,其养老金按下列情况处理:

1. 农民合同制工人中断就业或返乡没有继续缴费的,由原参保地社保经办机构保留其基本养老保险关系,保存其全部参保缴费记录及个人账户,个人账户储存额继续按规定计息。

2. 农民合同制工人返回城镇就业并继续参保缴费的,无论其回到原参保地就业还是到其他城镇就业,均按前述规定累计计算其缴费年限,合并计算其个人账户储存额,符合待遇领取条件的,与城镇职工同样享受基本养老保险待遇。

3. 农民合同制工人不再返回城镇就业的,其在城镇参保缴费记录及个人账户全部有效,并根据农民合同制工人的实际情况,在其达到规定领取条件时享受城镇职工基本养老保险待遇;如果没有满足规定条件,也可以把城镇参保的相关权益记录和资金转入新型农村社会养老保险。国家不让农民已有的权益受到损害。农民合同制工人在城镇参加企业职工基本养老保险与在农村参加新型农村社会养老保险的衔接政策,国家另行研究制定。

问题 28:被征地后的农民基本生活保障是怎样规定的?

答:被征地后的农民基本生活保障有以下几个方面的基本规定:

1. 保障对象的确定。农民集体所有的土地被征收的,按照被征收土地的数量和对应的人员,确定参加基本生活保障的对象。对象的名单,由被征地的农村集体经济组织依法确定,并经乡(镇)人民政府、街道办事处审查、公示、确认后,报当地人力资源和社会保障、国土资源部门。

2. 保障资金的筹集。被征地后的农民基本生活保障资金由政府、村集体经济组织、个人三方共同出资筹集。从 2010 年开始,政府承担比例不低于保障资金总额的 30%,同时建立社会保障风险准备金制度,当政府出资低于村集体经济组织和个人出资之和时,市、县人民政府应当按其差额从土地总收益等财政性收入中提取资金,充实社会保障风险准备金,这样政府实际出资比例将提高到 50%。

3. 保障金的享受。参加基本生活保障的被征地后的农民,自女性满 55 周岁、男性满 60 周岁的次月起,可按月领取基本生活保障金,基本生活保障金由个人账户和社会统筹账户按照筹资比例分别支付。参保人员死亡的,其个人账户中本息余额可以依法继承;但未满 16 周岁的被征地后的农民不纳入基本生活保障,一次性发给其应得的土地补偿费和安置补助费。

问题 29:被征地后的农民的生活保障费是怎样处理的?

答:被征地后的农民的生活保障费的处理办法,由各省根据实际情况确定,基本做法是一致的,主要是解决保障对象和保障资金的管理问题,但具体可能存在差异。下面介绍浙江省的基本做法:

浙江省对被征地后的农民的基本生活保障,采取不同对象分类保障的形式:(1)对征地时已经是劳动年龄段以上的人员,直接实行养老保障,并建立个人专户与社会统筹相结合的制度。个人专户由集体和个人缴费组成,政府出资部分不记入个人专户,进入社会统筹账户以作调剂之用。缴费标准按全省平均预期寿命和当地的具体保障水平(含增长幅度等因素)确定,予以一次性缴足。保障对象享受的待遇应与缴费水平挂钩,并与当地经济发展和承受能力相适应。(2)对征地时属于劳动年龄段内的人员,按当地测算标准一次性缴足基本生活保障费用,为其建立个人账户。个人账户由集体和个人缴纳的费用组成,政府出资部分进入社会统筹账户。对未能就业,且生活确有困难的,由其所在地市、县人民政府给予一定的生活补助费,补助标准、发放期限以及具体发放办法由市、县人民政府制定。在到达领取年龄时,可享受基本生活保障金。

问题 30:城乡居民社会养老保险制度与其他有关制度是如何衔接的?

答:城乡居民社会养老保险制度与其他有关制度的衔接主要有以下几个方面:

1. 与原农村社会养老保险制度的衔接。城乡居民社会养老保险制度实施时,凡已参加了原农村社会养老保险(简称"老农保")、年满 60 周岁且已领取"老农保"养老金的参保人,在继续领取"老农保"养老金的同时,享受城乡居民社会养老保险基础养老金;对已参加"老农保"、未满 60 周岁且没有领取养老金的参保人,应将"老农保"个人账户储存额按城乡居民社会养老保险制度实施当年当地的平均缴费额折算缴费年限(折算的缴费年限最长不超过 15 年)并继续缴费,"老农保"个人账户全部储存额并入城乡居民社会养老保险个人账户。

2. 与职工基本养老保险制度的衔接。(1)缴费中断的衔接:城乡居民社会养老保险制度实施后,已参加职工基本养老保险的城乡居民,期间因就业状况发生变化而中断缴费的,如职工基本养老保险缴费年限累计不满 15 年的,可将职工基本养老保险关系转入户籍地参加城乡居民社会养老保险,职工基本养老保险个人账户资金转入城乡居民社会养老保险个人账户,并按转入当年当地的平均缴费额折算缴费年限,按规定享受城乡居民社会养老保险待遇。(2)与职工养老保险制度衔接:城乡居民社会养老保险制度实施后,参加了城乡居民社会养老保险、后因就业又参加了职工基本养老保险的城乡居民,在养老保险关系转移时,可将城乡居民社会养老保险个人账户储存额,按职工基本养老保险的规定折算缴费年限并继续缴费。到达退休年龄时,如符合按月领取职工基本养老保险待遇条件的,按职工基本养老保险享受养老金待遇;如不符合按月领取职工基本养老保险待遇条件的,可将其职工基本养老保险个人账户转换为城乡居民社会养老保险个人账户,按当年当地城乡居民社会养老保险平均缴费额折算缴费年限,按规定享受城乡居民社会养老保险待遇。

3. 与被征地后的农民基本生活保障制度的衔接。城乡居民社会养老保险制度实施后,参加了城乡居民社会养老保险的农村居民,如被征地且符合参加被征地后的农民基本生活保障条件的,可以同时参加被征地后的农民基本生活保障。城乡居民社会养老保险制度实施后,已经参加被征地后的农民基本生活保障的居民,要求转为参加城乡居民社会养老保险的,可将其被征地后的农民基本生活保障个人账户资金及个人享有的社会统筹部分权益合并抵缴城乡居民社会养老保险的个人缴费,按当年当地城乡居民社会养老保险平均缴费额折算缴费年限,按城乡居民社会养老保险规定享受相应待遇。

4. 与其他保障待遇的衔接。符合享受城乡居民社会养老保险待遇条件的人员,如符合享受被征地后的农民基本生活保障、水库移民后期扶持政策、最低生活保障、计划生育家庭奖励扶助、社会优抚、农村"五保"和城镇"三无"人员供养、精减职工和遗属生活补助等待遇条件,可同时叠加享受。

5. 跨地区转移。城乡居民社会养老保险的参保人跨地区转移,可将其城乡居民社会养老保险关系及个人账户储存额转入新参保地,按新参保地规定继续参保缴费并享受相应待遇。

问题31:城镇职工基本医疗保险制度的框架是怎样的?

答:按照《国务院关于建立城镇职工基本医疗保险制度的决定》(国发〔1998〕44号)的要求,城镇职工基本医疗保险制度框架包括六个部分:

1. 建立合理负担的共同缴费机制。基本医疗保险费由用人单位和个人共同缴纳,体现国家社会保险的强制特征和权利与义务的统一。医疗保险费由单位和个人共同缴纳,不仅可以扩大医疗保险资金的来源,更重要的是明确了单位和职工的责任,增强个人自我保障意识。这次改革中国家规定了用人单位缴费率和个人缴费率的控制标准:用人单位缴费率控制在职工工资总额的6%左右,具体比例由各地确定,职工缴费率一般为本人工资收入的2%。

2. 建立统筹基金与个人账户。基本医疗保险基金由社会统筹使用的统筹基金和个人专项使用的个人账户基金组成。个人缴费全部划入个人账户,单位缴费按30%左右划入个人账户,其余部分建立统筹基金。个人账户专项用于本人医疗费用支出,可以结转使用和继承,个人账户的本金和利息归个人所有。

3. 建立统账分开、范围明确的支付机制。统筹基金和个人账户确定各自的支付范围,统筹基金主要支付大额和住院医疗费用,个人账户主要支付小额和门诊医疗费用。

统筹基金要按照"以收定支、收支平衡"的原则,根据各地的实际情况和基金的承受能力,确定起付标准和最高支付限额。

4. 建立有效制约的医疗服务管理机制。基本医疗保险支付范围仅限于规定的基本医疗保险药品目录、诊疗项目和医疗服务设施标准内的医疗费用;对提供基本医疗保险服务的医疗机构和药店实行定点管理;社会保险经办机构与基本医疗保险服务机构(定点医疗机构和定点零售药店)要按协议规定的结算办法进行费用结算。

5. 建立统一的社会化管理体制。基本医疗保险实行一定统筹层次的社会经办,原则上以地级以上行政区(包括地、市、州、盟)为统筹单位,也可以县为统筹单位,由统筹地区的社会保险经办机构负责基金的统一征缴、使用和管理,保证基金的足额征缴、合理使用和及时支付。

6. 建立完善有效的监管机制。基本医疗保险基金实行财政专户管理;社会保险经办机构要建立健全规章制度;统筹地区要设立基本医疗保险社会监督组织,加强社会监督。要进一步建立健全基金的预决算制度、财务会计制度和社会保险经办机构内部审计制度。

问题 32:哪些单位和职工必须参加基本医疗保险?

答:按照《国务院关于建立城镇职工基本医疗保险制度的决定》(国发〔1998〕44 号)的规定,城镇所有用人单位,包括企业(国有企业、集体企业、外商投资企业、私营企业等)、机关、事业单位、社会团体、民办非企业单位及其职工,都要参加基本医疗保险。这就是说,必须参加城镇职工基本医疗保险的单位和职工,既包括机关事业单位也包括城镇各类企业,既包括国有经济单位也包括非国有经济单位,既包括效益好的企业也包括困难企业。这是目前中国社会保险制度中覆盖范围最广的险种之一。

但对乡镇企业及其职工、城镇个体经济组织业主及其从业人员是否参加基本医疗保险,国家明确由各省、自治区、直辖市人民政府确定。这主要是考虑到对这部分人群管理的状况和医疗保险本身的特殊性。如果硬性纳入基本医疗保险,而管理能力又跟不上,则有可能导致医疗费用支出控制不住,增加基金超支的风险。

问题33:退休人员享受医疗保险待遇的要符合哪些条件?

答:参保人员享受退休人员医疗保险待遇的,必须同时符合下列条件:

1. 到达法定退休年龄并办理退休手续的参保人员,退休前处于连续参保状态;

2. 医疗保险累计缴费年限,男满 25 年、女满 20 年;

3. 实际缴费年限达 10 年以上。

符合前款规定的参保人员,退休后不再缴纳基本医疗保险费,享受退休人员医疗保险待遇。

问题34:城镇居民基本医疗保险规定的门诊特殊病是指哪些? 有哪些可报销的项目?

答:城镇居民基本医疗保险规定的门诊特殊病是指:肾透析、肾移植术后抗排异;癌症放疗、化疗和镇痛治疗;血友病;肝移植术后抗排异;糖尿病;偏瘫;肺心病;红斑狼疮;精神病。未成年人门诊特殊病还包括癫痫；再生障碍性贫血；慢性血小板减少性紫癜。报销范围：一、癫痫，报销范围是，脑电图检查、血常规、血小板计数、肝肾功能检查、抗癫痫药物治疗、抗癫痫药物血药浓度监测；二、再生障碍性贫血，报销范围是，血（尿）常规检查、骨髓象检查、雄性激素、免疫抑制剂、抗生素；三、慢性血小板减少性紫癜，报销范围是，血（尿）常规检查、骨髓象检查、PAlg 及血小板相关补体检测、糖皮质激素、免疫抑制剂、抗生素；四、其他门诊特殊疾病，报销范围比照城镇职工基本医疗保险相关规定。

问题 35：基本医疗保险统筹基金账户和个人账户是怎样规定的？

答：按照《国务院关于建立城镇职工基本医疗保险制度的决定》（国发〔1998〕44 号）的规定，个人账户的注入资金来自于个人缴费和单位缴费两部分：个人缴费的全部记入个人账户，单位缴费的一部分记入个人账户。单位缴费一般按 30％左右划入个人账户。但由于每个年龄段职工的医疗消费支出水平存在很大差别，因此在统筹地区确定单位缴费记入每个职工划入账户比例时，要考虑年龄因素，确定不同年龄档次的不同划入比例。确定单位缴费划入个人账户的具体比例，由统筹地区根据个人账户的支付范围和职工年龄等因素确定。

统筹基金的注入资金主要来自单位缴费部分。单位缴费用于划入个人账户后剩余的部分即为统筹基金的资金。

职工个人医疗保险账户的本金和利息均归职工个人所有，可以结转使用和继承。因此，参加基本医疗保险的职工死亡后,其个人医疗账户仍有余额的,可作为遗产,由其亲属按《继承法》规定实施继承。同时,其个人医疗账户台账、《职工医疗社会保险手册》由医疗社会保险机构收回注销。

问题 36:个人缴纳基本医疗保险费是怎样确定的?

答:个人基本医疗保险缴费按下列情况确定:

1. 各统筹地区要确定一个适合当地职工负担水平的个人基本医疗保险缴费率,一般为工资收入的 2%。

2. 由个人以本人工资收入为基数,按规定的当地个人缴费率缴纳基本医疗保险费。个人缴费基数应按国家统计局规定的工资收入统计口径为基数,即以全部工资性收入,包括各类奖金、劳动收入和实物收入等所有工资性收入为基数,乘以规定的个人缴费率,即为本人应缴纳的基本医疗保险费。

3. 个人缴费一般不需要个人到社会保险经办机构去缴纳,而是由单位从工资中代扣代缴。

问题 37:参保职工就医,如何按规定享受基本医疗保险待遇?

答:参保职工享受基本医疗保险待遇要符合下列要求:

1. 参保人员要在基本医疗保险定点医疗机构就医、购药,也可按处方到定点零售药店外购药品。在非定点医疗机构就医和非定点药店购药发生的医疗费用,除符合急诊、转诊等规定条件外,基本医疗保险基金不予支付。

2. 所发生医疗费用必须符合基本医疗保险药品目录、诊疗项目、医疗服务设施标准的范围和给付标准,才能由基本医疗保险基金按规定予以支付。超出部分,基本医疗保险基金将按规定不予支付。

3. 对符合基本医疗保险基金支付范围的医疗费用,要区分是属于统筹基金支付范围还是属于个人账户支付范围。属于统筹基金支付范围的医疗费用,超过起付标准以上的由统筹基金按比例支付,最高支付到"封顶额"为止。个人也要负担部分医疗费用,"封顶额"以上费用则全部由个人支付或通过参加补充医疗保险、商业医疗保险等途径解决。起付标准以下医疗费用由个人账户解决或由个人自付,个人账户有结余的,也可以支付统筹基金支付范围内应由个人支付的部分医疗费用。

问题 38:医疗保险参保职工如何选择定点医疗机构?

答:根据劳动保障部等部门《关于印发城镇职工基本医疗保险定点医疗机构管理暂行办法的通知》(劳社部发〔1999〕14 号)的规定,参保人员在获得定点资格的医疗机构范围内,提出个人就医的定点医疗机构选择意向,由所在单位汇总后,统一报送统筹地区社会保险经办机构。社会保险经办机构根据参保人的选择意向统筹确定定点医疗机构。

除获得定点资格的专科医疗机构和中医医疗机构外,参保人员一般可再选择 3 至 5 家不同层次的医疗机构,其中至少应包括 1 至 2 家基层医疗机构(包括一级医院以及各类卫生院、门诊部、诊所、卫生所、医务室和社区卫生服务机构)。

参保人员对选定的定点医疗机构,可在 1 年后提出更改要求,由统筹地区社会保险经办机构办理变更手续。

问题 39:什么是医疗期?对患病或非因工负伤职工的医疗期有何规定?

答:根据原劳动部 1994 年发布的《企业职工患病或非因工负伤医疗期规定》的规定,医疗期是指用人单位职工因患病或非因工负伤而停止工作治病休息,用人单位不能解除劳动合同的时限。

原劳动部 1994 年发布的《企业职工患病或非因工负伤医疗期规定》,对医疗期主要有以下几条规定:

1. 企业职工因患病或非因工负伤,需要停止工作医疗时,根据本人实际参加工作年限,给予 3 个月到 24 个月的医疗期。实际工作年限 10 年以下的,在本单位工作 5 年以下的为 3 个月;5 年以上的为 6 个月。实际工作年限在 10 年以上的,在本单位工作 5 年以下的为 6 个月;5 年以上 10 年以下的为 9 个月;10 年以上 15 年以下的为 12 个月;15 年以上 20 年以下为 18 个月;20 年以上的为 24 个月。

2. 医疗期 3 个月的按 6 个月内累计病休时间计算;6 个月的按 12 个月内累计病休时间计算;9 个月的按 15 个月内累计病休时间计算;12 个月的按 18 个月内累计病休时间计算;18 个月的按 24 个月内累计病休时间计算;24 个月的按 30 个月内累计病休时间计算。

3. 企业职工在医疗期内,其病假工资、疾病救济费和医疗保险待遇按照有关部门规定执行。

4. 企业职工非因工致残和经医生或医疗机构认定患有难以治疗的疾病,在医疗期内医疗终结,不能从事原工作,也不能从事用人单位另行安排的工作的,应当由劳动鉴定委员会参照工伤与职业病致残程度鉴定标准进行劳动能力的鉴定〔自 2002 年 4 月 5 日之后,按《职工非因工伤残或因病丧失劳动能力程度鉴定标准(试行)》(劳社部发〔2002〕8 号)执行〕。被鉴定为一至四级的,应当退出劳动岗位,中止劳动关系,办理退休、退职手续,享受退休、退职待遇;被鉴定为五至十级的医疗期内不得解除劳动合同。

5. 企业职工非因工致残和经医生或医疗机构认定患有难以治疗的疾病,医疗期满,应当由劳动鉴定委员会参照工伤与职业病致残程度鉴定标准进行劳动能力的鉴定(自 2002 年 4 月 5 日之后,按《职工非因工伤残或因病丧失劳动能力程度鉴定标准(试行)》(劳社部发〔2002〕8 号)执行)。被鉴定为一至四级的,应当退出劳动岗位,解除劳动关系,并办理退休、退职手续,享受退休、退职待遇。

6. 医疗期满尚未痊愈者,被解除劳动合同的经济补偿问题按照有关规定执行。

问题 40:新型农村合作医疗待遇补助标准是多少?

答:新型农村合作医疗,简称"新农合",是指由政府组织、引导、支持,农民自愿参加,个人、集体和政府多方筹资,以大病统筹为主的农民医疗互助共济制度。采取个人缴费、集体扶持和政府资助的方式筹集资金。

2012 年起,各级财政对"新农合"的补助标准从每人每年 200 元提高到每人每年 240 元。其中,原有 200 元部分,中央财政继续按照原有补助标准给予补助,新增 40 元部分,中央财政对西部地区补助 80%,对中部地区补助 60%,

对东部地区按一定比例补助。农民个人缴费原则上提高到
每人每年60元，有困难的地区，个人缴费部分可分两年到
位。个人筹资水平提高后，各地要加大医疗救助工作力度，
资助符合条件的困难群众参合。新生儿出生当年，随父母
自动获取参合资格并享受"新农合"待遇，自第二年起按规
定缴纳参合费用。

问题41：农村医疗哪些情况是不能报销的？

答：农村医疗以下情况是不属于报销范围的：（1）未指
定医院就医或不办理转诊单的自行就医、自购药品，公费医
疗规定不能报销的药品和不符合计划生育的医疗费用；（2）
门诊治疗费、出诊费、住院费、伙食费、陪客费、营养费、输血
费（有家庭储血者除外，按有关规定报销）、冷暖气费、救护
费、特别护理费等其他费用；（3）车祸、打架、自杀、酗酒、工
伤事故和医疗事故的医疗费用；（4）矫形、整容、镶牙、假肢、
脏器移植、点名手术费、会诊费等；（5）报销范围内的超过最
高限额部分。

问题42：什么是城镇居民医疗保险？城镇居民医疗保险缴费和补助是怎样规定的？

答：城镇居民医疗保险是以没有参加城镇职工医疗保
险的城镇未成年人和没有工作的居民为主要参保对象的医
疗保险制度。它是继城镇职工基本医疗保险制度和新型农
村合作医疗制度推行后，党中央、国务院进一步解决广大人
民群众医疗保障问题，不断完善医疗保障制度的重大举措。
它主要是对城镇非从业居民医疗保险做了制度安排。

城镇居民基本医疗保险以家庭缴费为主，政府给予适

当补助。参保居民按规定缴纳基本医疗保险费,享受相应的医疗保险待遇,有条件的用人单位可以对职工家属参保缴费给予补助。国家对个人缴费和单位补助资金制定税收鼓励政策。

对试点城市的参保居民,政府每年按不低于人均 40 元给予补助,其中,中央财政从 2007 年起每年通过专项转移支付,对中西部地区按人均 20 元给予补助。在此基础上,对属于低保对象的或重度残疾的学生和儿童参保所需的家庭缴费部分,政府原则上每年再按不低于人均 10 元给予补助,其中,中央财政对中西部地区按人均 5 元给予补助;对其他低保对象、丧失劳动能力的重度残疾人、低收入家庭 60 周岁以上的老年人等困难居民参保所需家庭缴费部分,政府每年再按不低于人均 60 元给予补助,其中,中央财政对中西部地区按人均 30 元给予补助。

中央财政对东部地区参照新型农村合作医疗的补助办法给予适当补助。财政补助的具体方案由财政部门与劳动保障、民政等部门共同研究确定,补助经费要纳入各级政府的财政预算。

 问题 43:城乡居民大病保险的保障内容有哪些?

答:城乡居民大病保险的保障内容为:

1. 保障对象。大病保险保障对象为城镇居民医保、新农合的参保人员。

2. 保障范围。大病保险的保障范围要与城镇居民医保、新农合相衔接。城镇居民医保、新农合应按政策规定提供基本医疗保障。在此基础上,大病保险主要在参保(合)

人患大病发生高额医疗费用的情况下,对城镇居民医保、新农合补偿后需个人负担的合规医疗费用给予保障。高额医疗费用,可以个人年度累计负担的合规医疗费用超过当地统计部门公布的上一年度城镇居民年人均可支配收入、农村居民年人均纯收入为判定标准,具体金额由地方政府确定。合规医疗费用,指实际发生的、合理的医疗费用(可规定不予支付的事项),具体由地方政府确定。各地也可以从个人负担较重的疾病病种起步开展大病保险。

3. 保障水平。以力争避免城乡居民发生家庭灾难性医疗支出为目标,合理确定大病保险补偿政策,实际支付比例不低于 50%;按医疗费用高低分段制订支付比例,原则上医疗费用越高支付比例越高。随着筹资、管理和保障水平的不断提高,逐步提高大病报销比例,最大限度地减轻个人医疗费用负担。2013 年起,大病医疗费用除去原有的基本医保报销外,还将享受个人自付部分报销至少一半以上的大病医保政策。

4. 做好基本医疗保险、大病保险与重特大疾病医疗救助的衔接,建立大病信息通报制度,及时掌握大病患者医保支付情况,强化政策联动,切实避免因病致贫、因病返贫问题。城乡医疗救助的定点医疗机构、用药和诊疗范围分别参照基本医疗保险、大病保险的有关政策规定执行。

问题 44:2013 年国家对基本医疗保险政策有哪些新的调整?

答:全国城镇职工基本医疗保险政策进行调整,调整的主要内容如下:

1. 参保人员可在所在地任意一家定点机构就诊购药。

2. 参保人员个人账户可用于支付基本医疗保险范围内门诊需个人承担的费用、住院起付标准的费用以及其已参加社会医疗保险的父母、配偶和子女在门诊或药店发生的医疗费用。

3. 门诊慢性病人群的门诊起付标准、个人支付比例、乙类药品和特殊检查治疗的个人先支付、大额比例、个人自付部分的费用以及使用其他药品、检查和治疗项目或治疗其他非门诊慢性病疾病的费用，可以从个人账户中支付。

4. 未患有门诊慢性病的其他普通人群，在门诊或药店发生的医疗费用，可以从个人账户中支付。

5. 调整门诊通道模式，由现在的按年龄和人员类别享受门诊统筹待遇，调整为按病种享受门诊统筹待遇。

6. 经确认患有门诊慢性病的参保人员在门诊使用规定的药品、检查和治疗项目的费用累计达到 400 元后由统筹基金（含大额保险统筹基金）按以下比例支付部分费用：三级医疗机构 85％，二级医疗机构 90％，一级医疗机构和一类药店 95％。其他参保人员门诊医疗费用可由个人账户支付，个人账户用完后，全部由个人支付。慢性病种等确认，由社保部门组织社会医疗保险专家，对应每个病种划定必需的药品、检查和治疗项目，使用规定的药品、检查和治疗项目。

7. 门诊慢性病人员在门诊使用特殊药品和特殊检查治疗的，其医疗费用个人先支付比例为 5％。

8. 城镇职工基本医疗保险参保人员在住院时大额医疗保险统筹基金和个人支付比例调整后见下表：

大额医疗保险统筹基金和个人支付比例表

人员性质	三级医院		二级医院		一级医院	
	统筹	个人	统筹	个人	统筹	个人
在职	82%	18%	87%	13%	92%	8%
退休	84%	16%	89%	11%	94%	6%
重病	85%	15%	90%	10%	95%	5%

问题 45：哪些病可以纳入农村医保的大病医保补偿范围？

答：根据卫生部要求，2013 年，大病医保将覆盖新农合的农村参保人群，20 种重大疾病患者不但住院可以报销，看门诊也可以报销，报销费用至少不低于支付费用的 70%。此外，民政部门还将对城乡低保对象、农村五保对象、城镇"三无"人员、低保边缘家庭人员等进行援助，不低于自负部分的 50%，综合报销率已达到 90% 以上。20 种重大疾病为：儿童白血病、先天性心脏病、终末期肾病、妇女乳腺癌、宫颈癌、重性精神病、艾滋病机会性感染、耐多药肺结核、肺癌、食道癌、胃癌、结肠癌、直肠癌、慢性粒细胞白血病、急性心肌梗死、脑梗死、血友病、1 型糖尿病、甲亢、唇腭裂。

问题 46：残疾老人有什么特殊的优待政策？

答：国家对残疾人有特殊的优待政策，《中共中央、国务院关于促进残疾人事业发展的意见》（中发〔2008〕7 号）对保障残疾人基本生活、医疗康复、教育就业、文化服务等方面明确了要求，努力解决广大残疾人残有所助、病有所医、老有所养问题。全国各地采取了切实可行的措施，给予残疾人特殊的优惠政策。如浙江省实施的残疾人共享小康工程,重点解决残疾人基本生活、康复和重度残疾人托(安)养问题。残疾老人可以规定享受优待政策。

1. 残疾人基本生活保障工程:从 2008 年起,对"低保"家庭中的持证重度残疾人,单独施行最低生活保障,全额享受最低生活保障金;对家庭年人均收入在低保标准 100%～150%以内的持证重度残疾人参照所在地的低保标准,全额发放生活补助金。

2. 残疾人康复工程:对家庭人均年收入在低保标准 150%以内、有适应指征并有康复需求的残疾人,由政府出资,实施助明、助听、助行康复行动。即为符合条件的白内障患者实施复明手术,为符合条件的低视力残疾人验配助视器;为符合条件的听障残疾人验配助听器;为符合条件的下肢缺失残疾人安装假肢。

3. 重度残疾人托(安)养工程:为减轻重度残疾人家庭负担,对生活不能自理、残疾等级为一级的残疾人逐步实施集中托养、日间照料和居家安养。集中托养的对象一般为日常饮食起居需要专人护理,而家庭又无能力承担的重度残疾人,在自愿的前提下,由福利院、敬老院或专门的残疾人托养机构以及其他社会福利机构实行托养;日间照料的对象一般为夜间其家庭可以照料而日间需要他人照料的重度残疾人,由工疗站或其他社会福利机构照料其日间基本生活。对其他符合托(安)养条件的残疾人,如因特殊原因或受条件所限无法实行集中托养或日间照料的,纳入居家安养,由工疗站或其他社会福利机构委派专门人员上门提供护理服务。

问题 47：什么叫"低保"标准？申请享受低保的家庭人口如何确定？

答："低保"标准是指国家确定的居民最低生活保障的费用标准，一般由县或县级以上地方人民政府按照维持当地居民基本生活所必需的吃饭、穿衣、用水、用电等费用确定，并报上级人民政府备案后公布执行。同时，根据当地经济发展水平和群众生活水平的提高，综合考虑物价水平变化等情况，适时、适度进行调整。除少数东部发达地区，多数地方都是参考国家每年公布的贫困标准确定。凡家庭年人均纯收入低于当地低保标准的城镇和农村居民，均可申请低保。国家主要保障因疾病、残疾、年老体弱、丧失劳动能力、生存条件恶劣等生活常年困难的群众。一般人均收入在低保标准 $100\%\sim150\%$ 以内的家庭是属于国家扶持的重点对象。

申请享受最低生活保障的家庭人口，按照《中华人民共和国婚姻法》规定的具有法定赡养、抚养、扶养关系以及公安部门制发的《居民户口簿》、居民身份证确定。在校就读的学生，纳入其家庭申报最低生活保障的人口计算；在监狱、劳动教养场所内服刑、劳动教养的人员不纳入其家庭申报最低生活保障的人口计算；家庭月人均收入在当地月最低生活保障标准 3 倍以内的已成年且丧失劳动能力的残疾人或长期卧床不起的重病人员可与其父母、兄弟姐妹分户计算。

问题48：核定社会救助时的家庭收入哪些包括？哪些不包括？

答：申请最低生活保障、医疗救助、教育救助、住房救助以及其他社会救助的家庭收入核定工作，均要核定家庭收入，各类社会救助对象家庭收入标准实行动态管理，由设区的市或县（市）人民政府另行规定，每年公布一次。

1. 核定社会求助时的家庭收入是扣除缴纳的个人所得税以及社会保障支出后的工薪收入、经营性净收入、财产性收入和转移性收入等。以下各项计入家庭收入范围：（1）个人因任职或者受雇而取得的工资、薪金、年终加薪、劳动分红、津贴、补贴以及与任职或者受雇有关的其他所得。（2）个体工商户从事生产、经营及有偿服务活动所得。（3）个人承包经营、承租经营以及转包、转租所得。（4）劳务报酬所得。（5）从事种植业、养殖业、捕捞业生产所得。（6）利息、股息、红利所得及资本利得。（7）财产租赁所得。（8）财产转让所得。（9）被征地人员及下岗职工的基本生活费、土地征用一次性安置费。（10）赡养费、扶养费、抚养费。（11）离退休金、失业保险金及各类养老保险金。（12）精减退职工生活困难补助费、遗属生活困难补助费、计划外长期临时工晚年生活补助费、人身伤害赔偿中的生活补助费。（13）继承性所得、赠予所得。（14）偶然所得。（15）经省民政厅确认的其他所得应计入的收入。

2. 以下各项不计入家庭收入范围：（1）优抚对象及政府给予特殊照顾的其他人员所享受的抚恤优待金、特殊照顾待遇。（2）政府、政府部门及有关单位对工作、学习优秀者颁发的非报酬性奖励。(3)新中国成立前入党的农村老党员、老游击队员、老交通员享受的定期补助。(4)因劳动合同终止(包括解除),职工依照国家和本省规定所获得的经济补偿金、生活补助费或一次性安置费。(5)丧葬费、抚恤金。(6)人身伤害赔偿中生活补助费以外的部分。(7)各级党委政府、工青妇组织的困难帮扶慰问款,因病、因灾、因学困难而得到政府救济款和社会捐赠款中用于治病支出、住房修复、学业开支部分。(8)计划生育夫妇奖励扶助金。(9)残疾人的康复、医疗、托安养等补助。(10)按最低缴费标准,由单位统一扣缴的社会保险费、住房公积金及个人自行缴纳的社会保险费。(11)低保对象首次就业,其一定期间内所取得的收入。具体时间由各地自行确定,一般不少于 6 个月,不超过 12 个月。(12)水库移民后期扶持资金。(13)经省民政厅确认的其他特殊收入。

问题 49:办理"低保"需要经过哪些审批程序?

答:城乡居民享受低保,要办理审批手续,按照审查受理→调查核实→听证评议→张榜公示→乡镇(街道)审核→区县民政审批→张榜公布→发放低保证和低保金的流程进行审批。具体操作流程如下:

(1)审查受理。乡镇人民政府(街道办事处)对申请人提交的材料进行审查受理,也可委托村(居)民委员会对其提交的材料进行审查受理。申请资料不完备的,应及时通知申请人。

城市低保在每月、农村低保在每年集中安排时间受理申请,具体时间由区县(自治县)民政部门确定。特殊情况应及时受理。

（2）调查核实。乡镇人民政府（街道办事处）对申请人提出的申请受理后，应及时组织受委托的村（居）民委员会相关人员对其家庭人口、收入及财产状况进行调查核实。申请人应配合调查。

（3）听证评议。由村（居）民委员会干部、低保工作人员、辖区部分人大代表、政协委员、驻村（居）干部、村（居）民代表等 9～15 人组成听证评议小组，对申请低保对象家庭是否符合低保条件进行听证评议。

（4）张榜公示。村（居）民委员会将听证评议结果（包括家庭人口、家庭成员月或者年人均收入、听证评议是否通过、建议救助金额等有关情况）张榜公示，公示期不少于 5 天。群众对张榜公示的人员有异议的，应再次调查核实并公示，公示期不少于 5 天。

（5）乡镇（街道）审核。乡镇人民政府（街道办事处）接到村（居）民委员会报送的调查核实材料后，应及时组织审核，并报送区县（自治县）民政局审批。

（6）区县（自治县）民政局审批。区县（自治县）民政局接到乡镇人民政府（街道办事处）申报材料后，应逐一对申请人有关材料进行审核，及时作出审批决定。

（7）张榜公布。区县（自治县）民政局应将审批结果书面通知申请人所在乡镇人民政府（街道办事处），由乡镇人民政府（街道办事处）和村（居）民委员会将审批结果张榜公布（包括申请低保对象家庭人口、家庭成员月或者年人均收入、批准享受保障金额等有关情况）。

（8）发放低保证和低保金。对已审批的低保对象家庭，及时发放低保证和低保金。

从乡镇人民政府(街道办事处)或村(居)民委员会正式受理申请之日起,到区县(自治县)民政局审批结束,应在30日内办结(不含公示时间)。

问题 50:符合计划生育奖励扶助对象的农村老人可以享受怎样的待遇?

答:国家奖扶制度是在各地现行计划生育奖励优惠政策和帮扶救助措施基础上,对农村部分计划生育家庭实行的一项奖励制度。

1. 奖励扶助对象必须同时符合以下条件:(1)本人及配偶均为农业户口或界定为农村居民户口;(2)1973 年至 2001 年期间没有违反计划生育法规、规章或政策规定生育;(3)现存一个子女或子女死亡现无子女;(4)在 1933 年 1 月 1 日以后出生,年满 60 周岁。

2. 奖励扶助对象的确认按以下程序进行:(1)本人申请;(2)村民委员会评议;(3)乡(镇)人民政府(街道办事处)初审并张榜公示;(4)县(市、区)人口计生行政部门复审确认。

3. 奖励扶助金的发放标准:(1)对符合条件的农村计划生育夫妇,按每人每年不低于 600 元的标准发放奖励扶助金,直到亡故为止。市、县(市、区)可根据当地实际,适当提高奖励扶助标准。已超过 60 周岁的,以实际年龄为起点发放。在确定农村"低保户"时,奖励扶助金不计入其家庭收入;取得奖励扶助金的"五保户",不影响其原有待遇;已经享受城镇职工养老保险待遇的不再发放奖励扶助金。(2)自 2012 年 1 月 1 日起调整奖励扶助和特别扶助标准,其中农村部分计划生育家庭奖励扶助标准由每人每月不低于 60 元提高到每人每月不低于 80 元。独生子女死亡家庭的特别扶助标准由每人每月不低于 150 元提高到每人每月不低于 200 元;独生子女伤残家庭的特别扶助标准由每人每月不低于 120 元提高到每人每月不低于 160 元。(3)为体现社会对老年人、未成年人、重病人员和残疾人的关爱和照顾,对"三无"人员、重残人员(一、二级)、患有重大疾病人员、70 岁以上老年人、学龄前儿童和在校学生,属城市居民最低生活保障对象的每人每月增加 35 元救助金,属农村居民最低生活保障对象的每人每月增加 20 元救助金;凡纳入城乡居民最低生活保障的残疾人员(包括已享受重点救助的一、二级重残人员),每人每月增加 20 元救助金。

问题 51:农村居民养老保险政策中年龄规定是怎样的?

答:依据《国务院关于开展新型农村社会养老保险试点的指导意见》(国发〔2009〕32 号)规定,农村居民年满 16 周岁(不含在校学生)、未参加城镇职工基本养老保险的,可以在户籍地自愿参加新型农村社会养老保险。

年满 60 周岁、未享受城镇职工基本养老保险待遇的农村有户籍的老年人,可以按月领取养老金。新农保制度实施时,已年满 60 周岁、未享受城镇职工基本养老保险待遇的农民,不用缴费,就可以按月领取基础养老金。但他们符合参保条件的子女应当参保缴费。他们子女距养老保险金领取养老金年龄不足 15 年的,应按年缴费,也允许补缴,累计缴费不超过 15 年;距领取养老金年龄超过 15 年的,应按年缴费,累计缴费不少于 15 年。

　　🔹 问题 52:新农保基金的构成以及个人缴费金额和档次是怎样规定的?

　　答:依据《国务院关于开展新型农村社会养老保险试点的指导意见》(国发〔2009〕32 号)规定,新农保基金由个人缴费、集体补助、政府补贴构成。

　　1. 个人缴费。参加新农保的农村居民应当按规定缴纳养老保险费。缴费标准目前设为每年 100 元、200 元、300元、400 元、500 元 5 个档次,地方可以根据实际情况增设缴费档次。参保人自主选择档次缴费,多缴多得。国家依据农村居民人均纯收入增长等情况适时调整缴费档次。

　　2. 集体补助。有条件的村集体应当对参保人缴费给予补助,补助标准由村民委员会召开村民会议民主确定。鼓励其他经济组织、社会公益组织、个人为参保人缴费提供资助。

　　3. 政府补贴。政府对符合领取条件的参保人全额支付新农保基础养老金,其中:中央财政对中西部地区按中央确定的基础养老金标准给予全额补助,对东部地区给予 50% 的补助。

　　地方政府应当对参保人缴费给予补贴,补贴标准不低于每人每年 30 元;对选择较高档次标准缴费的,可给予适当鼓励,具体标准和办法由省(区、市)人民政府确定。对农村重度残疾人等缴费困难群体,地方政府为其代缴部分或全部最低标准的养老保险费。

　　🔹 问题 53:农民养老金标准是多少? 养老金支付期限和继承是怎么规定的?

　　答:依据《国务院关于开展新型农村社会养老保险试点

的指导意见》(国发〔2009〕32 号)和民政部《县级农村社会养老保险基本方案》规定,农民养老金由基础养老金和个人账户养老金组成,支付到终身。其标准如下:

1. 基础养老金标准:中央确定为每人每月 55 元。地方政府可以根据实际情况提高基础养老金标准,如浙江省的基础养老金标准为每人每月 60 元,比中央规定高出 5 元。对于长期缴费的农村居民,可适当加发基础养老金,具体根据当地政府规定执行,提高和加发部分的资金由地方政府承担。

2. 个人账户养老金月计发标准:按个人账户全部储存额除以 139 计算,与现行城镇职工基本养老保险个人账户养老金计发系数相同。

养老金给付期限,从参保人达到 60 周岁的次月开始领取养老保险金,到身亡的次月终止领取养老金。参保人死亡后,个人账户中的资金余额,除政府补贴外,可以依法继承;政府补贴的余额部分用于继续支付其他参保人的养老金,继承人无继承权利。

问题 54:农村参加医疗保险的人员,死亡时可否享受丧葬补助?

答:据民政部发布各地实施惠民殡葬政策情况分析报告。全国多数省(区、市)都实施了不同层次、不同类型的惠民殡葬政策,各地惠民殡葬政策的覆盖人群约为 1.32 亿人,占全国总人口的 9.9%。实施惠民殡葬政策的地区有 167 个,包括 9 个省(区、市)、38 个地级市、120 个县(市、区)。参加农村医疗保险的人员,死亡时的丧葬补助,全国没有统一规定,由各省自主确定。如浙江省规定,城乡居民社会养老保险制度实施后,已领取城乡居民社会养老金的参保人员,死亡时可享受参保人当月享受的基础养老金的20个月的金额补助。浙江省农民2010年基础养老金为每人每月60元,参保的死亡人可享受1200元的丧葬补助。

问题55:什么叫农村"五保"供养?

答/:依据《农村五保供养工作条例》(国务院令第456号)规定,给予老年、残疾或者未满16周岁的,无劳动能力、无生活来源又无法定赡养、抚养、扶养义务人,或者其法定赡养、抚养、扶养义务人无赡养、抚养、扶养能力的村民,在吃、穿、住、医、葬五个方面上的生活照顾和物质帮助。包括下列内容:(1)供给粮油、副食品和生活用燃料;(2)供给服装、被褥等生活用品和零用钱;(3)提供符合基本居住条件的住房;(4)提供疾病治疗,对生活不能自理的给予照料;(5)办理丧葬事宜。农村五保供养对象未满16周岁或者已满16周岁仍在接受义务教育的,应当保障他们依法接受义务教育所需费用。农村五保供养对象的疾病治疗,应当与当地农村合作医疗和农村医疗救助制度相衔接。

问题56:农民怎样申请和取得农村五保供养待遇?

答:农民五保申请审批按下列手续办理:符合享受农村五保供养待遇的农民,应当由村民本人向村民委员会提出申请;因年幼或者智力残疾无法表达意愿的,由村民小组或者其他村民代为提出申请。经村民委员会民主评议,对符合规定条件的,在本村范围内公告;无重大异议的,由村民委员会将评议意见和有关材料报送乡、镇人民政府审核。乡、镇人民政府应当自收到评议意见之日起20日内提出审核意见,并将审核意见和有关材料报送县民政局审批。县民政局应当自收到审核意见和有关材料之日起 20 日内做出审批决定。对批准给予农村五保供养待遇的,发给《农村五保供养证书》;对不符合条件不予批准的,应当书面说明理由。

问题 57:残疾人如何申请和取得国家基本生活保障待遇?

答:依据《残疾人保障法》等规定,残疾人是指在心理、生理、人体结构上,某种组织、功能丧失或者不正常,全部或者部分丧失以正常方式从事某种活动能力的人。包括视力残疾、听力残疾、言语残疾、肢体残疾、智力残疾、精神残疾、多重残疾和其他残疾的人。国家对残疾人在康复、教育、劳动就业、文化生活、社会保障、交通便利等方面给予优惠待遇。各省根据具体情况,有具体的规定。对于残疾人基本生活保障政策,由各省具体规定,如浙江省规定:对享受最低生活保障家庭中的持证重度残疾人,单独施行最低生活保障,全额享受最低生活保障金;对家庭年人均收入在最低生活保障标准 100%~150% 以内的持证重度残疾人,参照所在地最低生活保障标准,全额发放生活补助金。

残疾人基本生活保障待遇的取得,一般经过申请、审核、发证三个程序。具体办法由各省规定,如浙江省基本做法为:(1)残疾人基本生活保障待遇由本人或监护人提出申请,无监护人且本人又不能表达意愿的重度残疾人,可由社区、村委会代为提出申请。(2)当地残疾人联合会对申请人持有的《中华人民共和国残疾人证》进行审核。(3)对家庭人均年收入在最低保障标准 100%~150% 之间的持证重度残疾人,由民政部门发给《重度残疾人救助证》,残疾人可以持救助证享受贫困重度残疾人补助金救助政策。

国家对残疾人救助实行动态管理,当发生残疾人人员变动、家庭收入变化、残疾程度改变等情况时,街道办事处、乡镇人民政府、民政、残联等职能部门要根据实际情况,调整保障对象。

问题58:生活不能自理的重度残疾人国家有什么特殊优惠政策?

答:国家十分关怀残疾人的生活,对生活不能自理的重度残疾人,在保留原有保障待遇的基础上,给予集中托养、日间照料和居家安养的特殊财政补助政策。补助经费根据国家区域经济发展情况,由中央、省、县级财政预算和残疾人保障金安排。托安养费用标准由省残疾人联合会会同有关部门公布指导线,明确相应的服务标准,具体标准由各市、县(市、区)政府根据当地情况确定。

1. 集中托养的残疾人为日常饮食起居需要专人护理,家庭护理有困难的重度残疾人。国家对纳入集中托养的重度残疾人保障其基本生活和基本康复、医疗、护理等需求,保障标准总体上不低于当地农村"五保"人员和"三无"人员的集中供养保障水平,根据残疾人的特殊需求,增加护理保障。浙江省规定,纳入集中托养费用,残疾人家庭人均年收入在低于最低生活保障标准150%以内的,全部由财政支付;其他家庭,由其家庭承担50%,财政补助50%。

2. 日间照料的残疾人为夜间其家庭可以照料而日间需要托养机构照料的重度残疾人,重点为智力残疾人和精神残疾人。国家提供用餐和基本生活照料服务。浙江省规定,纳入日间照料所需要的费用,残疾人家庭人均年收入在低于最低生活保障标准 150% 以内的,全部由财政支付;其他家庭,由其家庭承担 50%,财政补助 50%。

3. 居家安养的残疾人为家庭有照料条件,适宜在家里安养的重度残疾人。国家给予其家庭不低于日间照料的所需费用。浙江省规定,纳入家庭安养的费用,残疾人家庭人均年收入在低于最低生活保障标准 150% 以内的,财政给予全额补助护理费;其他家庭,财政给予补助 50% 的护理费。

问题 59:重度残疾人如何申请和取得托养、安养优惠待遇?

答:符合条件的重度残疾人本人、监护人要求纳入托养、安养的,一般按照申请、评议、审核、审批四个工作程序,各省应按照当地的规定程序申报审批。浙江省的申请和审批程序如下:

1. 申请人带户口簿、残疾人居民身份证、残疾人证的原件和复印件,向户籍所在地社区、村委会提出申请,并填写《重度残疾人托(安)养服务申请表》。

2. 社区、村委会组织对申请人资格条件进行评议,根据申请人的愿望、残疾类别和程度及家庭情况,提出托养方式,并在申请表上签署意见,如申请人家庭收入低于最低生活保障标准 150% 内的,出具经济状况证明,连同申请人申报材料送乡镇(街道)残疾人联合会。

3. 乡镇(街道)残疾人联合会对社区、村委会上报的申请人的相关资料进行调查核实后,对初审符合条件的申请人名单在申请人所在的社区或村公示,无异议后签署意见,报县(市、区)残疾人联合会审核。

4. 县(市、区)残疾人联合会对乡镇(街道)残疾人联合会上报的申请人材料进行审核。在审核时,要审核申请人持有的《中华人民共和国残疾人证》,对需要重新鉴定,重新核发的予以重新核发。审核后符合条件的,将审定结果书面函告乡镇(街道),由乡镇(街道)通知申请人,并给予办理有关托养或安养手续。

问题60:经济困难的公民无钱打官司,能申请国家法律援助吗?

答:依据国务院《法律援助条例》(国务院令385号)规定,符合该条例规定的经济困难的公民下列事项可依法获得法律咨询、代理、刑事辩护等无偿法律服务。

1. 公民对下列需要代理的事项,因经济困难没有委托代理人的,可以向法律援助机构申请法律援助:

(1)依法请求国家赔偿的;

(2)请求给予社会保险待遇或者最低生活保障待遇的;

(3)请求发给抚恤金、救济金的;

(4)请求给付赡养费、抚养费、扶养费的;

(5)请求支付劳动报酬的;

(6)主张因见义勇为行为产生的民事权益的。

2. 刑事诉讼中有下列情形之一的,公民可以向法律援助机构申请法律援助:

(1)犯罪嫌疑人在被侦查机关第一次讯问后或者采取强制措施之日起,因经济困难没有聘请律师的;

（2）公诉案件中的被害人及其法定代理人或者近亲属，自案件移送审查起诉之日起，因经济困难没有委托诉讼代理人的；

（3）自诉案件的自诉人及其法定代理人，自案件被人民法院受理之日起，因经济困难没有委托诉讼代理人的。

3. 人民法院指定法律援助。公诉人出庭公诉的案件，被告人因经济困难或者其他原因没有委托辩护人，人民法院为被告人指定辩护时，法律援助机构应当提供法律援助。被告人是盲、聋、哑人或者未成年人而没有委托辩护人的，或者被告人可能被判处死刑而没有委托辩护人的，人民法院为被告人指定辩护时，法律援助机构应当提供法律援助，无需对被告人进行经济状况的审查。

问题 61：哪些人员可以享受国家的军人抚恤优待？

答：依据国务院、中央军委《军人抚恤优待条例》（国务院、中央军委第 413 号令）规定，中国人民解放军现役军人、服现役或者退出现役的残疾军人以及复员军人、退伍军人、烈士遗属、因公牺牲军人遗属、病故军人遗属、现役军人家属，依照《军人抚恤优待条例》规定享受抚恤优待，包括军人优待、残疾抚恤和死亡抚恤。保障军人的抚恤优待与国民经济和社会发展相适应，保障抚恤优待对象的生活不低于当地的平均生活水平。全社会应当关怀、尊重抚恤优待对象，开展各种形式的拥军优属活动。

问题 62：残疾军人等可以享受国家抚恤补助，其标准是多少？

答：根据《军人抚恤优待条例》规定，现役军人因战、因公致残，医疗终结后符合评定残疾等级条件的，应当评定残疾等级。义务兵和初级士官因病致残符合评定残疾等级条件，本人（精神病患者由其利害关系人）提出申请的，也应当评定残疾等级。因战、因公致残，残疾等级被评定为一级至十级的，享受抚恤；因病致残，残疾等级被评定为一级至六级的，享受抚恤。民政部财政部《关于调整部分优抚对象等人员抚恤和生活补助标准的通知》（民发〔2012〕163号）调整残疾军人、伤残人民警察、伤残国家机关工作人员、伤残民兵民工等残疾抚恤金标准。自2012年10月1日起执行。

表1　残疾军人、伤残人民警察、伤残国家机关工作人员、

伤残民兵民工残疾抚恤金标准表

（从2012年10月1日起执行）　　　　单位:元/年

残疾等级	残疾性质	抚恤金标准
一级	因战	37940
	因公	36740
	因病	35540
二级	因战	34330
	因公	32530
	因病	31310
三级	因战	30120
	因公	28310
	因病	26510
四级	因战	24690
	因公	22290
	因病	20480

续　表

残疾等级	残疾性质	抚恤金标准
五级	因战	19290
	因公	16860
	因病	15660
六级	因战	15070
	因公	14260
	因病	12050
七级	因战	11450
	因公	10240
八级	因战	7230
	因公	6620
九级	因战	6010
	因公	4820
十级	因战	4220
	因公	3610

表 2　烈属、因公牺牲军人遗属、病故军人遗属定期抚恤金标准表

（从 2012 年 10 月 1 日起执行）　　单位：元/年

	烈属	因公牺牲军人遗属	病故军人遗属
城镇	12050	10340	9730
农村	6930	6620	6340

表 3　在乡退伍红军老战士、在乡西路军红军老战士、

红军失散人员生活补助标准表

（从 2012 年 10 月 1 日起执行）　　　　单位：元/年

在乡退伍红军老战士	在乡西路军红军老战士	红军失散人员
26300	26300	11870

问题 63：退出现役残疾军人供养待遇是怎样规定的？

答：依据《军人抚恤优待条例》（国务院、中央军委令 413 号）、民政部、财政部《关于调整部分优抚对象等人员抚恤和生活补助标准的通知》（民发〔2009〕135）规定，退出现役的一级至四级残疾军人，由国家供养终身；其中，对需要长年医疗或者独身一人不便分散安置的，经省级人民政府民政部门批准，可以集中供养。对分散安置的一级至四级残疾军人发给护理费，护理费的标准为：（1）因战、因公一级和二级残疾的，为当地职工月平均工资的 50%；（2）因战、因公三级和四级残疾的，为当地职工月平均工资的 40%；（3）因病一级至四级残疾的，为当地职工月平均工资的 30%。

退出现役的残疾军人的护理费，由县级以上地方人民政府民政部门发给；未退出现役的残疾军人的护理费，经军队军级以上单位批准，由所在部队发给。

残疾军人需要配置假肢、代步三轮车等辅助器械，正在服现役的，由军队军级以上单位负责解决；退出现役的，由省级人民政府民政部门负责解决。

问题 64：新中国成立前加入中国共产党的农村老党员有生活补助吗？

答：民政部财政部《关于调整部分优抚对象等人员抚恤和生活补助标准的通知》（民发〔2012〕163号）对新中国成立前加入中国共产党的农村老党员国家按月发放生活补贴，自2012年10月1日起调整补助标准：

1937年7月6日前入党，达到每人每月455元；1937年7月7日至1945年9月2日入党的，达到每人每月395元；1945年9月3日至1949年9月30日入党的，达到每人每月315元。已享受优抚对象抚恤补助的老党员，不执行上述补贴标准，仍按每人每月50元标准发给生活补贴。已对老党员实行定额补贴的地方，补贴标准低于上述标准的，按照补差原则发给补贴；补贴标准高于上述标准的，仍按原补贴标准发给补贴。

问题 65：老人在哪些方面得到社会各界的特别优待？

答：60周岁及以上老年人办理老年证，65周岁及以上的老年人办理优待卡，凭老年证或优待卡享受社会特殊的优惠待遇。

1. 各类博物馆、美术馆、纪念馆、图书馆、文化馆等公益性文化设施免费开放。

2. 70岁以上老人免旅游景点门票，60岁以上可半费。

3. 公共体育场馆、社区报务中心、老年活动中心优惠服务。

4. 大、中型医疗机构提供挂号、就诊、化验、检查、缴费、取药优先服务。

5.社区卫生服务机构就诊、出诊、建立家庭病床"三优先"服务。无社会养老保障老年人每年免费体检一次。免收普通门诊挂号费。免费建立健康档案。对困难老年人免收家庭病床检查费。

6.优先提供减免法律咨询和有关服务。要优先受理困难老年人法律援助申请。

7.65周岁及以上免费乘坐市域内地面公交车。公交车站设置无障碍等候专区。公交车设立不低于坐席数10%的老弱病残孕专座。

8.高龄补贴。至2012年全国有15个省份对80岁以上老人实行高龄补贴,补贴标准各地自定,一般都按年龄段,每人每月发放高龄补贴50、100、200、300元都有。

9.退休金免征个人所得税。但个人提前退休取得的一次性补贴收入,自2011年1月起,按照"工资、薪金所得"项目征收个人所得税。

10.免缴追索赡养费、扶养费的诉讼费。

问题66:国家机关工作人员及离退休人员死亡,一次性抚恤金发放标准是怎样规定的?

答:自2011年8月1日起,国家机关工作人员及离退休人员死亡,一次性抚恤金发放标准调整为:烈士和因公牺牲的,为上一年度全国城镇居民人均可支配收入的20倍加本人生前40个月基本工资或基本离退休费;病故的,为上一年度全国城镇居民人均可支配收入的2倍加本人生前40个月基本工资或基本离退休费。

一次性抚恤金按本人生前最后一个月基本工资或基本离退休费为基数计发。

第 3 章 机构养老

问题 67：什么叫机构养老？我国有哪些类型的养老机构？

答：机构养老是指老人到国家、企业、个人等依法设立的养老服务机构中接受免费的或有偿的专业性养老服务的一种养老方式。

养老机构是指为老年人提供饮食起居、清洁卫生、生活护理、健康管理和文体娱乐活动等综合性服务的机构。它既可以是独立的法人机构，也可以是附属于医疗机构、企事业单位、社会团体或组织、综合性社会福利机构的一个部门或者分支机构。机构性质既可以是公办的，也可以民办的。我国目前养老机构有以下类型：

1. 社会福利院。它是民政部门在城镇设立的社会福利事业单位，其任务是收养城镇丧失劳动能力、无依无靠、无生活来源的孤老、孤儿、弃婴和残疾儿童。被收养人员的一切生活费用由政府承担。

2. 养老院（养老中心）。它收住的是居家养老有困难的老人，而且一切费用自理。养老院属于自负盈亏的养老服务机构，大多是民办的养老机构，但也有公办民营、民办公助的养老院。改革开放以来，很多社会福利院和敬老院已逐步向社会开放,它们在保证收养孤寡老人的同时也收养一部分自费老人入住,从而使这些福利救济型的养老机构增添了商业性的养老服务功能。

3. 敬老院。它是农村集中供养"五保老人"的场所,"五保老人"供养是国家举办的农村福利事业的组成部分。收养的"五保老人"依靠集体供养为主,辅之以国家和社会必要的援助,他们的吃、穿、住、医、葬的费用,由农村集体经济组织支付或由国家最低生活保障。

4. 老年公寓。它是由政府和社会力量按照市场原则兴建的专供老年人居住的单元楼,单元楼中的单元房的面积有大有小,入住者可买可租。老年公寓楼内设有医务室、活动室、健身房和小食堂,配置各项服务人员。

问题 68:老人到养老机构养老有哪些好处?

答:养老机构是经过国家有关部门注册登记的,具有一定的经济实力、服务设施、专业护理人员的养老服务性组织。老人到养老机构养老有下列好处:

1. 养老机构设施齐全,比较适合养老需求。

2. 养老机构有呼叫系统,便于老人紧急求救,一般安装在床头、卫生间等,老人活动位置都配置呼救按钮。

3. 养老机构有医生、护士,能够做到在最佳时间稳住病情,护送到医院。

4. 养老院里能找到有共同语言的老年伙伴,解除老人的寂寞。

5. 养老院里安排各种活动,丰富老人的生活。

6. 饮食营养合理搭配,按时就餐,解决了饮食操劳和饮食营养问题。

7. 专业化护理服务,让老年人安心,家人放心。

总之,养老机构以老年人的需求为出发点和落脚点,不断满足老年人日益增长的生活服务要求、文化服务要求,千方百计解决他们的实际困难,是比较适合养老的场所。

问题 69:养老机构能为老人提供哪些方面的服务?

答:养老机构以相对完整的配套服务设施、管理规范、专业人员为老年人提供集体居住的全人、全员、全程生活服务。养老机构的服务内容有以下几个部分:

1. 日常生活服务。解决老人的基本生活需要,满足老人的衣、食、住、行等基本生活照料需求。

2. 精神文化服务。丰富老年人的精神世界,充实老年人的生活。组织老年人活动,给老年人以家人般的关爱、满足老人的精神文化需求。

3. 康复医疗服务。进行必要的生活护理、心理护理、康复训练。满足老人医疗保健,疾病预防、护理与康复,心理咨询等需求。注意观察老人的身体状况,为老人们排忧解难,解决力所能及的问题。

4. 临终前关怀服务。做好临终关怀,陪伴老人走完人生最后的历程。

问题 70:如何判断养老机构是不是合法规范?

答:养老机构是依法设立的一个组织,国家对设立和运行是有规定条件和具体的要求,符合规定条件和要求的是属于合法规定的养老机构。归纳起来有以下几个方面:

1. 申办人具有强烈的事业心和责任性,热爱社会公益事业,对老人有爱心。

2. 每床位注册资金不低于 5000 元,注册资金包括流动资金和实物资金,经注册会计师验资出具证明。

3. 有固定的服务场所。

4. 老人居住的单人间使用面积人均不低于 10 平方米,双人间使用面积不低于 14 平方米,三人间使用面积不低于 18 平方米。

5. 医护型养老机构要配备具有行医资格或上岗资格证医生、护士;非医护型养老机构不配备专业医生、护士。护理人员、特教人员需有上岗证,财务人员有会计证,食堂工作人员有健康证。

6. 建有适合老人娱乐的健康活动场所,根据规范设置配套医疗设施或落实定点医疗机构。

7. 工作人员与休养人员比例不得低于 1∶6。

8. 建筑装潢必须符合国家消防安全和卫生防疫标准、符合《老年人建筑设计规范》。

问题 71:养老机构设置的无障碍设施有什么要求?

答:为了方便老人的生活,养老机构按规定在出入口、厅堂和走道、楼梯、电梯、居室、厨房、卫生间、门、建筑设备与室内设施等地方配备无障碍设施,有下列要求:

1. 路面平坦。公共走道、户外通道、公园小径要求平坦并防滑。户外注意阴井盖破损,及时更换以及与路面高度保持一致;老年人出入和经过的厅、走道、房间不得设门槛,地面不宜有高低。

2. 设置扶手。楼梯、电梯、通道两侧墙面应设置扶手,卫生间洗浴处及便器边均须设有扶手。楼梯不得采用扇形踏步。主要出入口无台阶、顶部应设雨篷。

3. 应急装置。养老机构内部设备(如消控设备)与室内设施中老年人居室床头应设紧急呼叫装置或对讲系统。

4. 间距规定。居室(卧室内净宽、床间距离)厨房、卫生间、门、高度或宽度均有严格规定。机构建筑层数在三层及以上的,应设电梯。养老机构建筑的电梯,其候梯厅及梯厢尺寸必须保证轮椅和急救担架床进出方便。

问题 72:怎样了解和选择养老机构?

答:养老机构的好坏会直接影响养老的质量,因此,在选择养老机构前,先了解养老机构是非常必要的。

1. 了解途径:网络、电话、报纸、新闻、广告、朋友介绍、从已经入住养老机构的老人处等了解情况。

2. 进行实地考察。考察养老机构的合法性、规范性、便利性和经济性。

(1)合法性。看其执业证照,民政局登记的是非营利养老机构,是《民办非企业单位登记证书》;工商局登记的是营利养老机构,是《企业法人营业执照》;注册资金、机构性质都登记在营业执照中。

(2)规范性。主要看硬件设施和管理是否规范。硬件设施可从建筑是否符合养老院设计规范,无障碍设施是否考虑周到,绿化环境和居住环境是否舒适等方面去考察;管理则从护理、餐饮、安保综合管理是否到位,管理人员服务水平是否专业等方面去考察。

(3)便利性。主要从就医、饮食起居生活、文娱活动是否方便,地理位置以及交通是否便利等。

(4)经济性。主要考察收费价格和付款方式是否合理,是否适合老人及子女的经济条件和承受能力。

3. 慎重选择。通过了解和实地考察后,子女在最后选择时,还要考虑老人住得是否舒适和有意愿,应在征得老人意见后再做选择。

问题 73:自费老人入住养老机构,需要办理哪些手续?

答:自费入住养老机构的老人要达到退休年龄:女性50岁、男性60岁;无传染性疾病、无精神病;有一定经济条件适合过集体生活。经老人及子女(亲属)经过了解、考察和协商决定入住机构养老时,要办理以下手续:

1. 提出申请。由老人本人或亲属提出入住申请,如无亲属的或亲属不在身边的空巢老人,可由老人提供原工作单位或所在社区"证明",证明老人的基本情况以及家庭的特殊情况,并提供证明单位的联系人姓名、联系电话、身份证明等,便于老人入住后一旦发生紧急状况时,联系并做出处置。

2. 预约缴费。向养老机构预约房间(床位)登记,咨询入住相关手续以及生活用品,缴纳定金(如安排老人短时间就可入住,此手续有时可以省去),定金在入住时自动转为其他应缴费用。

3. 特殊审查。如果生活不能自理的老人要求入住,须事先电话告知,养老机构派员上门进行健康评估,陪同家属必须如实介绍入住老人的生活习性、身体状况等;养老机构综合目前老人健康状况、需要的生活照顾程度、是否对他人有影响、是否需要继续治疗等因素,审核确定是否接收,并做出回复。

4. 体检准备。符合入住条件的无传染病、精神疾病的老人,按要求在医院外做好体检;准备好老人和委托人身份证、老人照片和体检证明、入住所需费用、老人日常药品及生活必需品,并确定具体入住时间。

5. 办理手续。由养老院与住养人(入住老人)、托养人(老人子女或亲属)办理入院手续:(1)初次评估、确定护理的等级标准;(2)根据老人饮食喜好,确定月餐费标准;(3)告知协议条款和收费事项;(4)签订入院协议书,同时缴纳各项费用;(4)确定委托服务,药品发放委托、老人外出约定。

6. 老人入住。正式入住并接受养老机构服务。

问题 74:老人入住养老机构为何要签订三方协议?

答:机构养老是一种规范性的服务,这种服务是以老人满意为核心。因为老人年事已高或受文化水平的限制,对协议的有些内容不一定能够清楚明白,需要老人子女或亲属来代理,并要征得老人的同意,如果老人和子女等意见不一致,不利于老人思想稳定和身心健康,达不到养生的目的,同时,也不利于子女安心工作;如果老人和子女或亲属不签字,当家庭矛盾突出时,会出现子女不管老人、费用无法续缴的问题,老人突然发病无法及时救治等,直接影响到老人的养老生活,也有可能出现养老机构与老人及子女之间的民事纠纷。为了明确各方当事人的民事权利与义务,保护老人和养老机构的合法权益,入住养老机构时,要由托养人(老人子女或亲属)、住养人(入住老人)、养老机构签订三方协议。

问题75:老人在养老机构入住前为何要进行体检?

答:老人入住前的体检是养老机构必须做的一件事。一般要求提供以下内容的体检报告:血常规、尿常规、心电图、脑电图,肝胆胰B超、脑CT、乙肝三系、骨密度等,目的是为老人健康着想:一是为了解老人目前身体及疾病状况,熟悉老人认知能力、活动能力、自理能力、疾病风险防范,确定老人的护理等级;二是为老人配制标准的营养餐,对老人的饮食提供合理建议,比如低糖、低脂、低钠饮食或营养配餐,比如糖尿病老人要低糖低脂低盐;痛风病老人忌豆制品、海鲜、嘌呤高的食品等;三是为老人提供更好的护理服务,采取发药、量血压、测量生命体征、定时查房、疾病控制以及安全风险防范和生活不能自理老人日常规范的护理等措施,让老人在养老机构能够得到全面周到服务,健康快乐养老。

问题76:养老机构分级护理的基本标准是怎样规定的?

答:养老机构对于入住老人是按协议约定的护理等级进行日常护理的,护理等级按生活自理能力和疾病的情况,由轻到重从三级到特级分为五个等级,每个等级都有基本的服务标准。

1. 三级护理:是对身体状况相对稳定,生活能自理的老人实施护理,帮助办理一些日常小事、洗衣服、打扫卫生等。

通常提供文化娱乐、环境绿化、公共场所及居室卫生、配套设施等公众性服务为主。

2. 二级护理：是对病情相对稳定，需限制活动、年老体弱行动不便、生活部分不能自理的老人实施护理，除三级服务外，协助洗澡、洗衣服、端饭、上卫生间以及功能锻炼等。

3. 一级护理：是对重症或需要严格卧床休息的老人、病情相对稳定生活不能自理的老人、生活部分自理但病情随时可能发生变化的老人实施护理，除二级服务外，给予或帮助老人完成定期大小便、翻身、喂饭等生活护理，做好口腔、手足、皮肤、会阴及床单等清洁，定时查房，健康教育等。

4. 特级护理：是对病情危重随时会发生变化，需要进行抢救的重症老人实施护理。除一级服务外，派 24 小时专人护理，严密观察生命体症变化。

5. 临终关怀护理：对被确认为无法医治即将去世的老人，实行全方位护理，帮助走完人生最后历程。

问题 77：养老机构的用餐是怎样安排的？

答：养老机构为了便于管理和方便老人，普遍对入住老人实行包餐制和加菜制相结合的用餐安排。包餐制实行统一标餐，合理营养调节，老人选择打菜，有利于减轻老人负担和身体健康。一般养老机构中会设置老人的就餐标准，比如每月 400 元、500 元、600 元，分别为一荤一蔬一汤，一荤二蔬一汤和二荤二蔬一汤。老人对荤菜、蔬菜均可自主选择，这样督促老人按时就餐并且避免吃剩菜饭，符合健康养生要求。

许多养老机构在包餐的同时，增加点菜制。如果老人需要改善伙食,可根据按自己喜好去加餐点菜;如果子女或者朋友来看望,可以预先告知食堂管理人员,炒上一桌可口又实惠的饭菜,让他们享受天伦之乐。

问题78:入住养老机构的老人外出为何还要办理相关手续?

答:因为根据三方签订协议约定,养老机构要承担入住老人在入住期间的看护责任,但老人在养老机构以外发生意外事故,养老机构是不负责任的,因此,为了老人自己身体健康和安全养老,在老人入住时,就针对"外出"作了事先协议约定,如果老人要外出,要办理请假手续。

1. 如果委托人同意外出的,老人要在护理部门或生活管理部门告知大概往返时间,办理请假手续后,就可以外出。这样处理,一方面,护理员可以及时考勤记录,及时告知食堂,并根据规定核销餐费;另一方面如果老人身体情况不适合外出的话,就会给老人建议、及时劝阻,避免发生不必要的事情。

2. 如果委托人不同意外出的,就只能让老人在养老机构内活动,如果确需外出的,只能由其委托人带其出去,以确保老人的安全。

问题79:入住养老机构的老人怎样快速适应集体养老的生活环境?

答:老人入住养老机构后,就进入了集体的养老生活环境。为了尽快适应新的生活环境,除了要遵守养老机构的管理制度外,做到下面的"八个会",就能很快地适应新的生活环境,愉快地过好养老生活。

1. 会适应：适应环境和设施，适应作息时间，适应新的人群。

2. 会开心：忘却烦恼，学会放开心情，不要为家中儿孙事担心，儿孙自有儿孙福。

3. 会交友：主动结交新朋友，寻找共同兴趣爱好，相互交流、增进友谊。

4. 会参与：活到老，学到老，重在参与，精彩养老。对于养老机构组织的集体活动要积极参与，能发挥自己的兴趣、特长的更好，没有特长的参与了就好，不要怕难为情，年纪大了，脸皮厚一点不要紧，快乐第一。

5. 会配合：遵守规章，听从建议，善于沟通。要配合服务人员的日常管理，有问题可以随时找他们，相互交流、及时沟通。

6. 会养生：营养保健，琴棋书画，修身养性，适度锻炼。遵循养生保健的基本要求，做到饮食起居合理，运动锻炼适量，以自己的心情舒畅、不感到累为标准。

7. 会谦让：调整心态，邻里和睦，其乐融融。要以好心态与同居室、邻居等老人一起生活，遇见急性的来人，要礼让三分，取得大家的和气，防止生气，做到乐观豁达，大家合得来，气氛好，心情就好，身体也会好。

8. 会帮助：互相关心，换位思考，乐于助人。古话说"在家千日好，出门一朝难。出门靠朋友，在家靠父母。"在外碰到困难是很正常的，解决困难，朋友很重要，所以，对其他老人要互相关心、帮助，对管理人员等要换位思考，体谅人家职责要求的难处所在。

问题80：老人可从哪些方面去关注养老机构的服务质量？

答：养老机构的服务质量会影响到养老人员的生活质量，老人入住养老机构后应当加以关注，以便及时发现问题，提出改进。可以从以下三个方面加以重点关注。

1. 医疗护理是否过硬？在养老机构中，有两种类型：一种是带医疗性质的通常称为护理院，这种相当于小型医院，设有老年病的一些基本科室，比如综合内科、康复医疗科、B超X线透视等，还有临终关爱科室，护理院的优势在于对需要医治的老年人比较方便有利，但会给健康老人的养生养老带来阴影；另一种就是养老院，护理工作就是给老人生活上的关心和照顾，疾病的预防，卫生消毒工作，护理级别高的老人护理是否到位，服务态度和口碑如何，另外，附近是否有医院，疾病应急处理是否到位等，这些都是老人要关心的。

2. 护理（管理）人员是否专业？衡量一个养老机构的优劣，要从内部人员素质、专业水平、应急处理、安全防范等方面考察，还要看专业人员是否有爱心，服务的理念是否以老人为中心，日常的工作怎么样等。

3. 收费标准与提供服务是否合理？一般养老机构收费有以下几块费用组成：（1）床位费；（2）餐费；（3）护理费；（4）养老备用金（押金）；（5）必要的水电费（电话、有线电视、宽带）；（6）一次性采办费等，这些收取的费用是否提供了相应的服务，服务的质量与收费是否感觉比较值得。

4. 养老机构餐饮管理如何？餐饮质量直接影响入住养

老人员的身体健康和经济利益,在包月的餐费标准中,养老机构除了营养配餐外,老人要着重注意以下环节:(1)从业人员是否有健康证并定时体检;(2)食堂采购的食品是否新鲜,质量是否过关;(3)餐具是否消毒,环境卫生是否整洁、服务态度是否满意、是否存在食品浪费;(4)烹饪是否低脂、低糖、低盐,以清淡为主,适当煮烂,以助消化,花色品种是否丰富多样;(5)当发现问题时,养老机构是否以老人为中心,及时采取改进措施。

问题 81:老人在遇到紧急状况时,养老机构是如何处理的?

答:老人紧急状况是指老人在养老机构休养期间突然发生的疾病、跌倒、消防等特殊事件,需要养老机构快速处理的事情。

1. 老人疾病处理。老人发生疾病的情况,养老机构都有应急处理措施,大致有以下几个方面:

(1)在医护型护理院中设有专门的医疗科室,对老人突发的疾病可以对症立即治疗或抢救。

(2)在养老机构日常管理中,采取以下措施:建立各种疾病的应急预案和日常护理工作流程。①建立老人的健康档案,了解老人的健康状况,按护理级别提供服务;②护理人员经过专业学习或培训取得专业护理资格,有专业知识和护理经验,熟悉护理应急预案及处理方法;③在平日里经常提醒每个老年人注意自己的病情变化,如有不适及时告知护理人员;④护理人员在日常护理中按照护理流程,在白天的照料护理中注意老人身体状况变化,及时向老人家属或委托人做出提醒去医院治疗的建议,情况严重的派人陪同看病,立刻到医院就医,从而预防紧急状况的发生频率;⑤一旦发生紧急状况,护理人员按照应急预案处理,并叫120送往医院急救。

（3）有冠心病病人或老年人的家庭,最好在家里准备一些急救药物,如硝酸甘油、麝香保心丸或速效救心丸。一旦出现发病预兆,应选择其中的一种药物1～2片,放在舌下含服。为了防止老人因搬动加重心脏负担而发生意外。

2. 特殊事件处理。如抗台期间,为入住老人安全,养老机构会采取一些特殊处理办法,如不允许老人出门,关好门窗,送饭上门等。如遇火警,按消防预案,服从护理人员、管理人员的统一指挥,按指定路线和方法统一转移到安全地带。

问题82：养老机构提供的哪些服务是能够免费的？

答：养老机构提供的下列服务一般是能够免费的：

1. 根据老人的护理级别和基本生活需要,比如提供送饭、洗衣、清洁卫生等日常生活服务,一般不用另行收费。

2. 为丰富老年人的精神生活,养老机构都会设有不同规模的棋牌室、健身房、图书馆、书画室等,组织老年人活动,生日祝福,节日加餐,娱乐联欢,给老年人以家人般的关爱、满足老人的精神文化需求,一般不用另行收费,组织外出"亲情游"等活动适当收取成本费。

3. 医护型护理院提供康复医疗服务视情况按国家规定收取治疗费用,为老人们排忧解难,解决力所能及的问题,一般的心理护理、康复训练、疾病预防、护理与康复、心理咨询等无需收费。

问题 83：机构养老的老人因病因事请假或退住手续怎么办？费用怎样计算？

答：因老年人的健康状况无法估计，因此在老人入住时就不规定合同的期限，老人因事请假或退住只要事先告知或请假，结清相关的费用就可退住离开养老院。在费用的计算上，一般的床位费是不退还，有的机构床位费也有按不足半月按半月计算，满半月不足一个月按整月费用计算收费的。护理费或餐费按实际天数计算，水电费按实际耗用除去减免优惠后计算；养老备用金如无违约情况可以无息返还老人的。

问题 84：养老机构是如何预防老人意外事件的？

答：老人安全是养老机构的一项十分重要的职责，防止老人意外事件发生要重点注意做好以下几方面的事情。

1. 预防走失。老人由于感知、记忆力、思维等能力的下降，很容易造成走失，因此应加强管理。要详细了解老人的情况，特别是新入住老人、痴呆等特殊老人；及时发现老人的心理问题，满足老人的心理需求；加强管理，老人外出应知道原因、去向，外出时应提醒老人佩戴休养证，证上注明姓名、地址、子女和养老机构联系方式、慢性疾病等情况。严格门卫制度，对家属委托不能出院的老人，在没有家人陪同的情况下不让其单独外出。

2. 预防误咽。对老人的进食应严格把关，老人食物以酥烂为好，并且要切成小块。进食时老人要细嚼慢咽，进食糯米食品要谨慎小心，牙床不好的老人宜给半流质，卧床老人进食时要注意体位,要取半卧位,有吞咽障碍的老人进食速度要慢,必要时可予鼻饲。

3. 预防烫伤。老人使用热水器时要注意水温,由护理员帮助完成;热水瓶应放在老人不易碰到的安全位置,打开水也由护理员帮助完成;严禁使用或携带暖气设备,如电暖炉等;慎用热水袋,水温一般不超过 50～60℃,热水袋外面应套布套,睡觉时不能直接接触皮肤;喂饭喂水时注意温度;使用红外线灯时注意时间和距离。

4. 预防烧伤。导致老人烧伤原因有:床上吸烟、烟蒂、蚊香使用不当、不完善电器自燃、老人使用氧气或易燃物与火源接近等,因此,养老机构应消除一切可能引起火灾的因素,护理员应熟练使用灭火器,做好应急预案。

5. 预防触电。老人居室内的电器要有接地装置,严禁使用电热毯、电热杯、热得快。老人房间内的家电要随时维护保养,严禁使用有故障的家电。提醒老人不能用湿手接触电器开关和插座。

6. 预防跌倒。老人跌倒很容易发生骨折,要特别注意。在老人经常出入的场所,做好一些防护措施,如无障碍通道、楼梯和过道扶手等,配备一些拐杖、轮椅等辅助设备。

第 4 章　社区养老

🍠 问题 85:什么叫社区养老？社区养老有几种方式？

答:社区养老是指老人住在自己家里,在继续得到家人照顾的同时,由社区设立养老服务机构,通过建立养老互助服务组织、吸收志愿者、社会养老机构等方式到社区为老人提供上门服务或托老服务的一种养老方式。

老年人在社区接受管理服务,不仅可以满足衣食住行等方面的基本生活需要,而且还可以满足精神生活需要,逐步形成多层次、多方位,设施服务与互助服务相结合,比较便利、健全的包含"养、医、乐、学、为"为一体的社区服务内容。社区养老的主要方式有以下几种:

1. 家政服务中心。公布服务范围,开通服务专线电话,实行上门服务,原来由家庭负担的事务性工作由社区来提供,这一服务体系应包括家庭保姆介绍、代买菜、洗衣、打扫卫生、维修、搬运等内容。

2. 社区医疗服务中心。在街道、村镇、郊区发展医疗服务网点,负责社区内人员的小病治疗和用药服务,并开设家庭病房,上门送医送药。实现从"有病去医院"到"小病进社区、大病去医院"的转变。对老年人要开设专门的保健站、康复中心等,实行巡诊制度、义务查体制度,开展各种形式的健康教育,普及老年保健知识,增强老年人的自我保健意识。

3. 文体活动中心。围绕"老有所乐、老有所学、老有所为",从本地经济承受能力出发,因地制宜、因陋就简地兴建一批老年人活动场所,积极开展适合老年人的群众性文化、体育、娱乐活动,如棋类、球类、书法、健身等,有条件的地区,可以开设老年大学培养老年人的学习兴趣和业余爱好,丰富老年人的精神生活,保障老年人的身心健康。

4. 老年公寓。随着人口老龄化、家庭小型化以及消费结构多元化趋势的发展,老年人特别是高龄老年人对社会福利、服务和需求必将不断增加,仅仅依靠家庭养老远不能适应老年人的需要,并且,独居老人在老年人中的比例越来越高,发展敬老院、老年公寓、托老所等老年人服务机构,对家庭抚养照顾有困难的老人以及独居老人实行集中统一的管理服务,不但能给老年人提供更好的服务,而且对于减轻家庭压力也具有重要意义。

问题86：国家在发展社区养老服务上有什么法律规定?

答:2012年12月28日,全国人大常委会表决通过了修改后的《中华人民共和国老年人权益保障法》,对发展社区养老服务提出了明确的要求:地方各级人民政府和有关部门应当采取措施,发展城乡社区养老服务,鼓励、扶持专业服务机构及其他组织和个人,为居家的老年人提供生活照料、紧急救援、医疗护理、精神慰藉、心理咨询等多种形式的服务。法律要求,地方各级人民政府和有关部门、基层群众性自治组织,应当将养老服务设施纳入城乡社区配套设施建设规划,建立适应老年人需要的生活服务、文化体育活动、日间照料、疾病护理与康复等服务设施和网点,就近为老年人提供服务。同时,各级人民政府和有关部门在财政、税费、土地、融资等方面采取措施,鼓励、扶持企业事业单位、社会组织或者个人兴办、运营养老机构、老年人日间照料、老年文化体育活动等设施。

问题87:国家对社区养老服务设施有何规定要求?

答:为加快社区服务设施建设,国家要求到2015年,社区服务设施综合覆盖率达到95%,每百户居民拥有的社区服务设施面积不低于20平方米。新建住宅小区和旧城区连片改造居民区的开发建设单位,必须将社区服务设施纳入工程规划设计方案。新建或改建住宅小区,开发建设单位应按照每100户15平方米的标准无偿提供社区组织工作用房和居民公益性服务设施。同时,加强社区服务设施规范管理。社区服务站要建在居民群众较为集中、方便群众办事活动的地点,一般应建在所辖社区的中心地带,使用面积不低于500平方米。

在辖区人口较多、服务管理任务较重的社区建立社区工作站等社区公共管理服务的综合性平台,作为政府各部门管理服务的接口,承担人口登记、职业介绍、义务教育、儿童托管、房屋租赁等方面的管理服务。建立驻社区机关、团体、部队、企事业单位等参与社区服务的共驻共建机制,80%以上的驻区单位与社区签订共驻共建协议。做好以下三项服务:

(1)养老服务。大力发展以民生需求为导向的多样化社区服务,全面推进政府公共服务,覆盖到社区。依托社区综合服务设施和专业服务机构,积极推进以劳动就业、社会保险、社会救助、社会福利、医疗卫生、法律服务等为主要内容的政府公共服务,覆盖到社区。将重点保障下岗失业人员、低收入群体、农民合同制工人、残疾人等社会群体的社区服务需求。加快社区养老服务机构建设,大力发展社区居家养老服务。

(2)帮扶服务。将大力发展社区志愿互助服务。依托社区志愿服务组织,推行社区志愿服务注册制度,通过政府购买服务等方式,鼓励和支持社会力量广泛参与志愿服务活动。因地制宜发展社区"爱心超市",为社区困难群体提供帮扶服务。

(3)便民服务。将大力发展社区便民利民服务。重点发展社区超市、便利店、菜市场(菜店)、餐饮(含早餐)、维修、洗衣、美容美发、家庭服务、物流配送、快递派送、再生资源回收等服务,培育新型服务业态和服务品牌。鼓励和支持有实力的商业品牌企业到社区通过发展直营、加盟等形式整合社区商业资源。鼓励和支持相关机构进行服务功能整合,推出集金融服务、刷卡消费以及水、电、燃气、电视、电话等公共服务费用缴纳功能为一体的便民惠民卡。

问题88:国家将怎样建立多元化社区居家养老服务体系?

答:我国已经将社区养老建设纳入规划,为健全和推动社区居家养老服务的发展,目标是构建一个以政府为依托、社区为主体、家庭为载体、公益性与专业性机构共同参与的多元化社区居家养老服务体系。

1. 以政府为依托。强调政府在社区居家养老体系中的统领性地位,特别是通过政策倾斜与资金支持赋予社区居家养老更多的资源。具体可从以下方面着手:制定和完善政策法规以推进社区居家养老的实施;把社区居家养老经费列入政府财政预算,并设立专项资金支持或者购买社区居家养老服务。

2. 以社区为主体。强调社区在居家养老体系中承担资源整合与具体实施者的角色,承担包括搭建社区居家养老的组织化体系、建立社区居家养老的服务网络与监督体系等方面的任务。

3. 以家庭为载体。强调在社区居家养老体系中,家庭是老年人安度晚年的生活场所,扶养老人离不开子女对老人的关爱,尽管政府、社区能够为老人提供有形的物质帮助,但是对老年人来说,来自家人的关爱是任何东西都无法替代的。

4. 公益性与专业性机构共同参与。强调各类公益性和专业性机构是社区居家养老服务项目的具体提供者。除了以市场化形式向专业机构购买养老服务外,要积极调动社区内的各种正式与非正式资源,大力挖掘社区内的家属、朋友、邻里以及各种志愿性组织等要素,培育和发展社区民间组织,以此作为社区居家养老的内生性支持网络。

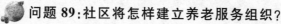 **问题 89:社区将怎样建立养老服务组织?**

答:社区养老纳入了国家"十二五"的发展规划,成为政

府社区管理组织机构的一种工作职责,以社区管理机构牵头,建立社区养老组织,将成为今后社区管理工作的重要内容,主要通过以下方式组建社区养老服务机构。

1. 把老年社区福利服务网络纳入社区建设,建立健全社区老年福利服务机构,形成社区医疗保健站、托老所、敬老院、护理院、照料中心、文化活动中心等。民政部正在实施的"星光计划"是为加快发展社区老年福利事业,尽早建设一大批立足社区、面向老人、小型分散、方便实用、星罗棋布、形成网络的老年福利服务设施和活动场所,建立健全社区老年福利服务体系。中央及地方民政部门将把彩票发行所获的福利金的80%,用于资助社区老年人福利服务设施,涵盖老年人入户服务、紧急援助、日间照料、保健康复和文体娱乐等多种功能,以提高老年人的生活质量,将老年人的衣食住行的主要问题在社区内解决。

2. 建立空巢、孤寡老人的社会照料系统,对行动不便的老人提供上门服务,组织志愿者为老人看护和日常服务。

3. 组建"以老助老"互助小组,组织社区老人开展互助活动。一些乐于奉献的老人自愿腾出自己的房子,发挥自己的特长用于助老服务,并相互提供家政、娱乐、体育、医疗等各种帮助。

4. 吸收社会养老机构参与社区养老服务。引入社会养老机构的专业管理技术和服务规范,进社区与服务对象连接,上门服务,实现机构养老与社区养老的有机衔接。

问题90:社区养老服务能为老人提供哪些主要方面的服务?

答:社区老人的服务需求是多方面和多层次的,不同人

有不同的需求,归纳起来主要有以下几个方面:

1. 家庭护理。社区保健医生或护士提供的专业或辅助专业人员的护理照料。他们负责分配监督用药、换衣、康复理疗、提供个人卫生服务。在有些社区,家务和保健服务结合在一起。服务人员可以一身兼两职。

2. 送饭上门。送饭上门使得很多需要养老机构照料的老人能够选择生活在家里,实现"居家养老"。特别对于那些白天上班无法照顾老人中餐的家庭来说,提供一顿午餐给住在家里的老人是一种很好的方式。

3. 定期探望。志愿者、居委会工作人员、中小学生定期探望"空巢家庭"的老人。与老人一起可以做老人们喜欢或需要的事情,对于没有亲人和朋友在身边的老人,探望者对老人就显得更加重要。定期探望这一服务项目将会大大丰富老人们晚年的精神生活,使他们感到社会的关怀,感到晚年生活的意义,有益于老人们的身心健康。

4. 电话服务。很多独居的老人害怕自己在家摔伤了无人知道。社区工作人员通过每天确定的时间打电话给独居在家的老人,确认老人安然无恙,从而帮助减轻老人们的焦虑和及时发现问题。如果老人打算外出,可事先通过电话确认服务的志愿者。电话确认服务可以监督老人的健康状况,提供连续的与老人的接触,使老人们感到有人在关心他们。

5. "生活在线"服务。社区服务中心开设几种应急响应呼叫系统,老人可以通过报警和响应系统寻求帮助。"生活在线"服务的定购者可以在手腕上或脖子上戴一个"钮扣",这个钮扣就是一个报警器,当按下钮扣,"生活在线"中心就会自动接收电话,工作人员就会打电话给老人的监护人,到老人家里去处理。监护人发现情况异常的,可打电话给社区服务中心寻求进一步帮助。

6. 交通陪伴。有条件的社区可以为老人提供接送到家门口的交通服务。老人们可以选择小轿车、小客车、大客车等车型。这种服务也叫拨电话搭车。老人们一般提前24小时打电话给社区调度办公室,并且告知用车的时间和地点。司机把老人从家里接出来送去上医院、上银行、上商店等。有的社区还可以提供陪老人外出服务,以保证老人的安全。

7. 老年食堂。社区为老年人开设老年食堂,为60岁以上的老人提供饭菜,老年食堂应该设在社区的中心地带,为老人提供一顿午餐。除了营养餐以外,包括消费导向、健康和营养信息咨询、艺术和手工等。老年食堂不仅能满足老人营养的需要,也为老人提供了聚会、交流、交朋友的场所。对老年人来说,有时,聚会比饭菜本身更重要,老人们在这里庆祝自己的生日,度过假期,甚至找到伴侣,举行婚礼。

8. 法律服务。老年人所需求的房屋出租、消费者权益保护、准备遗嘱、财产纠纷等法律服务与日俱增。很多老人一辈子都没接触过法律。他们有的觉得打官司太累,而且律师费用太贵,有的害怕同律师打交道,有的对自己的法律权利没有意识。社区服务中心为老人开展法律服务,通过老年中心的律师或律师事务所的专职律师,为老人困惑的问题提供法律咨询,为低收入的老人进行义务法律帮助。

9. 再就业服务。老年人才交流中心开设专门帮助那些希望再就业的老人寻求职业或工作介绍的服务项目,这些工作可以是全日制和半日制的。发挥那些有特长、身体健康、愿意继续为社会作贡献的老人的作用。

10. 日托服务。如果有的老人不能在家独立居住,但又不愿意去养老院,可到日托中心享受日间照料服务。日托中心可以满足比如老人的社交、心理和康复服务、体育锻炼、娱乐活动各种需要。老人每天可以坐班车或由子女送到中心来,由中心提供对老人白天的生活照料和服务,晚上回家。

11. 咨询服务。老人生活中往往需要通过咨询服务来解决老人遇到的各种问题,诸如个人和家庭矛盾、退休、生活安排、购物消费指导等各种问题,通过社区咨询服务,使老人的个人权益得到最好的尊重和保护,提高老年人晚年的生活质量。老人的合法权益的保护通常由法律服务中心来提供。

12. 医疗服务。社区通过建立医疗服务中心,为老人提供全方位的医疗、保健、护理等方面的服务。

问题 91:社区医疗服务中心可以提供哪些服务?

答:社区医疗服务中心按照职能要求,可提供以下的服务:

1. 开展社区卫生状况调查,进行社区诊断,向社区管理部门提出改进社区公共卫生的建议及规划,对社区爱国卫生工作予以技术指导。

2. 有针对性地开展慢性非传染性疾病、地方病与寄生虫病的健康指导、行为干预和筛查,以及高危人群监测和规范管理工作。

3. 负责辖区内免疫接种和传染病预防与控制工作。

4. 运用适宜的中西医药及技术，开展一般常见病、多发病的诊疗。

5. 提供急救服务。

6. 提供家庭出诊、家庭护理、家庭病床等家庭卫生保健服务。

7. 提供会诊、转诊服务。

8. 提供精神卫生服务和心理卫生咨询服务。

9. 提供妇女、儿童、老年人、慢性病人、残疾人等重点人群的保健服务。

10. 提供康复服务。

11. 开展健康教育与健康促进工作。

12. 开展计划生育咨询、宣传并提供适宜技术服务。

13. 提供个人与家庭连续性的健康管理服务。

14. 提供临终关怀服务。

15. 负责辖区内社区卫生服务信息资料的收集、整理、统计、分析与上报。

16. 在社区建设中，协助社区管理部门不断拓展社区服务，繁荣社区文化，美化社区环境，共同营造健康向上、文明和谐的社区氛围。

17. 根据社区卫生服务功能和社区居民需求，提供其他适宜的基层卫生服务。

问题 92：社区能为企业退休人员提供哪些社会化管理服务？

答：企业退休后，工资由社保机构发放，与原企业没有多大的直接管理关系，主要由社区来管理。社区对企业退休人员实行社会化管理服务，主要提供以下服务工作：

1. 保障企业退休人员的基本生活，为退休人员提供基本生活福利服务。

2. 为企业退休人员提供社会保险政策咨询和各项查询服务。

3. 跟踪了解企业退休人员生存状况，协助社会保险经办机构进行领取养老金资格认证。

4. 帮助死亡企业退休人员的家属申请丧葬补助金和遗属津贴。

5. 集中管理企业退休人员的人事档案。

6. 组织企业退休人员中的党员经常开展组织活动，加强企业退休人员的政治思想工作。

7. 建立企业退休人员健康档案，有计划地开展健康教育、疾病预防控制和保健工作，提供方便的医疗、护理和康复服务。

8. 组织退休人员开展文化体育健身活动，指导和帮助他们通过各种形式的社会公益活动发挥余热，开展自我管理和互助服务。

问题 93：街道设立的为企业退休人员服务的管理机构有哪些工作职责？

答：为了做好退休人员的服务管理工作，许多地区成立了街道企业退休人员社会化管理服务事务所，专门为企业退休人员进行社会化管理服务。服务的主要内容有：

1. 组织、指导社区开展企业退休人员社会化管理服务工作。

2. 宣传贯彻企业退休人员社会化管理服务工作的各项政策法规。

3. 负责接收居住在辖区内的企业退休人员人事档案，建立健全人事档案库。

4. 负责建立和完善辖区内企业退休人员的社会保险相关信息，并做好相关信息的统计和传递工作。

5. 开展企业退休人员生存状况调查，掌握企业退休人员增减情况，为亡故企业退休人员办理申领丧葬费、抚恤费、遗属补助费等手续。

6. 配合原企业履行好应继续承担的职责，了解、掌握相关情况。

7. 引导和组织企业退休人员开展健康有益的文化娱乐、健身、社会公益等活动。

8. 了解掌握辖区内企业退休人员思想状况，组织开展思想政治工作和宣传引导工作。建立企业退休人员反映情况和问题的正常渠道，会同有关部门做好维护稳定工作。

9. 协助街道党工委做好辖区内企业退休人员党员组织关系转接的组织、协调以及企业退休人员党员的教育管理工作。

10. 及时完成党委、政府和上级有关部门交办的其他工作。

问题94：企业退休人员的党组织建设由哪个部门来承担？

答：企业退休人员的党组织关系转到社区，由社区党组织负责管理。社区党组织建设重点从以下三方面加强管理。

1. 要加强街道、社区的党组织建设。街道和社区要加快党组织建设的步伐,努力实现"一社区一支部(总支、党委)"的目标。

2. 企业退休人员中党员的组织关系要转入居住地街道的党组织。企业退休人员中的党员,其户口所在地与居住地分离的,应将组织关系转入居住地街道的党组织。街道和社区党组织要及时将企业退休人员中的党员编入基层党支部,切实加强对他们的教育管理。

3. 组织企业退休人员中的党员学习党的路线方针政策和国家的法律法规,履行党员义务,发挥党员先锋模范作用。

4. 帮助解决退休党员生活中遇到的困难,把党的温暖送到党员和群众的心里。

第 5 章   居家养老

问题 95：什么叫居家养老？

答：居家养老是指老年人居住在家庭中，接受家庭亲属对其晚年生活的照顾，安度晚年生活的一种传统养老方式。"养儿防老"、"金家、银家，不如自己的穷家"已经在老人思想观念中根深蒂固。老人都非常喜欢在自己的家庭里养老，享受儿孙满堂的天伦之乐。居家养老是适合中国社会最基本的养老的方式。这种传统的居家养老方式，养老成本相对比较低，更适合于经济不富裕的广大农村。

随着经济的发展和教育水平的提高，子女异地就业与老人两地分居或子女与父母同城分开居住的情况普遍存在。在计划生育政策所形成的以独生子女为主体的家庭中，那些因就业压力、社会竞争，不少子女将大部分时间投入到自己的事业里，而相应地减少了对老人的照顾时间，使得不少子女陷入"事业人士"与"孝顺子女"的角色冲突当中。如何让老人在自己喜欢和熟悉的家庭环境里养老，又让子女能够兼顾事业与孝顺，出现了老人居家养老生活，通过聘请家庭亲属以外的机构、个人有偿服务的方式来实现。国家鼓励通过居家养老服务来实现居家养老的目标。因此，中国当今社会的居家养老就产生了老人生活全部以家庭亲属照顾的传统居家养老和老人生活聘请家庭亲属以外的机构、个人有偿服务的居家养老方式。特别在城市里，老人生活聘请家庭亲属以外的机构、个人有偿服务的方式将越来越普遍。

问题 96：老人选择住房时要考虑哪些外部环境方面的因素？

答：人到老年后，许多活动都以住宅为中心，住宅的外部环境的好坏对于居家养老的老年人来说，非常重要。选择住房外环境应当考虑以下方面的因素。

1. 选择熟悉的环境地段。环境熟悉，有利于老人生活，朋友熟人多，避免人生地不熟产生的孤独感，影响老人的心理健康。

2. 选择相对安静和离菜场、超市近一点的地方。老人喜欢清静，但不能太清静，如果选择清静远郊，会带来生活的不方便。老年人的住所离商业街区和餐馆远一些，离菜市场和超市近些，最好步行即可到达。在一个小区中，选择内部的住宅比较好，能避开外围临街的吵闹环境。

3. 选择有安全设施的地方。社区的公共设施是否安全应该是购房的考虑重点。比如：预报和呼叫系统，无障碍、照明、防滑防撞设施，健身器械也应适合老人使用。

4. 选择与子女住所相对近的地方。父母和子女不能离得太远也不能太近。太远无法快速抵达，万一有急事不好办；住得太近，有可能因生活习惯不同产生磨擦。"一碗热汤的距离"是最好的，即子女端一碗热汤到父母家里不会凉。住在一个社区或同一单元是不错的选择，以"互相听不见声音、互不打扰为宜"。

5. 要选择综合性的社区。老人应该住综合性的中小型社区为好,周围有老人,也有青年人和孩子,这样更自然、更利于老人的心理健康,有利于管理,老人有安全感。

问题97:居家养老住房的面积和内部装修要注意哪些因素?

答:居家养老住房的面积和内部装修要注意以下因素:

1. 住房面积不宜太大。老两口的家有2～3间房,60～100平方米就够了。大房子能源消耗大、不便于打扫,而且空荡荡的样子很容易让老人产生寂寞感。另外,房子内家具摆设不宜间隔较远,在发生意外时,老人找不到可以扶一把的地方,容易摔倒。

2. 房屋结构要简单平整。房子的结构要简单,地面要平整,装修时不要做台阶,以免老人摔倒、磕碰。同时,室内要避免有过多的走廊和视线死角,这样,一旦老人发生意外,家人能立即发现。

3. 家具要方便使用。老人选新家具要多考虑实用性为主,并且方便使用,如有隔层的橱柜,有明格的最好,老人可将物品分类摆放且一目了然;有抽屉的柜子也很方便。尽量不选新潮的家具,以免影响使用的便利性。

4. "两代居"是不错的选择。两代居是指在一栋房屋内有两个完全分开的各自独立部分,两代人分开住。如分楼层居住,一楼是老人住,二楼儿媳住,日常生活如吃饭、洗澡、洗衣服等父母与子女分开。父母子女想见孩子随时都可以,也可以随时叫子女来帮忙。

问题 98：选房子要注意看哪些方面的环境？

答：住房的好坏实际上是与住房所在的周边河流、道路、山体、地形以及人工建筑等环境和房屋朝向密切相关系，选房子可从以下几个方面去看环境。

1. 看楼房整体格局：(1)楼房后面有高大平整的建筑物或者方、园、尖的秀丽山体做后托，前方开旷、景色秀美，左边的建筑物高于右边建筑物，形成"太师椅"形状是好地方。如果楼房建在孤山顶上、建在流动的水体上、建在山脉的脊线上、建在悬崖峭壁或水库大坝下面，没有安全感，是不好的；地形前高后低、右高左低，形如凶器的屋箭、屋角等奇形怪状建筑物冲射，也属于不好的。(2)楼房有河流和道路环抱着，前方形成半圆形环抱是好地方；如果有河流或道路的弯弓顶向着楼房，道路或河流笔直冲向楼房，有一种被冲击的感觉，是不好的。

2. 看周边建筑环境：周围有学校、幼儿园、公园、商场等属于兴旺发达、欣欣向荣的景象，给人舒服感，是好的地方；周围有寺庙、火葬场、公墓、监狱、神坛、医院以及军队驻地等，给人一种畏惧感，住房应该远离这类建筑物。

3. 看房子内外结构采光：房子外形方正或圆弧，没有大的缺角和不规则尖角等奇形怪状，前面没有高楼阻挡、没有道路正冲，采光通风良好；房子内部房间方正，通风明亮；主要房间能够照到阳光；卫生间能够通风，不在住房中间等，是比较好的住房。

总体来说，好房子的位置在周围山清水秀的地方，前有秀水，后有靠山，坐北朝南，左右呼应，道路通畅，通风采光良好;房子结构方正圆润,通风明亮,阳光和煦,感觉祥和安静,助延年益寿。

问题 99:居家养老如何处理好钱的问题?

答:钱是养命之源,没有钱是无法养老的,因此,老人自己必须要储蓄一定的钱,并且要处理好与子女赡养过程中的钱的关系。有固定收入来源的老人,不能把钱全部给子女,一要自己手头留有支配的钱,用钱不向子女伸手要;二要对子女赡养父母所花费的钱,尽量付给他们,不增加他们负担。如果子女不要老人钱,那可以在过年时给孙辈发点压岁钱等,增加家庭融洽,避免因钱闹家庭矛盾。没有收入来源且多子女的老人,一要明确子女提供固定的赡养费用,二要公平对待每一个子女,家庭经济困难的可以多出力少交一点钱,家庭经济富裕的可以多交点钱,要公开征求子女的同意,不偏袒哪一个子女。

问题 100:居家养老如何处理好做事的问题?

答:做人就是要做事,能做事说明人活着有价值,也说明身体还健康。老人要做自己力所能及的事情,古话说"求人不如求己"。自己能做的轻便活尽量自己做。身体许可帮助子女做点家务也是锻炼身体,重活、危险的活一定不能去做,要指挥子女去做,万一老人做不了而伤害到身体,需要子女照顾,更给子女增加负担。

问题 101:居家养老如何处理好邻里关系?

答:古话说:远亲不如近邻。邻里关系一定要处理好,一是邻里天天见,关系融洽,心情也好;二是子女不在身边,万一出现紧急情况,最能帮上忙的是邻居。处理邻里关系最关键的要互相关照,互相交往。如邻居家的子女结婚嫁娶、上大学、参军、职务高升等喜事要祝贺,如果办喜酒的,要主动去帮忙;对于邻居家发生的天灾人祸一定要同情,做力所能及的帮助,给予精神和物资的支持,患难见真情。

问题 102:居家养老如何处理好老人之间的相处问题?

答:老人与老人之间的和谐相处,也是养老生活的重要组成部分,不可忽视。因为事关老人的快乐。找一些志趣相投、爱好一致的老朋友一起学习、聊天、娱乐、旅游等,互相学习、互相关心、互相帮助,陶冶情操,增进友谊,切不可为某些小事而伤了和气,影响自己的心情。

问题 103:居家养老如何处理好婆媳关系?

答:儿子媳妇是老人家庭生活中最亲近的人,经常在一起生活,如果住房条件不允许的家庭,就住在同一房屋里,起居用餐常在一起。由于血缘关系,婆婆很容易袒护儿子,加上婆媳之间的代沟,很容易发生婆媳之间的矛盾,所以"婆媳关系"最难处理。处理好儿媳关系,关键要做好信任、袒护、使唤。

(1)信任是催化剂。老人遇事与儿子商量的同时,更要多与媳妇商量,让她知道并参与其中,增加信任,自然会有亲近反应,这样关系就靠近了。

(2)袒护是黏合剂。当儿子与媳妇发生矛盾时,一定要先批评儿子,即使儿子有理也要护着媳妇,教训儿子要让媳妇、爱媳妇。

(3)使唤是促进剂。老人适当使唤媳妇做事,一般不会拒绝,是对她能力的肯定,也是信任的具体表现,能增进感情的。

问题104:居家养老如何找一个合适的保姆?

答:老人如果经济条件许可,找一个合适保姆为自己养老服务是很有必要的。选择一个好保姆必须考虑以下因素:

1. 要明确找保姆的目的。老人生活中找保姆主要出于日常生活料理、特殊护理、精神安慰等需求,不同的需求,就应有不同的选择。

2. 根据需求,寻找合适的保姆。如果寻找日常生活料理的,应当具有料理家务、会做饭,能够担当家庭生活服务的能力和技能;如果寻找特殊护理的,应当具备一定的护理知识、有支持护理的体力基础;如果寻找精神安慰的,应当具备较高的文化素养、良好的口头表达能力、有耐心、有亲和力等。

3. 要了解保姆的基本情况。聘用保姆之前,了解保姆的基本情况是非常必要的,这是决定是否聘用的前提条件。保姆的基本情况包括:来自哪里、做保姆的目的、年龄和文化、家庭情况、喜好和特长、经验等。

(1)搞清楚来自哪里是必须的。因为,聘用后,家庭的生活等全部交保姆办理了,不了解保姆的来历,万一中途出走了,就无法寻找,如果有事情也无法与其家人联系。

(2)了解做保姆的目的。做保姆的目的通常有这样几种:一是经过专业培训,作为一种职业;二是家庭经济困难,又没有什么技术特长,选择做保姆;三是出于照顾子女到城市读书等目的,因家境不富裕,兼职做保姆挣点钱。因为做保姆的目的不同,保姆就有不同的要求。第一种把保姆当职业的人,有基本技能、要价高、服务规范。只要满足他们所期望的收入要求,可以长期聘用;第二种为生计做保姆的人,因为没有经验和技能,要价不会高,报酬达到基本要求就可以,但不会长期做下去;第三种是临时性的,一般都是很勤劳的人才会去做,人品一般是可靠的,但不太可能长期聘用。

(3)年龄和文化。做保姆其实是很辛苦的,需要有充沛的体力支持,通常 35 岁至 50 岁的妇女较适合做保姆,他们一有生活经验,二有胜任的体力。文化也很要紧,现代社会、家庭生活处处都需要有文化知识,不识字的人无法担当保姆的职责,至少要有小学毕业的文化程度。

(4)家庭情况。保姆的家庭情况包括子女、夫妻、父母等家庭成员的年龄、学业、事业、健康以及家庭和睦的基本情况。一是通过了解家庭成员,考虑其负担情况,给付多少报酬才是合适的;二是了解家庭成员之间是否和睦相处,进而了解其人品。古话说"泰山易移、本性难改",与家庭成员搞不好关系的人,也很难与外人搞好关系。

(5)喜好和特长。一个人的喜好和特长,如果发挥得好,也能满足聘用家庭的需求,那肯定是好事。如果喜好和特长与聘用家庭格格不入,那肯定是坏事。因为保姆常常会因喜好和特长而不安分做事。另外,对于抽烟、喝酒、赌博等不良喜好的人,原则上不能聘用。

4. 当面谈妥工作要求、劳动时间、报酬待遇等,再签订书面协议。协议除了工作要求、劳动时间、报酬待遇、试用期等条款以外,保姆的住址、身份证号码以及家人的联系电话一定要写上。

5. 如果条件允许,可以考核保姆技能、为人处世方式,能为保姆做个体检,更放心。

问题 105：哪些老人可以享受政府资助的居家养老免费服务?

答:老人可以享受社区或养老机构提供的居家养老服务。这种服务大部分人是要自己付费的,只有少部分人享受国家资助的免费政策。目前居家养老免费服务对象仅限于无子女、无经济来源、无生活自理能力的"三无老人"、"低保"补助的老人、孤寡老人等,他们没有或有很少一部分生活来源,所以他们的费用主要由政府负担的。这些人可以享受免费的居家养老服务。政府一般通过实行社区补贴、招标选择养老机构上门服务、直接补贴给被养老人个人等方式对居家养老提供免费服务。

问题 106：老人接受居家养老服务要注意哪些事项?

答:老人接受居家养老服务要注意以下事项:

1. 要明确居家养老服务的内容。养老服务的内容主要有三个方面:一是物质生活方面的衣、食、住、行;二是精神文化方面:文化娱乐、心理抚慰、情感交流;三是医疗保健、康复护理。老人可以根据需要选择一个或几个方面的帮助。

2. 要选择有资质条件的服务机构。因为服务机构的经济实力、人员素质、管理水准直接影响对老人的服务质量和胜任能力,所以,选择一个好的服务机构很重要,特别是在选择有偿服务的机构时更要关注资质条件。

3. 要签订服务合同。老人在接受有偿服务的养老服务机构进行居家养老服务时,一定要签订服务合同,明确服务内容、时间、质量、付费标准和付款方式、违约责任、争议解决办法等主要条款。

4. 要注意留下联系方法。在记录服务机构的地址,负责人和联系人姓名、电话的同时,要告诉他们自己子女或近亲戚、好朋友的姓名、电话等,以预防出现紧急情况时,方便相互联系。

问题 107:老人或家属如何办理居家养老服务申请?

答:居家养老服务有免费和自费两种方式,一般都要办理相关的服务申请手续。

1. 免费居家养老服务的申请。有服务需求的老人本人或其家属,可以先到所在街道(乡镇)社区事务受理服务中心进行咨询,尚未设立社区事务受理服务中心的地方,可到所在街道(乡镇)的社区居家养老服务中心进行咨询。办理申请手续,除了填写申请表以外,必须携带户口簿、身份证、参保人员社保卡(医保卡)、养老金收入证明,以及由街镇社会救助事务管理机构出具的低保、低收入证明等材料,到老人户籍所在地的街道(乡镇)社区事务受理服务中心或街道(乡镇)社区居家养老服务中心办理申请,具体按当地管理机构要求办理。

2. 自费居家养老服务的申请。有服务需求的老人本人或其家属,可直接到所在街道(乡镇)的社区养老服务机构联系办理,按服务机构要求,办理登记手续、签订合同、缴纳服务费等。

第6章 养生保健

问题108:养生保健所要求的健康基础是什么?

答:养生保健的目的是为了人身的健康。知道人身健康的基础是什么应该是养生保健的前提。世界卫生组织提出的"合理膳食、适量运动、戒烟限酒、心理平衡"的健康的四大基石,也就是健康的基础。

第一基石是合理膳食。合理膳食可用"一、二、三、四、五、红、黄、绿、白、黑"十个字来表达。"一":每天睡前喝一袋牛奶;"二":250克至350克碳水化合物,相当于300克至400克主食;"三":三份高蛋白,即50克瘦肉或者一个大鸡蛋、100克豆腐或者100克鱼虾、150克鸡和鸭或者25克黄豆;"四":一个礼拜吃四次粗粮;"五":一天500克蔬菜和水果;"红":一天一个西红柿,喝少量的红葡萄酒,吃点红辣椒改善情绪,少焦虑;"黄"即红黄色的蔬菜,红黄色的蔬菜维生素A多,如胡萝卜、红薯、玉米、西瓜等;"绿":一天一杯绿茶,饮料数茶叶最好,茶叶是绿茶最好;"白":燕麦粉、燕麦片;"黑":黑木耳。

第二大基石是适量运动。走路是最好的运动,提倡打太极拳。运动做到三个字:三、五、七。"三":一次走路3公里或30分钟以上;"五":每星期最少运动五次;"七":适量运动,运动量到七分就够了,不要过量运动。

第三大基石是戒烟限酒。烟一定要戒掉,酒可以少量喝,特别每天喝一杯红酒对健康是有利的。

第四大基石是心理平衡。心理平衡很重要,只要心理平衡了,就掌握了健康的主动权。心理平衡要做到"三个乐":第一助人为乐;第二知足常乐;第三自行其乐。有人做过调查,如果常年坚持"三个乐",能使高血压患病率减少55%,脑中风、冠心病患病率减少75%,糖尿病患病率减少50%,肿瘤患病率减少 1/3,平均寿命延长 10 年以上。

问题 109:如何找到适合自己的养生方法?

答:人生活在自然界里,也生活在社会中,同时,每个人又有自己的身体素质和心理素质特点。自然界和社会是人生存的外部环境,个人的身体和心理素质是决定每一个人如何养生的内在因素。因此,个人寻找养生方法可从两个方面去考虑:一是了解自己的身体素质特点,去寻找适合自己的食物及饮食方法和活动方式,这是人生存的基础;二是了解自己的心理和性格特点,去寻找适合自己的居住活动空间和社会管理环境。如果找到了这两个方面都适合自己的结合点,也就找到了适合自己的养生方法,可归纳为"天地人和",养生要做到顺天、顺地、顺人心。

1. 养生要顺应自然界。人在养生过程中,要顺应自然,不得违背自然规律,要求做到按时饮食、按时睡觉和准时起床,遵循自然规律,并选择到有食物、有水、有空气、有阳光的自然环境里生活,避开暴风骤雨等恶劣气候,这是遵循"天"的因素。

2. 养生要顺应社会规范。人是社会的人,要接受社会组织的管理,遵守法律和社会公德,按照社会分工,选择自己的职业,做好自己的工作,分享社会的劳动成果,同时,还要与人和谐相处,在社会环境中心情舒畅、自由快乐地生活。只有遵纪守法的人,才能过上自由快乐的生活;只有在自己的岗位上勤劳做事的人,才会得到合理的报酬;只有在与人相互的交往中真诚待人、和谐相处,才会有朋友的帮助解决生活中的困难。这是"地"的因素。

3. 养生要遵循个人的生活规律。每个人都有自己的生活方式和生活规律。人通过选择适合自己的活动、休息、饮食、用药等多种途径,根据各人不同的生长阶段和所处的环境,因时、因地采用不同的养生方法,形成适合自己的生活方式,达到健康长寿的目的。凡是适合自己的,就是正确的,不必苛求自己要与某个人一样的养生条件和养生方式。这就是"人"的因素。

问题110:春季养生要注意哪些基本要点?

答:春季,是指中国农历的立春到谷雨这一段时间,即农历1月、2月、3月,包括立春、雨水、惊蛰、春分、清明、谷雨6个节气。春季万物生长,阳气生发,为木值令。中医养生理论认为"春与肝相应",意思是说春季的气候特点与人体的肝脏有着密切的关系,因此,春季养生养肝为先。肝脏是人体的一个重要器官,它具有调节气血,帮助脾胃消化食物、吸收营养的功能以及调畅情志、疏理气机的作用。专家指出,养肝护肝要从饮食、起居、锻炼、情绪、穿着等方面入手。

1. 饮食。春季饮食要根据个人体质进行选择,普通健康人群不主张大量进补。身体特别虚弱的人可以适量食用海参、冬虫夏草等补品。对于健康人群而言,春季饮食要注意清淡,不要过度食用干燥、辛辣的食物。春季阳气上升容易伤阴,要特别注重养阴,可以多选用百合、山药、莲子、枸杞等食物,可以适量吃一些猪肝,但一定要保证饮食卫生。

2. 起居。春天的三个月,是自然界万物复苏,各种生物欣欣向荣的季节。人也要顺应自然界的规律,要从冬季的"早睡晚起"过渡到"晚睡早起",顺应自然界的昼夜时间变化,起床后要全身放松,在庭院中悠闲地散步以舒畅自己的情志。

3. 锻炼。运动是春季恢复身体"元气"的最佳方式。由于寒冷的冬季限制人们的运动锻炼,使机体的体温调节中枢和内脏器官的功能,都有不同程度的减弱,特别是全身的肌肉和韧带,更需要锻炼以增强其运动功能。春季应进行散步、慢跑、体操、太极拳等适当的运动,保持体内的生机,增强免疫力与抗病能力。春天的气候呈现温差大、风大的特点,要注意防风御寒,因此,在遇到强风时要适当地减少外出锻炼,以免风大伤肝。

4. 情绪。肝的生理特点是喜欢舒展、顺畅的情绪,不喜欢抑郁、烦闷,因此,保持自己的心情舒畅,努力做到不着急、不生气、不发怒,以保证肝的舒畅条达,也不要过分劳累,以免加重肝脏负担。有肝脏疾病的人,要做到心宽、心静,保持机体内环境的稳定,防止心理疾病的发生。

5. 衣着。穿着上要注意保暖。由于严寒冬季的各种保暖措施,使人的耐寒能力下降,春天过早地减少衣物,一旦寒气袭来,会使血管痉挛,血流阻力增大,影响机体功能,容易发生各种疾病,所以"春捂"习惯要保持,衣服宜渐减,衣着适宜"下厚上薄",体质虚弱的人要特别注意背部、下身的保暖。

问题 111：夏季养生要注意哪些要点？

答：夏季,是指中国农历的立夏到大暑这一段时间,即农历4月、5月、6月,包括了立夏、小满、芒种、夏至、小暑、大暑6个节气。夏季万物茂盛,阳气最旺,为火值令。中医养生理论认为心属火,夏与心相应。夏季的气候特点与人体的心脏有着密切的关系,因此,夏季养生重点放在养"心"为上,养"心"为先。心脏的作用是推动血液流动,向器官、组织提供充足的血液供应,以供应氧和各种营养物质,并带走二氧化碳、尿素和尿酸等代谢物,使细胞维持正常的代谢和功能,实现机体的体液调节,维持机体内环境的相对恒定。心脏保健要求是保持稳定的、有规律的跳动。夏季护心重在精神调适,保持愉快而稳定的情绪,切忌大悲大喜,以免以热助热,火上加油。心静人自凉,可达到养生的目的。在饮食、起居、情绪、锻炼、衣着、防病上,注意以下要点：

1. 饮食。以健脾除湿、清热消暑、补养肺肾为原则。夏天炎热,湿气较重,脾胃功能低下,人经常感觉胃口不好,容易腹泻,应食用健脾利湿食品。夏天气温高,人体火气旺,需要用一些清热解毒清心火作用的药物,如菊花、薄荷、金银花、连翘、荷叶等泡茶,用来祛暑。夏天心火旺而肺金、肾水虚衰,夏天感冒的人很多,并且很难好,实际是肺虚的原因,要注意补养肺肾之阴。在饮食方面,应多吃小米、玉米、豆类、鱼类、洋葱、土豆、冬瓜、西瓜、苦瓜、芦笋、南瓜、桃子、海带、骨头汤、鸭汤、鸽子汤、绿豆汤、桂圆汤等,少吃动物内脏、鸡、蛋黄、肥肉、鱼子、虾、咸鱼、咸菜等。

2. 起居。夏天气温高,睡眠会受到影响,一般是"晚睡早起、适当午睡",即稍晚一点睡觉,是为了顺应自然阴气的不足;早些起床,是为了顺应阳气的充盛。睡眠不足可适当午睡,中午为避高温也应休息为主,所以要安排午睡,午睡时间在 1 个小时左右最好,不要睡得过长。夏天睡觉要注意居室的温度、湿度,一般舒适的温度为 23～25℃,相对湿度 50%～70% 为好。开空调时,要防止温度太低和风对着人吹而生"空调病"。夏天睡宜用草席、竹席以及用草、竹子等材料制作的枕头。

3. 情绪。夏天,在骄阳似火的日子里,容易产生心神不安、闷热烦躁情绪。夏季养生的关键是使人"无怒"不上火,把"气旺"通过正常途径"宣泄"掉,如适当地晨练、适当地娱乐、避暑休养,达到心情稳定愉快。

4. 运动。夏季运动量不宜过大,也不能过于剧烈运动,应以温和运动,少许出汗为宜,以免运动量过大、出汗过多损伤心阴。可选择太极拳、自然养生操等动静相兼,刚柔相济,开合适度,起伏有致,身端形正不偏倚,正气存于内而风邪不可侵,与自然的阴阳消长相吻合的养心运动。自然养生操有形神并修,养心聚神的作用,对身心健康特别有利。

5. 衣着。以棉布、丝绸原料的衣服为好,颜色以白色、浅色为好,不要选用红色、黑色以及不吸汗的纤维布料衣服,且衣服宜宽松。外出时要戴太阳帽,撑遮阳伞等,防暴晒。

🎈 问题 112：夏季防病家庭要常备哪些夏令药品？

答：古人说"六月病，来得快、去得快"。这说明夏天发病急，需要及时治疗。夏天食物中毒、细菌性痢疾、疟疾、中暑、热感冒、冷过敏、病毒性肝炎等都容易发生。家庭要常备一些夏令药品：（1）十滴水：能清暑散寒。适用于中暑所致的头昏、恶心呕吐、胸闷腹泻等症。（2）藿香正气水：能清暑解表。适用于暑天因受寒所致的头昏、腹痛、呕吐、腹泻。（3）清凉油或风油精：能清暑解毒。可治疗暑热引起的头昏头痛，或因贪凉引起的腹泻。（4）无极丹：能清热祛暑、镇静止吐。（5）金银花：具有祛暑、清热解毒止痢等功效，可开水冲泡代茶饮。（6）菊花：具有消暑、平肝、利尿等功效，高血压患者尤为适宜，以开水泡代茶饮。（7）荷叶：适宜中暑所致的心烦胸闷、头昏头痛者，高血压患者比较适宜，用开水泡茶饮用。

🎈 问题 113：秋季养生要注意哪些要点？

答：秋季，指中国农历 7 月、8 月、9 月，从立秋到霜降这一段时间，包括立秋、处暑、白露、秋分、寒露、霜降 6 个节气。秋季为万物成熟的收获季节，阳气下降、阴气上升，为金值令。中医养生理论认为"秋与肺相应"，意思是说秋季的气候特点与人体的肺有着密切的关系，因此，秋季养生养肺为先。秋季易损伤肺阴，从而产生口干咽燥、干咳少痰、皮肤干燥、便秘等症状，所以秋季养生要以防燥、滋阴养肺为要点。

1. 健康饮食。秋季膳食要以滋阴润肺为基本原则。年老胃弱者,可采用晨起食粥法以益胃生津,如百合莲子粥、银耳冰糖糯米粥、杏仁川贝糯米粥、黑芝麻粥等。可多吃一些酸味果蔬,如苹果、橘子、山楂、猕猴桃等,以收敛肺气;银耳、豆腐、百合、蜂蜜、糯米、粳米、豆芽等有润肺作用,宜常吃。秋季主养肺,可适当喝些鸡汤、骨汤等。少吃辛辣刺激食品,这对护肝益肺是大有好处的。

2. 调理脾胃。立秋之后应尽量少吃寒凉食物或生食大量瓜果,尤其是脾胃虚寒者更应谨慎,常有人吃甜瓜、西瓜、黄瓜而拉肚子的。夏秋之交,调理脾胃应侧重于清热、健脾,少食多餐,多吃熟、温软开胃、易消化食物。少吃辛辣、刺激、油腻类食物,秋季调理一定要注意清泄胃火,以使体内的湿热之邪从小便排出,待胃火退后再进补。

3. 预防秋乏。秋乏,是补偿夏季人体超常消耗的保护性反应,常表现为倦怠、乏力、精神不振等。防秋乏的最好办法就是适当地进行体育锻炼,但要注意循序渐进;保持充足的睡眠,亦可防秋乏。

4. 预防秋燥。秋天雨水较少,天气干爽,人体容易虚火上延出现"秋燥",中医认为,燥易伤肺,秋气与人体的肺脏相通,肺气太强,容易导致身体的津液不足,出现诸如津亏液少的"干燥症",比如皮肤干燥,多有咳嗽。防秋燥,重在饮食调理,适当地选食一些能够润肺清燥、养阴生津的食物,比如梨、甘蔗、荸荠、百合、银耳等。

5. 预防感冒。秋季感冒增多,预防感冒,首先要根据气温变化适当增减衣服,尤其是老年人更要注意;其次室内的空调温度不要过低,一般在 $25\sim27℃$ 最好。秋季是疾病的高发期,遇到疾病一定要及时就医以免耽误病情。

6. 早起早睡。早睡以顺应阴精的收藏,早起以舒达阳气。研究表明,秋天适当早起,可减少血栓形成的机会;起床前适当多躺几分钟,舒展活动一下全身,对预防血栓形成也有好处。同时,要注意添加衣物,防止因受凉而伤及肺部。

7. 加强锻炼。秋天气候渐冷,衣服不可一下子增加过多,有意让机体冻一冻,经受一些寒凉之气的锻炼,这也是增强机体对冬季寒冷气候的适应能力的重要方法。金秋时节天高气爽,是运动锻炼的好时期,尤其应重视耐寒锻炼,如早操、慢跑、爬山、太极拳、游泳、冷水浴等,以提高对疾病的抵抗力。

8. 精神调养。保持内心宁静,情绪乐观,舒畅胸怀,抛开一切烦恼,避免悲伤情绪,是秋季养肺的一个好方法。同时,秋季应注意顺应自然界收藏的规律,节制房事,蓄养阴精。

9. 适时进补。常言道:"秋季进补,冬令打虎",但进补时要注意不要无病进补和虚实不分滥补。中医治疗原则是虚者补之,虚症病人不宜用大补药。虚病又有阴虚、阳虚、气虚、血虚之分,要对症服药,否则适得其反。还要注意进补适量,提倡食补。秋季食补以滋阴润燥为主,如乌骨鸡、猪肺、龟肉、燕窝、银耳、蜂蜜、芝麻、核桃、藕、秋梨等。这些食物与中药西洋参、沙参、芡实、玉竹、天冬、麦冬、百合、女贞子、胡麻仁、干地黄等配伍,则功效更好。

10. 注意养阴。秋季天气干燥,秋季养生要注意养阴。(1)要多喝水,以补充夏季丢失的水分。(2)多接地气,秋季要多走进大自然的怀抱,漫步田野、公园,这都有助于养阴。

(3)避免大汗淋漓。汗出过多会损人体之"阴",秋季锻炼要适度。

问题114：秋季吃哪些食物比较适合养生的需要？

答：秋季养生食物以滋阴养肺、健脾防燥和补肝气为重点。秋季，肺的功能偏旺，如果辛辣味食品吃得过多，会使肺气更加旺盛，进而还会伤及肝气，所以秋天饮食要少食辛辣味食物，多吃些酸味食物，以补肝气。

1. 宜多吃粥。秋天早晨多吃些粥，既可健脾养胃，又可带来一日清爽。秋天可常食山楂粳米粥、鸭梨粳米粥、兔肉粳米粥、白萝卜粳米粥、杏仁粳米粥、橘皮粳米粥、柿饼粳米粥、百合莲子粥、银耳冰糖糯米粥、杏仁川贝糯米粥、黑芝麻粥、胡桃粥、栗子粥等。

2. 宜补充健身汤。秋季饮食以滋阴润燥为原则，在此基础上，每日中、晚餐喝些健身汤，一方面可以渗湿健脾、滋阴防燥，另一方面还可以进补营养、强身健体。秋季可常食百合冬瓜汤、猪皮番茄汤、山楂排骨汤、鲤鱼山楂汤、花鲢鱼头汤、鳝鱼汤、赤豆鲫鱼汤、鸭架豆腐汤、枸杞豆腐汤、平菇豆腐汤、平菇鸡蛋汤、冬菇紫菜汤等。

3. 宜多吃鱼。秋天是需要进补的季节，鱼肉脂肪含量低，其中的脂肪酸被证实有降糖、护心和防癌的作用。鲫鱼，味甘性温，功效为利水消肿、益气健脾、通脉下乳、清热解毒等；带鱼，可补五脏、祛风、杀虫，对脾胃虚弱、消化不良、皮肤干燥者尤为适宜，常吃带鱼还可滋润肌肤，保持皮肤的润湿与弹性；青鱼，有补气养胃、化湿利水、祛风解烦等功效，对气虚乏力、胃寒冷痛、脚气、湿痹、疟疾、头痛等有功效,青鱼所含锌、硒、铁等微量元素,还有防癌抗癌作用;鲤鱼,味甘性温,有利尿消肿、益气健脾、通脉下乳之功效,主治浮肿、乳汁不通、胎气不长等症;草鱼,味甘性温,有平肝、祛风、活痹、截疟之功效;泥鳅,味甘性平,有暖中益气、清利小便、解毒收痔之功效,泥鳅肉质细嫩,营养价值很高,其滑涎有抗菌消炎的作用,可治湿热黄疸、小便不利、病后盗汗等症。鱼肉中的维生素 D、钙、磷,能有效地预防骨质疏松症。

4. 宜吃时令水果。苹果、石榴、葡萄、芒果、柚子、柑橘、柠檬、山楂、荸荠、猕猴桃、核桃、白果、柿等秋季收获的水果。

5. 宜吃五谷杂粮。粳米、小米、糯米、玉米、黑豆、花生,红薯、芝麻、栗子、菱藕、芋芳、山药等秋季收获的主粮食物。

🐢 问题115:冬季养生要注意哪些要点?

答:冬季,是指中国农历 10 月、11 月、12 月,从立冬到大寒这段时间,包括立冬、小雪、大雪、冬至、小寒、大寒 6 个节气。冬季,天寒地冻,万物凋零,一派萧条零落的景象。冬的五行属水,冬季为水值令。按照中医理论,水对应人体为肾,肾为"先天之本"、"生命之源"。其生理功能是藏精、主水、主纳气、主骨、生髓,跟人的骨骼血液、皮肤乃至牙齿、耳朵都有很大关系。因此,冬季养生以"养肾"为先。按照"春播、夏养、秋收、冬藏"的植物生产规律,冬季属于储藏季节。冬季补肾是匿藏精气的重点,通过饮食、睡眠、运动、药物等手段,达到保养精气、强身健体、延年益寿的目的。

1. 冬季养生以"养肾防寒"为原则。冬季气候寒冷,寒气凝滞,易导致人体气血运行不畅,导致许多旧病复发或加重。特别是那些严重威胁生命的疾病,如卒中、脑出血、心肌梗死等,不仅发病率明显增高,而且死亡率亦急剧上升,所以,冬季养生要注意防寒。冬季,人体阳气收藏,气血趋向于里,皮肤致密,水湿不易从体表外蒸发,而要经肾、膀胱的气化,少部分变为津液输散周身,大部分化为水,下注膀胱成为尿液,无形中就加重了肾脏的负担,肾炎、遗尿、尿失禁、水肿等疾病易发生,因此,冬季养生要注意肾的养护。肾是人体生命的原动力,肾气旺,生命力强,机体才能适应严冬的变化。防止严寒气候的侵袭是保证肾气旺的关键。

2. 饮食。以黑、白、黄颜色的食品为补养佳品,黑木耳、大白菜、大头菜、萝卜、板栗、土豆、黄豆、核桃、芝麻、红薯、橘子、猪肝、羊肝、羊肉、鹅肉、鸭肉等均是冬季适宜食物,都具有很好的养肾防寒作用。在冬天里,多吃些苦味食物,以补益心脏,增强肾脏功能,要少食用咸味食品,以防肾水过旺。

3. 起居。冬季应"早睡晚起",起床的时间最好在太阳出来之后。因为早睡可以保养人体阳气,保持温热的身体,而迟起可养人体阴气。待日出再起床,就能躲避严寒,求其温暖。睡觉时不要蒙头睡,被窝里的空气不流通,氧气会越来越少,时间一长,空气变得混浊不堪,就会感到胸闷、恶心或从睡梦中惊醒、出虚汗,第二天会感到疲劳。

4. 保暖。保暖是冬季养生的一个重要方面。重点要保头暖、背暖、脚暖,即保持人体的上中下暖和。头暖,头部暴露受寒冷刺激,血管会收缩,头部肌肉会紧张,易引起头痛、感冒,甚至会造成胃肠不适等,外出最好戴帽子;背暖,寒冷的刺激可通过背部的穴位影响局部肌肉或传入内脏,危害健康,除了引起腰酸背痛外,背部受凉还可通过颈椎、腰椎影响上下肢肌肉及关节、内脏,引发各种不适,最好内穿背心;脚暖,一旦脚部受寒,可反射性地引起上呼吸道黏膜内的毛细血管收缩,纤毛摆动减慢,抵抗力下降,后果是病毒、细菌乘虚而入,大量繁殖,使人感冒,最好要穿暖鞋,为抵御寒冷,用热水泡脚、冷水洗脸、温水刷牙是冬季日常保养的好方法。

5. 锻炼。俗话说:"冬天动一动,少闹一场病;冬天懒一懒,多喝药一碗。""夏练三伏,冬练三九。"这些都说明,冬季坚持体育锻炼,有益于身体健康。耐寒锻炼在冬季十分重要。它有益于人体的心血管、呼吸、消化、运动、内分泌系统,从而能减少冠心病、脑血管意外、感冒、咳嗽、关节炎、肥胖病等的发生。同时耐寒能使人长寿,对于年轻人来说,还可以锻炼人的意志和精神,尤应提倡。耐寒锻炼采取每天清晨不间断地到野外走路或跑步,去呼吸室外的新鲜空气,耐寒能力会逐渐提高。随着气温降低可逐步提高活动量,选择跑步、打球、登山等耐寒能力适应性强的锻炼。另外,跳绳的健身效果极佳,可以显著改善双脚的控制能力和协调能力。双手转动绳子时,还可锻炼肩关节和腕关节。随着跳动的节律,心血管系统和呼吸系统得到锻炼。此外,跳绳还是一项有效的减肥运动。但老年人手脚不灵活的,不要轻易跳绳。

问题116:冬季应当怎样进行药物进补?

答:冬季,人体阳气内藏、阴精固守,是机体能量的蓄积阶段,对于身体虚弱的人是进补的好季节。进补需分男女老少,根据各人人体内脏腑的气血阴阳不同和各年龄阶段人的生活习惯、学习和工作的情况不同选择进补药物。如小儿内脏娇嫩、易虚易实,饮食又往往不知节制,以致损伤脾胃,其在冬令的补益,当以健脾胃为主,可食茯苓、山楂、大枣、薏仁等;青年学生日夜读书,往往休息睡眠不足,心脾或心肾虚,其在冬令的补益可选用莲子、首乌等;中年人身负重任,不注意休息,而导致气血耗伤,冬令补益以养气血为主,可食龙眼肉、黄芪、当归等;老年人身体虚弱,再加上身患多种疾病,老年人冬令必须进补。老年人无病时,可选用杜仲、首乌等;若有病,则必须注意阴虚、阳虚、气虚、血虚的不同症状,辨证进补。进补要适度,适可而止,如补阴太过,反而遏伤阳气,致使人体阴寒凝重,出现阴盛阳衰之气。

问题 117:老人在冬季要重视哪些疾病的预防?

答:寒冷是冬季疾病发作的重要因素。人体受过冷刺激后,会严重损伤人体的热平衡系统、内分泌系统、循环系统等,从而导致多种疾病。所以,寒冷的冬季,老人要高度重视预防危及生命的心脑血管疾病。根据医院临床实践数据,在每年 11 月份左右和元旦前后是心脑血管疾病的两个高发期,原因在于突然下降的气温会造成血管收缩、血黏度增高,干燥的气候也容易使血黏度增高,感冒产生的炎症对心血管疾病也产生影响。冬季首先要注意防寒保暖,其次要注意保持生活节律的稳定。有锻炼习惯的人,锻炼时间应以上午 10 点以后或下午为宜。在供暖的房间内,出门前应先在门口打开门适应适应,避免直接出门时冷空气刺激血管,造成心脑血管意外。另外预防冻疮,也是冬季防病的一个重点,冻疮常常发生在手、脚、耳等部位,一般只有红、肿、痛的症状,严重的可能起水泡,甚至溃烂。冻疮预防应从秋末冬初开始,容易发生的部位要提早保暖,可在皮肤上涂些油脂,以减少皮肤的散热;要增加手脚的活动量,加速血液循环,鞋子穿得不宜过紧。平时可用冷水洗脸、洗手、洗脚,以增强这些部位的抗寒能力。北方地区预防雪盲症也值得重视。雪盲症是指"雪光性眼炎"或"雪照性眼炎"。预防雪盲症的办法是:在雪地行走要佩戴太阳镜或有色防护眼镜,以减少雪光及阳光中紫外线对眼睛的强烈刺激。此外,雪后外出前后可服用维生素 A 胶丸或鱼肝油、维生素 E、复合维生素 B 药片。

　　另外老人要注意精神调养。严寒的冬季,朔风凛冽,草木凋零,阳气潜藏,阴气旺盛,人体的阴阳消长代谢也处于相对缓慢的水平,所以,冬季精神调养也要着眼于"藏",即要保持安静的精神状态,防止季节性情感失调症,一些人在冬季发生情绪抑郁、懒散嗜睡、昏昏沉沉等现象,这种症状主要是寒冷气候所致。要多晒太阳,同时,要加强体育锻炼,尽量避免因植物神经功能失调而引起的紧张、易怒、抑郁等状态的出现。

　　问题 118:怎样区分气虚、血虚、阴虚、阳虚的症状进行冬季滋补?

　　答:冬季进补以"养肾防寒"为原则,以健脾胃为前提,要区分气虚、血虚、阴虚、阳虚的症状,进行辨证、因人温和进补。

1. 气虚、血虚、阴虚、阳虚等症状和表现。(1)气虚:表现为动则气短、气急无力;(2)血虚:主要表现在心肝二脏,心血不足表现为心悸、失眠多梦、神志不安等,肝血不足则表现为面色无华、眩晕耳鸣、两目干涩、视物不清等;(3)阳虚:表现为身寒、手脚冰冷、小便清长、消化不良、大便稀;(4)阴虚:表现为五心烦热或午后潮热、盗汗、颧红、消瘦、舌红少苔等。

2. 根据气虚、血虚、阴虚、阳虚等四种体虚的类型,可选用人参、阿胶、鹿茸、冬虫夏草"四大名补"药材,进补身体虚弱。

(1)补气虚为主——人参。人参性温,味甘微苦,入脾、肺二经,大补元气。现代药理研究发现,其主要有效成分为人参皂苷和黄酮类物质,分别有抗衰老、抗疲劳、对抗有害物质、抗肿瘤、提高免疫力、调节神经和内分泌系统等功能,增加冠状动脉血流量,减少心肌耗氧量,调节血脂,防止血管硬化等作用。用法:将人参切成薄片,每次取 2～3 克放入杯内加开水,浸泡 1 小时后便可饮用,饮完后再加入新水,如此循环。最好 12 小时内服用完毕,最后嚼服人参片,也可将人参片直接含服。如用于急救,每次取 30 克,浓煎顿服。参须、参花、参叶亦可泡水当茶喝。

(2)补血虚为主——阿胶。阿胶性平,味甘,入肺、肝、肾诸经,以滋阴养血著称。历代医家视阿胶为妇科良药。民间称阿胶、人参、鹿茸为冬令进补"三宝"。又因阿胶对调治各种妇科病有独特之功效,尤得女士们青睐。用法:取阿胶 5～10 克,加黄酒适量,隔水蒸服。或取阿胶 500 克,浸在 1500 克黄酒内,等胶块散发成海绵状,隔水蒸成液体,趁热加冰糖1000克,当糖与胶融为一体时,加入炒熟的黑芝麻及敲碎的核桃肉各适量,制成黏稠膏滋,每日早晚各取1～2匙,以温开水送服。

(3)补阴虚为主——冬虫夏草。冬虫夏草性温,味甘,入肺、肾二经,有补虚损、益精气、止咳化痰之功效。现代药理研究表明,冬虫夏草含蛋白质、脂肪(其中82.2%为对人体有益的不饱和脂肪酸)、糖、粗纤维、矿物质、虫草酸(D-甘露醇)、虫草素和维生素 B_{12} 等成分,有增强免疫功能、增加心肌血流量、降低胆固醇、抗缺氧、抗癌、抗病毒、抗菌和镇静等作用。用法:取老公鸭1只,冬虫夏草10克。鸭去毛及内脏,将鸭头顺颈劈开,将冬虫夏草数枚装入鸭头和鸭颈内,再用棉线缠紧,余下的和生姜、葱白一起装入鸭腹内,放入盆中,注入清汤,用食盐、胡椒粉、料酒调好味,密封盆口,上笼蒸约2小时,出笼后拣去生姜、葱白,加味精,即成一道闻名遐迩的"虫草全鸭"。

(4)补阳虚为主——鹿茸。鹿茸性温,味甘咸,入肝、肾二经,有补肾壮阳之效。李时珍在《本草纲目》中称鹿茸能"生精补髓,养血益阳,强筋健骨,治一切虚损"。现代药理研究表明,鹿茸精含多种氨基酸、硫酸软骨素、雌酮、骨胶原、蛋白质和钙、磷、镁等矿物质,有滋补、强壮作用,可使血中的红细胞、血红蛋白和网织红细胞增加,中等剂量可加强心肌收缩力、增加心输出量,有强心作用。可研末,每次取1克,放小米粥内服用;也可取鹿茸、山药各30克,分别切片,浸入500克白酒内,密封1周,每次取20毫升服用,日服2次,治阳事不举、尿频、面黑有效果。也可以到药店购买鹿茸为主料制成的"十补丸"等。服用鹿茸可使人精力充沛,但阴虚或阳亢者不能服用。

问题 119：怎样根据不同的年龄段有选择地进行养生锻炼？

答：人类养生是需要锻炼身体的，以适应自然和社会环境，不同的年龄段应该有不同的锻炼要求。有人对男性的锻炼提出以下原则要求：

1.20 多岁的男子以锻炼肌肉和加强心肺功能为主，应多做户外运动。

2.30 多岁的男子人体发育已经完整，在运动量上开始调整，减少剧烈的运动，在运动前，做一些伸展练习，防止拉伤筋骨和肌肉。

3.40 多岁的男子人体机能逐渐进入衰退，以强壮关节和心肺功能为主，应选择慢跑等一些低强度的运动。

4.50 多岁男子进入了中年向老年过渡的时期，运动锻炼以提高生活质量和提高心理承受能力为主，如打太极拳、散步等，让人在锻炼中获得快乐。

5.60 岁以后进入老年生活，运动时以休闲为主了，尽量选择活动量不大、简便易做的运动，特别要注意在运动中防止跌倒。

问题 120：打太极拳有哪些好处？

答：打太极拳是一项很适合中老年人锻炼的体育运动，是养生专家积极推崇的一项保健运动。打太极拳从医学健身上来讲，主要有以下好处：

1. 打太极拳能够增强肾的藏精，有保精功能，并能调节内分泌系统，改善阳痿、遗精、腰膝酸软以及体虚肾亏引起的失眠、多梦等症状。

2. 打太极拳需要"腹式呼吸",腹腔压力的改变会使胸廓容积增大,进而加强腹内脏器活动,改善消化系统的血液循环,促进消化道的消化吸收功能。

3. 打太极拳时,全身骨骼肌肉的周期性收缩和扩张,可以加强血液循环,使全身的皮肤、肌肉、内脏中的毛细血管扩张,加强了心肌营养的供给。

4. 打太极拳可以练意养神,调节神经系统功能活动,能使高度紧张的精神状态得到恢复,对神经衰弱、失眠健忘等有较好的治疗功效。

问题 121:练民间流传的"五禽戏"、"八段锦"、"瑜伽"能起到怎样的养生保健作用?

答:"五禽戏"、"八段锦"、"瑜伽"都是养生锻炼的运动方式,长期坚持锻炼,都有很好的保健作用。

1. "五禽戏"是东汉名医华佗精心研究虎、鹿、熊、猿、鸟等五种动物的生活习性,结合中医的治病与养生原理所编制的一套气功健身法,在中国民间广为流传,是一种较好的健身运动。现代医学研究证明,"五禽戏"作为一种健身医疗体操,不仅能够使人体的肌肉、关节得以舒展,而且有益于提高心肺功能,改善心肌供氧量,提高心肌排血能力,促进人体组织器官的正常发育,增强人体的免疫功能。

2. "八段锦"是中国一项自古流传的健身运动,由八种如"锦缎"般的优美、柔顺的动作构成。经常练习八段锦可以达到强身健体、怡心养神、防病治病、延年益寿的效果。传统中医认为,八段锦柔筋健骨、养气壮力,具有行气活血、协调五脏六腑功能;现代研究也证实八段锦有改善神经体液调节功能、加强血液循环、对脏器有柔和的按摩作用,对神经系统、心血管系统、消化系统、呼吸系统以及运动器官具有调节作用。

3. 瑜伽起源于印度,距今有 5000 多年的历史。瑜伽是通过提升意念,帮助人类充分发挥潜能体系,运用古老而易学的运动技巧,改善人们的生理、心理、情感和精神方面的能力,达到身体、心灵与精神和谐统一。古印度人相信天人合一,以瑜伽的修炼方法融入日常生活,奉行坚贞不渝的道德、忘我的动作、稳定的头脑、宗教的责任,无欲无求的冥想与宇宙的自然结合和创造。

"五禽戏"、"八段锦"、"瑜伽"的锻炼可以跟熟练的人去学习,也可以从网上下载录像片跟着学习,有的地区还开设专门训练馆,专业教授"五禽戏"、"八段锦"、"瑜伽"等运动。

问题 122:"饭后百步走"和"倒步走"要注意哪些问题?

答:走路是一项简便易行、适合所有能够步行人的运动方式。在老年人中,"饭后百步走"和"倒步走"的运动方式广泛流行,但在锻炼中,要注意一些问题,应引起重视。

1."饭后百步走,活到九十九。"这是一句健身运动的大众名言,说明了饭后百步走对身体健康有益,但不是适合所有人,要根据个人的身体情况而定。

(1)平时活动较少、长时间埋头工作的人、身体肥胖的人以及胃酸分泌较多的人,饭后散步 20～30 分钟,有助于劳逸结合、调节精神,减少脂肪堆积和胃酸分泌,增强下肢的活力,有利于健康。另外,走路还能有效预防痔疮的发生,走路时臀部肌肉和下腹部肌肉运动,臀肌和下腹肌在一张一弛中促进肛门周围组织的血液循环,减轻痔静脉内压力,达到有效预防的效果。专家建议,最好饭后坐30分钟后,再出去散步更有利于健康。

(2)体质虚弱、多病缠身的人,饭后不要立即散步,最好平卧10分钟,以减少胃的震动,减轻胃的负担。可根据自身体力状况,安排合适的时间去散步锻炼或选择太极拳等其他运动,逐步增强体质。

2.“倒步走”方式锻炼身体,简单易做,被很多人所接受。倒着走与日常生活的顺着走正好相反,实际起着平衡调节的作用,被认为是一种好的锻炼身体的运动方式。据有人实践总结,倒着走可以缓解颈部、腰部肌肉的紧张状态,加强了腰肌的锻炼,增强了身体的平衡力,对缓解颈部、腰部酸痛有较好的效果。锻炼时,要注意选择平坦的直道进行,开始时小步锻炼,再逐渐加大步伐,以锻炼后感到身体舒服为标准。值得注意的是,“倒步走”无法往后看,容易踩空摔跟斗,对于那些身体平衡能力较差、年纪大的老年人来说,要慎重,防止摔倒。

问题123:在公园里如何使用健身器材使运动的效果更好?

答:现在很多居民小区、公园都安装了太空漫步机、高低杠、攀登架、跑步机、坐凳架、健骑机、雪橇板、扭腰器、秋千等健身器材。如何使用这些健身器材使运动效果更好,是有讲究的。一般可以按照“轻、重、轻”活动量顺序健身效果会更好。如先用漫步机、高低杠、攀登架热身,再用跑步机、坐凳架、健骑机、雪橇板健腿,最后用扭腰器、荡秋千整理,这样就形成了组合搭配的锻炼,可以得到更好的健身效果。

问题 124:在细雨中做慢跑运动好吗?

答:细雨可以消除尘埃,让空气更干净、清新,树更青、草更绿、路更洁。在这样的环境里做慢跑运动,可以吸收细雨产生的大量负氧离子,从而松弛人的神经系统,降低血压,促进新陈代谢;在细雨中慢跑,有利于使紧张的大脑趋于平静,调节心理压力和精神状态,实际是一种健脑的活动,对于紧张用脑的人来说,这种雨中慢跑的运动是有益处的。值得注意的是,在雨中慢跑后,要及时用干毛巾将脸和头发擦干,以防止发生感冒。

问题 125:爬楼梯和做家务是否等同于锻炼身体?

答:爬楼梯和做家务都是一种人体的运动,但不能完全等同于锻炼身体。

1. 爬楼梯对于现代人来说是一种简便的运动方式。它能够使人在双腿和双臂得到运动的同时,全身肌肉也产生了运动。经常走楼梯像爬山一样,可以增强人体细胞的新陈代谢,增强肌体的活力,加快血液循环和改善呼吸系统功能,能增强体力和心肺功能。要控制爬楼梯锻炼的强度,防止对膝关节的损伤。

2. 做家务是一种体力性的劳动,带有运动的性质,但不属于体育锻炼。在家里做一些力所能及的烧菜做饭等家务活,减少空闲的寂寞,感受做菜烧饭的乐趣是有益于健康的。但如果长时间地做家务不利于健康。有人研究过：每周做家务活 8 小时以上，有可能导致心率加快，而每周坚持散步或其他体育锻炼 8 小时以上的人，心率反倒比较慢，可见做家务活不能等同于体育锻炼，也无法代替体育锻炼，即使做了家务，还应该要安排一定的时间进行体育锻炼。

问题 126：为什么说清晨空腹锻炼是不好的？

答：体育锻炼是要消耗人体能量的。而人体的能量供给主要来自食物、体内脂肪分解或肝糖原分解。人在晚上停止了进食和饮水，但身体的呼吸、排尿、出汗等仍在继续，经过一夜的消耗后，早晨的人体能量处于不足状态，同时，早晨是人一天里肝脏中含肝糖原最低的时候，如果早晨进行空腹锻炼，其所需要的能量就主要来自体内脂肪的分解，这样会导致人体血液中的游离脂肪酸大大增加，从而影响到心脏，有可能造成心律失常。同时，由于清晨人体处于微缺水状态，血液浓缩、黏稠性增加，容易形成血栓堵塞血管，长期空腹晨练对身体会产生不利影响。因此，晨练最好吃点食物或喝杯开水后再去，比较合适。

问题 127：为什么说傍晚锻炼身体更有益于健康？

答：人体的活动会受到"生物钟"的影响。人在一天的 24 个小时内，体力的最高点和最低点都有一定的规律性，而体力发挥到最高点的时间，经研究人员测定，多数是在傍晚。傍晚，人的肢体反应灵敏度及适应能力都达到了最高峰，心率和血压的也最为平稳，在这段时间内锻炼身体，引起心跳加速和血压上升的概率相对较低，更有益于健康。对于老年人来说，锻炼要根据季节的变化，选择合适的时间，原则上要选择在有太阳的时候去锻炼,这样,有利老人吸收阳气,补充能量,解决老年人普遍存在的阳气不足问题。

问题 128:踢腿、脚蹬车、背撞树(墙)锻炼会起到怎样的保健效果?

答:踢腿、脚蹬车、背撞树(墙)锻炼的保健效果主要是起到舒经活络的作用,从而调节体内气血良性循环,达到保健目的。

1. 踢腿运动可以使远离心脏的双腿得到新鲜血液供应,并促使回流,加快血液流动速度,从而增强肌体免疫力,防止下肢肌肉萎缩,特别对改善高血压患者的症状有显著效果。

2. 脚蹬车运动主要是起到按摩位于脚底心的涌泉穴,通过对涌泉穴的按摩,达到健肾、理气、益智等功效,增强肌体免疫力。穿软底鞋用脚底心蹬车按摩效果会更好。

3. 背部撞树(墙)运动主要通过撞击背部的穴位,从而反射调节内脏活动,促进血液循环,达到疏通经络、行气通窍、放松肌肉,增进健康。基本做法为:身体站直,两手伸开,全身自然放松,与树或墙壁距离 20 公分左右,后背反复撞击树身、墙壁。撞击时,从肩胛部位开始,逐渐向下至腰背部,最后到达腰臀部。

问题 129:跳绳、眨眼能有怎样的健身效果?

答:跳绳运动是一种全身性的肌肉群锻炼。跳绳时,下肢弹跳后蹬、手臂摆动、腰部配合上下扭动,调动了全身肌肉的运动,呼吸会加深加快,呼吸肌也参与了运动,心肺功能得到改善,由于弹跳的间歇性,有利于左右脑间歇有节奏地休息,因此,具有健脑的锻炼效果。由于跳绳的运动量大,一般来说,跳绳5分钟相当于跑步1000米的运动量,因此,老年人手脚不够利落,不适合做跳绳运动。

3. 眨眼是减轻眼睛疲劳和视力下降的一种锻炼方法。通过眨眼增强眼部四周的血液循环,使眼球各个部位得到充足的血液供应,获得更多的氧气和养分,达到保护视力的效果。眨眼时,要求做到全身放松,收心定神,心思集中于眼睛,闭眼时要用力,睁开时要放松,反复进行锻炼5分钟,每天3~4次。这项运动简便,没有危险性,很适合老年人锻炼。

问题130:钓鱼对身体健康有什么好处?

答:钓鱼是一种体育运动,经常钓鱼有益身体健康。钓鱼对健康的好处可以归纳为以下三个方面:

1. 钓鱼能够调节中枢神经系统功能。钓鱼的人会全身心地投入到大自然的怀抱里,忘掉了忧愁和烦恼,尤其是静看鱼儿上钩,会使钓鱼的人大脑皮层形成兴奋,刺激神经系统,调整心态平衡。但有严重心脏病的人,要注意过度兴奋产生对心脏的刺激而引起的风险。

2. 能够改善人的肌体功能。一般来说,钓鱼场所环境清静、空气新鲜,空气中大量的负氧离子与人体内的血红蛋白、钾、钠、镁等正离子结合,增加血液中的含氧量和营养物质,使人倍感舒服,精力会更充沛,精神好。

3. 钓鱼能培养人的耐性。钓鱼的人全神贯注看着钓帆,即使鱼不上钩也要看着,这需要耐心才行。长期钓鱼的人,其耐性会慢慢养成,有利于培养人的耐心处事的性格。

问题 131：游泳运动对身体健康有什么好处？

答：游泳是一项很好的有益健康的体育运动，经常游泳有以下好处：

1. 有利于增强肺的功能。游泳是全身性的运动，并且有呼吸的特殊要求，对于锻炼肺的功能有很好的作用。

2. 有利于增强肌体活力。由于水的阻力大于空气的阻力，人在游泳时，要全身运动，有利于消耗热量，增强肌体活力。

3. 有美容肌肤的作用。水的浮力、阻力和压力对人体起到一定的按摩作用，能够美容皮肤，所以，经常游泳的人皮肤都比较圆润光滑。

4. 可降低关节和骨骼的运动损伤的危险性。游泳在水中进行，有相当一部分的体重被水的浮力承受，下肢和腰部会轻松许多，可降低关节和骨骼的运动损伤的危险。

老年人游泳要根据自身的体质量力而行，适可而止。

 问题 132：打麻将对老年人健康有好处吗？

答：打麻将是很多老年人消遣活动的经常性项目，适当参与打麻将是有好处，但也有很多的坏处。

1. 打麻将的好处：(1)能消除寂寞，增加交往，愉悦心情，增加生活的乐趣；(2)打麻将时，动手、动脑、动眼，手脑并用，强化手、眼、脑协调，促进脑部运动，延缓衰老，对预防老年痴呆症有一定功效；(3)经常打麻将，有利于手部筋络通畅，增强手的灵活性；(4)娱乐性的麻将，消除了输钱的紧张心理，有利于心理健康。

2. 打麻将的坏处：(1)经常打麻将，会引发颈骨突出增生、坐骨神经疼痛等疾病;(2)如果是押注赌钱的,摸到好牌和了会过度兴奋,可能引发脑卒中、心脏病等,输了钱会心疼、伤神、睡不好觉,很伤身体;(3)有可能为出牌、赌注问题,牌友之间发生争执,产生不愉快,影响到心情和感情;(4)上了桌就难下桌,影响到家庭成员之间的关系和打乱了老人的生活规律,有时还会因打麻将而忘记处理紧要的事情,容易误事。

因此,老年人打麻将要适可而止,以娱乐为目的,不要赌钱,要约束打牌的时间,保证身体的健康。

问题133:什么运动对健脑、健美、减肥、抗衰老、防近视有利?

答:健脑、健美、减肥、抗衰老、防近视都可以选择一些针对性的体育运动,以达到特殊的锻炼效果。

1. 增氧运动对健脑有利,健脑运动以弹跳为最佳,弹跳能够促进血液循环,给大脑提供更充足的能量。

2. 健美操对健美有利,持之以恒地做健美操,加强协调性和平衡性的锻炼,会使人更健美。眼下的排舞也是老年人很好的"健美操"。

3. 手脚并用的运动对减肥有利,游泳、滑雪等手脚并用的运动,特别能消耗脂肪,能起到很好的减肥作用。

4. 跑步对抗衰老最有利,因为人老腿先老,坚持长期跑步能够锻炼腿部活力,调动体内氧化酶的积极性,起到抗衰老的作用。

5. 打乒乓球对防近视最有利,打乒乓球时,眼睛以乒乓球为目标不停收缩,促进了眼球组织的血液供应和代谢,从而促进视力恢复。

问题 134：哪些娱乐活动可以让老年人养生又养心？

答：老年人养生在于养心，以下几种娱乐活动让老年人身心健康，延年益寿。

1. 练习书画：有人把练书法、绘画比作"不练气功的气功锻炼"。首先，书法讲究意念，练习时必须平心静气、全神贯注、排除杂念，这与气功的呼吸锻炼和意守有异曲同工之妙；其次，书法、绘画都讲究姿势，要求头端正、肩平齐、胸张背直、提肘悬腕，将全身的力量集中在上肢，这与气功修炼的姿势极为接近。

2. 音乐戏曲：一曲节奏明快、悦耳动听的乐曲，会消除你心中的不快，使你乐而忘忧；此时，体内的神经体液系统处于最佳状态，从而达到调和内外、协调气血通行的效果。老年人应该选择那些健康、高雅、曲调优美、节奏轻快舒缓的音乐，让老年人回味当年，达到消乏、怡情、养性的目的。

3. 养花种菜：养花不仅可以供人欣赏、美化环境、令人赏心悦目，而且花的香气还能起到灭菌、净化空气的作用。同时，小耕一块田地种菜又让老人回归自然，享受自给自足的田园生活，令人气顺意畅、血脉调和、怡然自得，产生沁人心脾的快感。

4. 跳舞唱歌：实验研究表明，即使交谊舞中的慢步舞，其能量消耗也为人处于安静状态下的 3～4 倍；其次，跳舞时，舞蹈者要与音乐协调，必须全神贯注，集中于音乐、舞步中，加之轻松愉快的音乐伴奏和迷人灯光的衬托，唱歌也是一样,讲究和谐之美,既是一种美的享受,更能让人陶醉其中。

5. 旅游:旅游可以使人饱览大自然的奇异风光和历史、文化、习俗等人文景观,让人获得精神上的享受;同时,置身在异域的风景,呼吸一下清新的空气,让身心一次短暂的旅行,更能让人获得放松。

问题 135:长跑运动要注意哪些基本的要点?

答:长跑运动是一种人的耐力锻炼,时间长、体力消耗大,锻炼过程中要特别注意以下要点:

1. 起跑前,先喝一杯温开水,补充水分,促进血液循环;然后搓揉双手和头面部,增加各部位的血液循环;再做操或小步慢跑,充分活动四肢、胸、背、腹、腰等部位。

2. 起跑后,上身稍微向前倾,两眼平视,双臂随跑步节奏自然摆动,脚尖朝正前方,后蹬有力,落地轻柔,动作放松。

3. 跑步中,注意呼吸和节奏,通常可两步一吸或三步一吸,节奏不能起伏太大。同时,要注意合理补水。每次补水时,以喝 2～3 口为宜,不可以一口气喝一瓶水。因为过多喝水胃部膨胀,运动中会震荡引起腹部不舒服,还会妨碍膈肌运动,影响正常呼吸。更重要的是,水分吸收后反射性地引起汗液分泌加快,体内盐分过多流失,从而导致四肢无力、抽筋等现象的发生。

4. 跑步后,全身得到了运动,并且消耗了能量,此时要静下来再做一些基础锻炼动作,使身体回归平衡,以取得较好的锻炼效果。

问题 136：跑步时戴耳机听广播好不好？

答：有人在跑步锻炼中，边跑步边戴耳机听广播或音乐，这样的锻炼实际是不好的，会影响锻炼的效果。因为人的大脑有若干个神经中枢，分管各系统机能的兴奋与抑制。跑步时，大脑中指挥肌肉、心肺新陈代谢的神经中枢会处于兴奋状态，其他神经中枢则处于被压制状态。如果边跑步边听广播，使主管思维的神经中枢得不到休息，同时，由于兴奋的扩散，主管运动的神经中枢便会受到一定的抑制，使锻炼时体内应有的生理变化无法达到较高的水平，从而影响锻炼效果。另外，边听广播边跑步，容易分散注意力，老年人也容易跌倒导致损伤。因此，跑步时不要戴耳机听广播、音乐。

问题 137：人在运动后，能否马上进食、立即躺下休息？

答：人在运动后，不能马上进食、喝冷饮，也不能立即躺下休息、洗澡。

1. 空腹运动后，血液集中在肢体肌肉和呼吸系统等活动之处，消化器官的血液相对减少，消化系统的吸收能力较差，消化功能处于待恢复状态，需要一段时间，因此，不能马上进食，否则会产生消化不良，影响食物的营养吸收。

2. 运动后马上喝冷饮，会强烈刺激胃肠道和心脏，有可能使这些器官发生突发性痉挛，长期下去会发生内分泌失调和女性的月经紊乱。

3. 运动后马上躺下休息，会使肢体中的大量静脉血液淤积在静脉血管里，造成心脏缺血，大脑会因心脏供血不足而出现头晕、恶心等缺氧症状。

 问题 138：运动后立即洗澡是否有利健康？

答：运动后立即洗澡不利于健康。人在运动时，心率加快，血液流向肌肉增多。当运动停止后，心率会下降，但在肌肉等处的血液增多仍会持续一些时间，此时立即洗澡，因热水冲洗，流向皮肤和肌肉的血液会增加，导致内脏器官血液供应不足，特别是心脏和大脑，很容易引发心脏病。因此，运动后要静歇一些时间，再冲个热水澡比较好。

问题 139：为了感冒早点好，去加强运动锻炼合适吗？

答：有些人认为感冒后，加强跑步、打球等运动，让身体多出点汗，感冒就好了。其实这样做是不好的。感冒时，一般是身体比较虚弱，如果此时进行过量的运动锻炼，促使肌体短时间内产生热量，体温快速升高，肌体代谢加速，氧气和营养的消耗量增加，从而加重心肺负担，人体抗病力反而会下降，不利于感冒症状的消除，有可能会加重感冒症状，因此，感冒后要注意休息，少运动为好。

问题 140：锻炼身体怎样把握运动强度和运动量？

答：生命在于运动，但不是运动强度越大越好。健身专家认为，健身运动不苛求标准的运动量，也没有严格运动强度要求，可以因人而异，灵活选择小量的低强度运动，更有利于健康，对于老年人更重要。有调查表明，低强度和间歇运动能对健康产生良好影响，死亡率最低的不是体育运动健将,而是经常从事小量运动的人群。因此,锻炼把握运动强度和运动量是必要的,可以通过以下方面来控制。

1. 通过锻炼后的出汗量来控制:一般来说,锻炼达到刚出汗或出少量汗比较适宜,如果大汗淋漓说明运动量和运动强度过大了。

2. 通过锻炼后的精神状态来控制:锻炼后感觉精神饱满,精力充沛,没有疲倦的感觉是正常的,如果感觉很累,那就是运动量和运动强度过大了。

3. 通过锻炼后的食欲来控制:锻炼后食欲很好,食物量也略有增加,表明锻炼强度适当;如果食欲和饮食量大增或者不想进食,都表明运动量和运动强度过大了。

问题 141:为什么说按摩脚底心能治百病?

答:脚底心是涌泉穴的位置。涌泉穴是足少阴肾经的起点,按摩涌泉穴能够疏通经络,增强血脉运行,促进新陈代谢,颐养五脏六腑。按摩涌泉穴能够治百病的道理也就在于此。基本的做法为:每晚用热水洗脚后,坐在凳子上或床边,一条腿屈膝抬起,放在另一腿上,脚心弯向内侧,用左手按右脚心、右手按左脚心,转圈按摩至局部发红发热为止。

问题 142:老年人在运动时,哪些项目最好不要去做?

答:老年人步履缓慢,移动反应迟钝,肢体的协调性和平衡能力减弱,有时腿会发软,加上视力也差,血管也老化。一些前俯后仰、侧倒旁弯、头低脚高、翻滚、倒立、旋转动作的运动不要去做。因为,一是这些运动会引起头部的位置变换,产生昏眩,自身难以支撑平衡,容易摔倒,有可能导致骨折等;二是这些运动会使血液流向头部,老年人血管变硬、弹力变差,容易发生血管破裂,造成脑卒中,重者会危及生命。

问题 143:健身锻炼如何注意保护心脏的健康?

答:心脏的正常跳动是生命健康的重要标志,心脏跳动的计算是以每分钟跳动的次数来计算的,成年人正常心跳为每分钟 60～100 次,高于 100 次为心动过速,低于 60 次为心动过缓。健身锻炼或劳累等原因,都会引起心脏跳动的频率变化。为了保护心脏跳动的频率稳定,需注意心率次数变化。

1. 健身锻炼会出现心跳加快,但要在正常的范围之内。因为运动后心跳次数与年龄有关,计算公式为:心跳次数＝0.8×(220－年龄)。如 50 岁的人,运动后的心跳次数为:0.8×(220－50)＝136 次/分钟,即 50 岁的人运动后每分钟心跳在 136 次以内,属于正常范围。运动时,心脏为及时将血液输送到运动部位,成倍提高心脏收缩速度,心肌需要的血液供应量更大,但心肌本身的血液供应只能在舒张期获得,如果心跳速度太快,心脏的舒张期就会缩到很短,心肌就容易缺血。心肌如果缺血就无法将血液输送到大脑及需要的部位,人就会晕倒。因此,运动不能太激烈,要注意心跳的变化和喘气的速度,要让自己的心跳感觉在正常的范围内。

2. 如果自己感觉心跳加快,并咚咚地跳,说话没有力气,那可能是过度劳累引起,要特别注意。人体内有一种儿茶酚胺的物质,可以促进心肌收缩力增强,心率加快。过度劳累时,神经会释放过多的儿茶酚胺,使心血搏出量增加,血压的收缩压增高,出现脉压差变小,经常过度劳累,会导致心肌细胞中毒,发生过劳死。因此,要注意劳逸结合,通过逐步增加运动来增强心肺功能,改善血液循环系统和呼吸系统。

问题 144:苹果、香蕉、葡萄有什么保健作用?

答:苹果、香蕉、葡萄都是保健水果,它们有着很好的保健作用。

1. 苹果中的胶质和富含镁、硫、铁、铜、碘、锰、锌等微量元素,能有效地降低胆固醇,可使皮肤细腻、润滑、有光泽;在空气污染的环境中,多吃苹果可改善呼吸系统功能;苹果含多酚及黄酮类天然抗氧化物质,可以减少肺癌的危险,可预防铅中毒。

2. 香蕉富含糖类物质和其他营养成分。香蕉可以作为食物充饥,补充能量;香蕉性寒味甘,能清肠热、润肠通便,对治疗热病烦渴等病症有作用;香蕉能缓和胃酸的刺激,有保护胃黏膜的作用;香蕉含血管紧张素转化酶抑制物质,有抑制血压升高的作用;香蕉果肉的甲醇提取物对细菌、真菌等有抑制作用;香蕉中含大量的碳水化合物、膳食纤维,具有防癌的作用。

3. 葡萄中的糖主要是葡萄糖,能很快被人体吸收,当人体出现低血糖时,饮用葡萄汁可很快使症状得到缓解;葡萄能阻止血栓形成,并且能降低人体血清胆固醇,降低血小板的凝聚力,对预防心脑血管疾病有一定作用;葡萄含有的类黄酮是一种强力抗氧化剂,可清除体内自由基,具有抗衰老的作用。

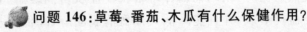 **问题145:柚子、柠檬、橘子有什么保健作用?**

答:柚子、柠檬、橘子是同类别的水果,但它们的保健作用是有所差别的。

1. 柚子中含有丰富的天然微量元素钾,对于高血压、心脑血管以及肾脏病患者来说是最佳的食疗水果;柚子中含有丰富的维生素C,能降低血液中的胆固醇;柚子中的果胶可以降低低密度脂蛋白,可以减少动脉壁的损坏程度;柚子肉中含有类似于胰岛素成分的铬,对降低血糖有作用。

2. 柠檬含有烟酸和丰富的有机酸,其味极酸,柠檬酸汁有较强的杀菌能力,对食品卫生有作用;柠檬汁中含有大量的柠檬酸盐,能够抑制钙盐结晶,阻止肾结石形成,甚至肾结石被柠檬汁溶解掉,具有防治肾结石的作用;鲜柠檬维生素含量极为丰富,能防止和消除皮肤色素沉着,具有美白的作用,是美容的天然佳品。

3. 橘子含有丰富的维生素C和柠檬酸,具有美容和消除疲劳的作用,橘子内的薄皮含有膳食纤维以及果胶,可促进通便和降低胆固醇;橘皮苷可增强毛细血管的韧性、扩张心脏的冠状动脉,降低血压,是预防冠心病和动脉硬化的果品;鲜橘子汁中含有一种抗癌活性很强的"诺米灵"物质,能使致癌的化学物质分解、抑制和阻断癌细胞的生长,是防癌的食品。

问题146:草莓、番茄、木瓜有什么保健作用?

答:草莓、番茄、木瓜都有它们各自的保健作用。

1. 草莓中含有的胡萝卜素是合成维生素 A 的重要物质,具有明目养肝作用;草莓中含有的天冬氨酸,可以自然平和清除体内的重金属离子;草莓中含量丰富的鞣酸,在体内可以吸附和阻止致癌化学物质的吸收,具有防癌作用;草莓对胃肠道和贫血均有一定的滋补调理作用,可以预防坏血病;防治动脉硬化、冠心病也有一定的疗效。

2. 番茄含有丰富的维生素 C,具有生津止渴、健胃消食、清热解毒的功效,对高血压、肾脏病患者有辅助治疗作用,番茄多汁利尿,肾炎患者也适宜食用;经常牙龈出血或皮下出血的人,吃番茄有助于改善症状;番茄红素有独特的抗氧化能力,能消除自由基,保护细胞,使脱氧核糖核酸免遭破坏,能起到阻止癌变进程的作用。

3. 木瓜中的蛋白酶能将脂肪分解为脂肪酸,有健脾消食的功效;木瓜中的蛋白酶还具有抗结核杆菌及杀虫抗痨的作用,对于蛔虫、鞭虫、阿米巴原虫、绦虫等具有杀虫效果;木瓜中的凝乳酶有通乳作用,可用于通乳、治疗淋巴性白血病;木瓜中含有大量水分、碳水化合物、蛋白质、脂肪、多种维生素以及人体需要的多种氨基酸,具有增强肌体抵抗力的作用。

问题 147:樱桃、桃子、猕猴桃有什么保健作用?

答:樱桃、桃子、猕猴桃有着独特的保健作用。

1. 樱桃的含铁量特别高,常吃樱桃可以补充体内对铁的需求,促进血红蛋白的再生,可以预防缺铁性贫血,增强体质,具有健脑益智的作用;樱桃具有调中益气、健脾和胃、去风湿,对食欲不振、消化不良、风湿痛等均有益处;经常吃樱桃能使皮肤红润嫩白,去皱消斑,具有养颜美容的作用。

2. 桃子有补益气血、养阴生津的作用,可用于大病之后气血亏虚、面黄肌瘦、心悸气短者身体恢复的辅助营养;桃子含铁量较高,是缺铁性贫血病人的理想辅助治疗食物;桃子含钾多、含钠少,适合水肿病人食用;桃仁活血化瘀、润肠通便,可以用于闭经、跌打损伤等辅助治疗,桃仁提取物可用于高血压患者的辅助治疗。

3. 猕猴桃富含的维生素 C 是一种抗氧化剂,能够有效防止癌症发生,具有防癌作用;猕猴桃中含有的血清促进素具有稳定情绪,起镇静和调节心情的作用;猕猴桃含有良好的膳食纤维,不仅可以降低胆固醇,促进心脏健康,而且还可以帮助消化,防止便秘,快速清除并预防体内堆积的有害代谢物质。

问题 148:红枣有什么保健作用?

答:红枣是一种营养佳品,被誉为"百果之王"。红枣含有丰富的维生素 A、B、C 等人体必需的多种维生素和 18 种氨基酸、矿物质,其中维生素 C(抗坏血酸)的含量竟高达葡萄、苹果的 70～80 倍,芦丁(维生素 P)的含量也很高,这两种维生素对防癌和预防高血压、高血脂都有一定作用。红枣性温味甘,含有蛋白质、脂肪、糖、钙、磷、铁、镁及丰富的维生素 A、维生素 C、维生素 B_1、维生素 B_2,此外还含有胡萝卜素等,营养十分丰富,民间有"天天吃红枣,一生不显老"之说。红枣不仅是人们喜爱的果品,也是一味滋补脾胃、养血安神、治病强身的良药。产妇食用红枣,能补中益气、养血安神,加速机体复原;老年体弱者食用红枣,能增强体质,

延缓衰老;尤其是一些从事脑力劳动的人及神经衰弱者,用
红枣煮汤代茶,能安心守神,增进食欲。素有茶癖的人,晚
间过饮,难免辗转不眠,若每晚以红枣煎汤代茶,可免除失
眠之苦。春秋季节,乍寒还暖,在红枣中加几片桑叶煎汤代
茶,可预防伤风感冒;夏令炎热,红枣与荷叶同煮可利气消
暑;冬日严寒,红枣汤加生姜红糖,可驱寒暖胃。红枣是天
然的美容食品,还可益气健脾,促进气血生化循环和抗衰
老。此外,红枣还具有抗过敏、治疗低血压、护肝、防癌的作
用。但下列情况,食用红枣要注意适量:

1. 红枣不可食用过量,吃多了会胀气,因此应注意控制
食量。

2. 红枣糖分丰富,不适合糖尿病患者吃;多吃红枣,没
有喝水漱口,容易蛀牙。

3. 湿盛或脘腹胀满者忌食;湿热重、舌苔黄的人不宜
食用。

4. 有宿疾、食积、便秘者不宜多吃;龋齿、牙病作痛及痰
热咳嗽患者不宜食用。

5. 枣皮纤维含量很高,不容易消化,吃时一定要充分咀
嚼,不然会影响消化。肠胃道不好的人一定不能多吃。

问题 149:桂圆有什么保健作用?

答:桂圆是常用的营养保健食品,益心脾,补气血,安神
志。桂圆干有以下食疗作用:

1. 益气补血。桂圆含丰富的葡萄糖、蔗糖及蛋白质等,
含铁量也较高,可在提高热能、补充营养的同时,又能促进
血红蛋白再生以补血。实验研究发现,桂圆肉除对全身有

补益作用外,对脑细胞特别有益,能增强记忆,消除疲劳。

2. 安神定志。桂圆含有大量的铁、钾等元素,能促进血红蛋白的再生以治疗因贫血造成的心悸、心慌、失眠、健忘。桂圆中含尼克酸高达 2.5 毫克(每 100 克),可用于治疗尼克酸缺乏造成的皮炎、腹泻、痴呆,甚至精神失常等。

3. 养血安胎。桂圆含铁及维生素比较多,可减轻宫缩及下垂感,对于加速代谢的孕妇及胎儿的发育有利,具有安胎作用。

4. 抑制癌细胞。动物实验表明,桂圆对 JTC-26 肿瘤抑制率达 90%以上,对癌细胞有一定的抑制作用。临床给癌症患者口服桂圆粗制浸膏,症状改善 90%,延长寿命效果约 80%。

5. 降脂护心,延缓衰老。桂圆肉可降血脂,增加冠状动脉血流量。对与衰老过程有密切关系的黄素蛋白——脑 B 型单胺氧化酶(MAO-B)有较强的抑制作用,但桂圆甘甜滋腻,内有痰火及湿滞者慎用。

问题 150:荔枝有什么保健作用?

答:荔枝味甘、酸、性温,入心、脾、肝经。果肉具有补脾益肝、理气补血、温中止痛、补心安神的功效;内核具有理气、散结、止痛的功效;可止呃逆,止腹泻,是顽固性呃逆及五更泻者的食疗佳品,同时有补脑健身,开胃益脾,有促进食欲之功效。通常有以下保健功效:(1)荔枝所含丰富的糖分具有补充能量,增加营养的作用,研究证明,荔枝对大脑组织有补养作用,能明显改善失眠、健忘、神疲等症;(2)荔枝肉含丰富的维生素 A、B_1、C,还含有果胶、游离氨基酸、蛋白质以及铁、磷、钙等多种元素,有助于增强机体免疫功能,提高抗病能力;(3)荔枝有消肿解毒、止血止痛的作用;(4)荔枝拥有丰富的维生素,可促进微细血管的血液循环,防止雀斑的发生,能使皮肤更加光滑。一般人群均可食用荔枝,尤其适合产妇、老人、体质虚弱者、病后调养者食用;贫血、胃寒和口臭者也很适合;但有下列情况者不要食用:

1. 荔枝含糖成分高,糖尿病患者慎用荔枝。

2. 荔枝含有单宁、甲醇等,多食容易生内热,阴虚火旺、有上火症状的人不要吃,以免加重上火症状,阴虚所致的咽喉干疼、牙龈肿痛、鼻出血等症者不要食用。

3. 开车时不要吃荔枝。开车时人体会消耗大量的热量,而人体中的热量主要来源于食物中的糖类。研究发现,司机在开车前或开车时食用荔枝过多,不但不能及时补充糖分,反而降低血糖。因为荔枝含丰富果糖,食后使人体血中果糖含量显著升高,以致血中葡萄糖比例相对降低。而低血糖症的主要症状有看东西不清楚、心慌、手抖、头晕、注意力不集中等。对司机来说,这是极其危险的。吃荔枝后,如果出现饥饿、无力、头晕等症状,要赶紧口服糖水或糖块,一般能很快恢复,若不能恢复,出现中毒症状的要及时到医院救治。

问题 151:空气污染严重,吃哪些食物最能清肺?

答:2012 年起,国家对空气污染的程度的 PM2.5 进行了检测并通过媒体向社会公告,体现了国家对国民生活质量的重视。世界卫生组织 2005 年最新出版的《空气质量准则》尤其是对大气中可吸入颗粒物的浓度限值制定了严格的标准。世界卫生组织规定 PM2.5 年平均浓度为 10 微克/立方米($\mu g/m^3$),24 小时平均浓度为 $25\mu g/m^3$。居民面对空气污染,可以吃一些清肺的食物,下列食物最能清肺。

1. 雪梨。含苹果酸、柠檬酸、维生素 B_1、B_2、C、胡萝卜素等微量元素。清肺原理:白色入肺,故白色食物都对肺有保养功效。雪梨水分大,性略寒,可以生津润燥、清热化痰。清肺指数:★★★★。清肺梨做法:把雪梨内部掏空,放入川贝、冰糖等上锅煮或蒸熟,待稍冷却后加入蜂蜜。

2. 银耳。性平,味甘、淡、无毒。既是名贵的营养滋补佳品,又是扶正强壮的补药。清肺原理:同为白色食物,银耳性更温润,比雪梨更适合体寒或肠胃不好的人,同时又有益气清肠的作用。清肺指数:★★★★★。清肺银耳粥做法:先将银耳泡发,去根切碎,待煮米粥开锅后加入,煮 20分钟左右,处于半融化的黏腻状态最好。更可与雪梨同炖成银耳雪梨汤。

3. 蜂蜜。蜂蜜的成分除了葡萄糖、果糖之外还含有各种维生素、矿物质和氨基酸。清肺原理:蜂蜜的葡萄糖和果糖,人体最易吸收,还含有与人体血清浓度相近的多种无机盐、有机酸和微量元素,有滋养、润燥、解毒之功效。清肺指数:★★★★。做法:温凉水服才能清热。每天清晨起床时取 1～2 调羹,用温凉水冲开,空腹饮用,不仅能润肺,还能解毒养颜。

4. 山药。含大量淀粉和蛋白质,还有维生素、脂肪、胆碱等成分,以及碘、钙、铁、磷等人体不可缺少的无机盐和微量元素。清肺原理:含一种多糖蛋白质的混合物"黏蛋白",对人体具有特殊的保健作用,补脾养胃、补肺益肾。清肺指数:★★★★。山药薏米粥做法:将健脾祛湿的薏米与补肺滋精的山药各 50 克,每日煮粥喝,对男女均有补肺的功能,但又彼此平衡掉了薏米的寒和山药的黏腻。

5. 百合。含有淀粉、蛋白质、脂肪及钙、磷、铁、维生素 B_1、B_2、C 等营养素。具有良好的营养滋补、养心安神、润肺止咳的功效,对病后虚弱的人非常有益。清肺指数:★★★★。百合银耳粥清肺效果较好:取百合 30 克、银耳 20 克、粳米 50 克煮熟后食用。

6. 豆浆。营养非常丰富,不同种类的豆磨成的豆浆还有相应的独特益处。清肺原理:含有丰富的植物蛋白和磷脂,还含有维生素 B_1、B_2 和烟酸以及铁、钙等矿物质,除了易吸收,所含的麦氨酸还可防止支气管炎平滑肌痉挛,从而缓解支气管炎,减轻肺的负担。清肺指数:★★★★。将大豆用水泡后磨碎、过滤、煮沸而成。注意不要空腹喝,不要装于保温瓶内,不要一次喝过量,也不要与药物同服。

7. 白萝卜。生食熟食均可,略带辛辣味。含葡萄糖、蔗糖、果糖、维生素 C、莱菔苷等。清肺原理:白萝卜中的芥子油、淀粉酶和粗纤维,具有促进消化,增强食欲和止咳化痰的作用。中医理论认为其性凉,入肺胃经。清肺指数:★★★。奶汤炖萝卜汤:在葱姜加清水后,将稍炸过的萝卜块和牛奶放入同炖,烂后放盐即可,既滋补又清肺。

8. 柚子。含有糖类、维生素 B_1、维生素 B_2、维生素 C、维生素 P、胡萝卜素、钾、磷、枸橼酸等。清肺原理:性味甘寒,含有非常丰富的维生素 C 以及类胰岛素等成分,能健胃、润肺、补血、清肠、利便。清肺指数:★★★。做法:直接食用或做成柚子茶。柚子性寒,所以直接食用时不能过量,

2 到 3 块即可。柚子茶是以更健脾消食、散寒燥湿的柚子皮混合柚子肉慢炖而成，放凉后加入冰糖，存入冰箱，每天以温凉水冲服两次。

9. 莲藕。莲肥大的地下茎，微甜而脆，可生食也可做菜。它的根根叶叶，花须果实，都可滋补入药。清肺原理：熟莲藕性味甘、温、无毒，可以补心生血，健胃开脾，滋养强壮，莲藕汤利小便，清热润肺。清肺指数：★★★。栗子莲藕汤：将去皮小藕块和处理干净的生栗子入水煮沸后，改中火煲 40 分钟，稍冷却后调味服用。

问题 152：人参是一种大补元气的药物，是否适合所有人食用？

答：人参是一种滋补强壮的药物，具有大补元气、生津止渴、轻身益气的功效，对镇静大脑、调节神经、刺激血管、增强食欲、促进代谢、消除疲劳、增强肝脏排毒功能以及改善骨髓造血能力，活跃内分泌系统，强化机体免疫力等起作用。适用于因大汗、大泻、大失血或大病、久病所致元气虚极欲脱，气短神疲，脉微欲绝的重危症候。人参为补肺要药，可改善短气喘促，懒言声微等肺气虚衰症状。但下列情况不适合食用人参：

1. 体质壮实的人，并无虚弱现象，不用服人参。一种补气药，如没有气虚的病症而随便服用，如误用或多用，往往会导致闭气，而出现胸闷腹胀等症状。

2. 服用人参要循序渐进。无论是红参或是生晒参在食用过程中一定要循序渐进，不可操之过急，过量服食。

3. 服用人参要注意季节变化。一般来说，秋冬季节天气凉爽,进食比较好;而夏季天气炎热,特别是红参是不宜食用的。

4. 服用人参要避免与萝卜、葡萄、梭子蟹、豆腐、茶叶同食,否则使人参的作用受损,影响吸收而降低药效。

5. 无论是煎服还是炖服,忌用五金炊具。

6. 用于保健服用人参的,在服用期间,要注意保持良好的作息习惯,尽量避免熬夜,少吃辛辣或者刺激性食物,积极参加户外运动,放松心情,不要给自己太大的压力。

 问题 153:食用鹿茸有什么保健作用?

答:鹿茸性温而不燥,具有振奋和提高机体功能,对全身虚弱、久病之后患者,有较好的保健作用。鹿茸可以提高机体的细胞免疫和体液免疫功能,促进淋巴细胞的转化,具有免疫促进剂的作用。它能增加机体对外界的防御能力,调节体内的免疫平衡而避免疾病发生和促进创伤愈合、病体康复,从而起到强壮身体、抵抗衰老的作用。现代医学研究从鹿茸的脂溶性成分中分离出雌二醇、胆固醇、维生素A、雌酮、脑素、卵磷脂、脑磷脂、糖脂、神经磷脂等,并富含16种氨基酸,营养物质丰富。服用鹿茸对人体有以下影响:

1. 对神经系统的影响。鹿茸能增强副交感神经末梢的紧张性,促进恢复神经系统和改善神经、肌肉系统之功能,同时对交感神经亦有兴奋作用。

2. 对心血管系统的影响。大剂量的鹿茸可降低血压,使心脏收缩振幅变小,心率减慢,外周血管扩张。中等剂量能引起心脏收缩显著增强,收缩幅度变大,心率加快,从而使心输出量增加;鹿茸特别对已疲劳的心脏作用尤为显著。

3. 对性功能的影响。鹿茸提取物既能增加血浆睾酮浓度，又能使促黄体生成素（LH）浓度增加。因此，鹿茸对青春期的性功能障碍、老年期的前列腺萎缩症的治疗均有效；对治疗女性更年期障碍效果良好。

4. 鹿茸的强壮作用。鹿茸精具有较强的抗疲劳作用，能增强耐寒能力，加速创伤愈合和刺激肾上腺皮质功能。故鹿茸是传统的补益药，用于强壮、补肾、益阳。

5. 对血液成分的影响。鹿茸可使血液中血红蛋白增加，因此对于大量出血者和感染症末期的患者，特别是对于老龄患者的治疗极为有效。

6. 增强肾脏的利尿功能。鹿茸所含的钙、磷、镁等无机元素分别参与身体的钙磷和多种酶代谢，对促进钙的吸收、骨的生长以及增强心脏、肌肉的功能都有积极的作用。

7. 治疗创伤功效。鹿茸素有"强筋骨"功能，用于治疗"恶创痈肿"。试验证明，鹿茸对长期不愈和新生不良的溃疡与创口有增强组织再生的能力，促进骨折的愈合。口服、外用鹿茸能使创伤，特别是化脓创伤迅速愈合。

8. 其他作用：鹿茸中有些有效成分能抑制 MAO-B 的活性，故有抗衰老作用；鹿茸具有抗氧化作用，增强胃肠蠕动和促进分泌功能；此外，鹿茸精还能增强机体的免疫功能等。

鹿茸是滋补极品，但是并不是所有人都适合受补。健康人尤其是小孩子，鹿茸是不能随便服用的，健康小孩吃了容易出现内热、流鼻血，机体异常亢奋，甚至出现躁狂症；患有高血压、肾炎、肝炎以及中医所说的阴虚火旺、肝阳上亢的病人，也不宜服用。

问题 154：冬虫夏草价格昂贵，是一种全能大补药吗？

答：冬虫夏草是含有多种营养物质的常用中药，主要成分有：虫草酸、粗蛋白和谷氨酸、苯丙氨酸、缬氨酸、精氨酸、丙氨酸和饱和脂肪酸、不饱和脂肪酸及维生素 B_{12} 等物质。每公斤售价近 20 万元。现代研究表明，冬虫夏草有扩张支气管和加强肾上腺素作用，有镇静和催眠作用，能增强人体免疫力。冬虫夏草有专门的滋补功用，主要具有补肾阳、益肺阴、兼止血化痰的功能，是补肺益肾药物，不是全能大补药。可治肾阳虚而腰膝酸痛、阳痿早泄、遗精；病后久虚、自汗、盗汗、怕冷；久咳虚喘、痨病咯血等虚证。常用量 5～10 克，可煎服或鸡鸭猪肉炖服。冬虫夏草价格非常昂贵，购买时，要特别注意防止假虫草。

问题 155：怎样保养好你的胃？

答：胃的保养很重要，关键在平时，在做到定时定量和有规律饮食的基础上，可从五个方面注意保养：

1. 保暖护养。秋凉之后，昼夜温差变化大，患有慢性胃炎的人，要特别注意胃部的保暖，适时增添衣服，夜晚睡觉盖好被褥，以防腹部着凉而引发胃痛或加重旧病。

2. 饮食调养。胃病患者的秋季饮食应以温、软、淡、素、鲜为宜，做到定时定量，少食多餐，使胃中经常有食物和胃酸进行中和，从而防止胃酸侵蚀胃黏膜和溃疡面而加重病情。

3. 忌嘴保养。胃病患者要注意忌嘴，不吃过冷、过烫、过硬、过辣、过黏的食物，更忌暴饮暴食，戒烟禁酒。另外，服药时应注意服用方法,除保护胃黏膜等需饭前服用的药物外,最好饭后服用,以防刺激胃黏膜而导致病情恶化。

4. 平心静养。专家认为,胃病、十二指肠溃疡等症的发生与发展,与人的情绪、心态密切相关。因此,要讲究心理卫生,保持精神愉快和情绪稳定,避免紧张、焦虑、恼怒等不良情绪的刺激。同时,注意劳逸结合,防止过度疲劳而殃及胃病的康复。

5. 运动健养。肠胃病人要结合自己的体征,加强适度的运动锻炼,提高机体抗病能力,减少疾病的复发,促进身心健康。

问题156:有胃病的人在饮食上要注意哪些方面的宜忌?

答:有胃病的人在饮食上要注意选择适宜的食物,尽量不吃禁忌的食物。

1. 适宜食物:(1)主食及豆类的选择:粳米、薏米、稀饭、烂面条、藕粉、馄饨皮、小麦粉、小米等。(2)肉、蛋、奶类的选择:牛奶、鸡蛋、猪肉、乳类、明虾等。(3)蔬菜的选择:西红柿、胡萝卜、冬瓜、土豆、甜菜、苦瓜、西葫芦等。(4)水果的选择:苹果、桃、杨梅、杏等。(5)其他:橘子茶、姜汁、红糖等。

2. 饮食禁忌:(1)戒刺激性的食物:咖啡、酒、辣椒、芥末、胡椒等,这些会刺激胃液分泌或使胃黏膜受损的食物,应避免食用。但每个人对食物的反应都有特异性,所以摄取的食物应该依据个人的不同而加以适当的调整,无需完全禁食。(2)戒酸性食物:酸度较高的水果,如凤梨、柳丁、橘子等,若在饭后摄食,对溃疡患者不会有太大的刺激,所以并不一定要禁止食用。(3)戒产气性食物:有些食物容易产气,使患者有饱胀感,应避免摄食;但食物是否会产气而引起不适,因人而异,可依个人的经验决定是否应摄食,如洋葱、萝卜等。(4)炒饭、烤肉等太硬的食物,年糕、粽子等糯米类制品,各式甜点、糕饼、油炸的食物及冰品类食物,常会导致患者的不适,应留意选择。不宜的食物有:酒、浓茶、咖啡、辣椒、生葱、芥末、咖喱、猪油、肥肉、油炸食物、萝卜等。

问题 157:怎样从胃的反酸、烧心等现象中区分几种常见胃病?

答:胃痛或上腹部疼痛多由于胃酸刺激胃黏膜或胃酸分泌过多,胃黏膜对胃酸的敏感性增加而产生的症状,由变质食物等引起的细菌感染造成的急性胃炎,也是疼痛的原因之一。胃反酸、烧心较常见于功能性消化不良、反流性食管炎、胃及十二指肠溃疡以及慢性胃炎,主要胃病种类有:

1. 急性胃炎:主要表现为上腹疼痛、不适,食欲下降,恶心呕吐,有时伴腹泻,严重的急性胃炎还会引起呕血、便血等症状。

2. 慢性胃炎:慢性胃炎是指慢性胃黏膜病变。长期服用对胃黏膜有刺激的食物或药物(如烈性酒、咖啡、辛辣和粗糙食物,以及水杨酸类药物等),过度吸烟、过度精神刺激等均可引起慢性胃炎。

3. 十二指肠溃疡:十二指肠溃疡典型的表现是上腹部规律性疼痛,常伴有反酸、嗳气等症状。一般于进餐或服用抗酸剂后症状可以缓解。

4. 胃溃疡：溃疡合并出血是上消化道出血的常见原因之一。出血是由于血管受到溃疡的侵蚀、破裂所致。毛细血管受损时，仅在大便检查时发现隐血；较大血管受损时，会出现黑便、呕血。

问题 158：糖尿病会有哪些症状？

答：糖尿病表现为胰岛素不足，易造成其他病变，如肾脏衰竭、中风、失明、截肢等。糖尿病发展到一定阶段会明显出现三多一少（吃多、喝多、尿多、体重减少）的症状。糖尿病患者可能发生下列几项症状：

1. 视力异常。因糖尿病会引起眼睛末梢微血管阻碍，造成眼睛易疲劳、视力模糊、细小字看不清，严重者会导致失明。

2. 易疲劳。因体内血糖无法进入细胞，导致全身无力。

3. 皮肤抵抗力差。体质通常呈现酸化，末梢血管易堵塞，伤口不易愈合、易化脓，也易引起牙周病、"香港脚"。

4. 神经障碍。肌肉和神经组织得不到滋养，指尖出现麻痛，重者甚至失去感觉。

5. 伤口不易愈合。糖尿病末期，因末梢血管坏死，肢体伤口发黑、溃烂不易愈合，有时甚至需截肢以延续生命。

6. 有可能发生可怕的并发症：(1)酮酸中毒、乳酸中毒、低血糖而引起休克、昏迷；(2)心血管病变：动脉硬化、脑卒中、心肌梗死、下肢皮肤变黑坏死；(3)肾脏病变、眼睛病变、神经病变及各种感染。

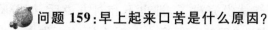 **问题 159：早上起来口苦是什么原因？**

答：早上起来口苦的原因是多方面的，大致有以下情况会出现口苦。

1. 胃热口苦：食用辛辣食物导致上火或胃动力差者胆汁反流引起口苦；

2. 肝胆湿热或炎症，亦会引发口苦；

3. 生活不规律，睡眠不足，过度吸烟、酗酒等引发口苦；

4. 精神性口苦：工作压力大，活动太少；

5. 一些慢性疾病，如糖尿病也会有口苦的情况。

问题 160：生气是最伤身体的，哪些气最好别生？

答：生气是最伤身体的，很多疾病都因生气而爆发，但在日常生活中却免不了要生气。要保健养生，就要在生气时，以最快的速度消气，日常生活发生的五种气最好别生。

1. 闲气。"闲气"是"为无关紧要的事情生气"。年纪大的人，往往爱管闲事，看到别人的某些做法、说法以及行为不习惯，还有为出错一张牌或多说一句话而争得面红耳赤，甚至生气。这种气，不应该生，因为无关紧要，何必要生气伤自己的身体？

2. 怨气。"怨气"是一种怨恨情绪发泄的气。2009 年 7 月，曾有媒体报道，家住甘肃兰州市的七旬老人，在其居住小区附近的人行横道上，对过往违章车辆投掷砖头近 30 次，砸中 14 辆车。老人这种过激行为就是一股怨气的发泄，是因为对违章驾驶危害生命的痛恨，但其砸车行为的结果是要承担车辆维修或负相关法律责任的。

3. 闷气。"闷气"是把生气闷在心里不发泄。如夫妻之间,两人一生气就没完没了,谁也不和对方说话,绷着脸互不理睬,这就是生"闷气",无形中会对人体产生伤害。夫妻间生闷气最伤害身体。闷气会在胸腹形成中医所谓"横逆"的气滞,很可能导致妇女乳腺小叶增生和乳癌,也可能造成十二指肠或胃溃疡,严重的会引发胃出血。

4. 赌气。"赌气"是人们经常由于不满意或受指责而发生的气,为赌气,明知不能做的事或做了没有好结果的事,偏要去做。有新闻报道,某男子由于不满银行排队时间过长,为赌气取100元钱,每次1元,分100次取,为难银行营业员。其实,这种赌气的结果,往往最受伤的是自己。因为生气,伤了身体,也浪费了时间,银行营业员在营业时间给你取款100次都是正常工作。

5. 怒气。"怒气"是愤怒发生的气,这种气最伤身体,那些性格急躁的人很容易爆发怒气。因为怒伤肝,愤怒使人肝气不舒、胸闷、胸肋胀痛。这种气如果不加控制,危害最大。严重的暴怒,有时会造成肝内出血。

问题161:身体的哪些信号可告诉你缺什么营养物质?

答:营养是维持生命健康的物质基础,缺了某些营养素,身体自然会有所反应,下列的一些信号,可以帮助你判断身体缺了什么营养物质。

1. 头发干燥、变细、易断、脱发。可能缺乏的营养有:蛋白质、能量、脂肪酸、微量元素锌。可以采取营养对策:每日保证主食的摄入。每日保证150克瘦肉、1个鸡蛋、250毫升牛奶,以补充优质蛋白质,同时可增加必需脂肪酸的摄入。每周摄入 2～3 次海鱼,并可多吃些牡蛎,以增加微量元素锌。

2. 夜晚视力降低。可能缺乏的营养:维生素 A。营养对策:增加胡萝卜和猪肝等食物的摄入。两者分别以植物和动物的形式提供维生素 A,后者吸收效率更高。应注意的是,维生素 A 是溶解于油脂而不溶解于水的维生素,因此用植物油烹炒胡萝卜比生吃胡萝卜,维生素 A 的吸收效率可大为提高。膳食中的维生素 A 来源于两部分:一部分是直接来源于动物性食物提供的视黄醇,例如动物肝脏、蛋黄、奶油等;另一部分来源于富含胡萝卜素的黄绿色蔬菜和水果,如胡萝卜、油菜、辣椒、番茄和橘子等。

3. 舌炎、舌裂、舌水肿。可能缺乏的营养:B 族维生素。营养对策:长期进食精细米面、长期吃素食,很容易造成 B 族维生素的缺失。为此,应主食粗细搭配、荤素搭配。有吃素习惯的话,每日应补充一定量的复合维生素 B 族药物制剂。

4. 嘴角干裂。可能缺乏的营养:核黄素和烟酸。营养对策:核黄素(维生素 B_1)在不同食物中含量差异很大。动物肝脏、鸡蛋黄、奶类等含量较为丰富。为此,每周应补充 1 次(100～150 克)猪肝、每日应补充 250 毫升牛奶和一个鸡蛋。应注意谷类食品进行加工后可造成维生素 B_1 的大量丢失,如精白米维生素 B_1 保存率仅有 11%,小麦标准粉维生素 B_1 保存率仅有 35%,因此主食应注意粗细搭配。而烟酸主要来自动物性食物,特别是猪肝、鸡肝等。

5. 牙龈出血。可能缺乏的营养:维生素 C。营养对策:维生素 C 是最容易缺乏的维生素,因为它对生存条件的要求较为苛刻,光线、温度、储存和烹调方法都会造成维生素C的破坏或流失。因此,每日应大量进食新鲜蔬菜和水果,最好能摄入500克左右的蔬菜和2～3个水果,其中,蔬菜的烹调方法以热炒和凉拌结合为好。维生素C的食物来源:主要来源于新鲜的蔬菜和水果,如辣椒、菠菜、西红柿、橘、橙、酸枣等;动物性食物仅肝脏和肾脏含有少量的维生素C。

6. 味觉减退。可能缺乏的营养:锌。营养对策:适量增加贝壳类食物,如牡蛎、扇贝等,是补充微量元素锌的有效手段。另外,每日确保1个鸡蛋、150克红色肉类和50克豆类也是补充微量元素锌所必需的。

问题162:哪些常用的食品能补血?用什么进补方法效果好?

答:在日常饮食中,补血的食品很多,相对来说,肉类、蛋类、鱼类这些高质量的动物蛋白,能明显地提高血液的质量,更容易增强人的抵抗力,使人精力充沛,是比较好的补血食品;红枣、桂圆、花生、红豆、红糖、白果、枸杞子都是人们常吃的补血、补肾的食品,将它们互相搭配,就成了很好的补血食疗方。

补血进补的方法有很多,下列几种都是可取的:(1)用高营养的各种肉汤以及用黑米、玉米、血糯米、大米做成的糊,再加进已加工成糊状的红枣、核桃、花生、莲子、桂圆、枸杞子等。(2)红枣是补血最常用的食物,可以生吃、煮粥、泡茶等,都有很好的效果。红枣还可以在铁锅里炒黑后泡水喝,可以治疗胃寒、胃痛,再放入桂圆,就是补血、补气的茶

了,特别适合教师、营业员等讲话较多的人。如果再加上
4~6粒的枸杞子,还能治疗便秘,但大便稀的人就不要加枸
杞子了。常喝红枣、桂圆、枸杞茶有美容效果,枸杞子不要
放多,几粒即可,红枣和桂圆也就 6~8 粒就行了,每天早上
上班后泡一杯,不但补气血,还能明目,特别适合长期待在
电脑前工作的人。(3)病后初愈者、产后妇女、老人、孩子、
身体虚弱的人,多喝各种将肉烧得很烂的牛肉汤、羊肉汤、
猪肝汤、鸡汤、骨头汤、蹄筋汤等,多吃各种直接消化吸收的
糊,对养生及疾病的治疗特别好。

问题 163:黑色食品能补肾吗?

答:肾脏是很重要的器官,是人的本,补肾是基本的养
生保健方法。有人说凡是黑色食品都是补肾的,如黑芝麻、
黑豆、黑米、黑木耳、海带、紫菜、乌骨鸡等。其实这种说法
是不正确的。按照中医理论,温热是补,寒凉是泻。进补
时,一定要区分食品的性质,选择合适的进补食品。

在黑芝麻、黑豆、黑米、黑木耳、海带、紫菜、乌骨鸡的食
品中,它们的凉热性质是不同的。(1)黑米、乌骨鸡性温,补
血、补肾效果明显;(2)黑芝麻,性平,补肾、补肝、润肠、养
发;(3)黑豆,性平,补肾、活血、解毒;(4)黑木耳性凉,海带、
紫菜性寒,夏天可以经常吃,具有进补作用,冬天尽量不要
吃,吃了会起反作用。因此,任何食物补还是不补,一定要
看这个食物的属性,性平、性温的食物,一年四季对身体都
有补益的作用,性凉、性寒的食物,除了夏天以外,其他季节
尽量不要吃,非要吃的话,也要与温热的生姜、辣椒、胡椒、
花椒配在一起,这样既能摄入这些食物特有的营养素,又不

至于伤肾、伤胃。

 问题 164：怎样预防老年痴呆症？

答：老年痴呆，也叫阿尔茨海默病。根据我国部分地区调查显示，60 岁及以上人群老年期痴呆患病率为 4.2%。至今还没有好的方法可以阻止老年性痴呆症的发生，也没有特效药可医治。但是早期采取积极的预防措施，可以减少患病率。专家提出的下述几种方法不妨可以试试。

1. 多动脑是预防痴呆症的妙方。脑神经细胞一旦破坏就无法再修复，老人可通过脑部的刺激与锻炼来促进脑细胞的活力并防范痴呆症。应多动脑，经常观察和思考，保持事业心和创造力，可多写文章、多听音乐，参加跳舞、弹琴、书画、下棋等活动。

2. 多参加各种活动有益身心健康。老年人要走向社会，积极主动参加各种形式的活动，如朋友聚会、文娱表演、下棋打牌、旅游、养花、钓鱼、散步等活动，这些活动都有助于大脑的锻炼和增加生活的情趣。轻度者每天步行 30 分钟，走 5000 步，有预防作用。

3. 避免心理应激性刺激。人的压抑、焦虑、恐惧、发怒、自卑等各种负性的心理刺激可促使老人患痴呆。老人在面对各种心理及精神刺激时，应采取"想得开"的豁达平静的心态，学会心理的自我控制和调节。乐观豁达的精神、有益的身心活动和自信心也是预防老年性痴呆的重要因素。

4. 注意饮食调节。研究表明，人的老化、免疫力下降，以至痴呆症的发生都可能因自由基的作祟而致，防止和消灭自由基的最好物质是抗氧化营养物，维生素 C、E、B 以及胡萝卜素的摄取能清除体内自由基,预防痴呆症。

5. 用中药调理。中医对老年性痴呆症的治疗是以补气益气、补肾健脑为主,如中药首乌、熟地、菟丝子、枸杞、杜仲、黑芝麻等有益肾固精的作用;人参、龙眼肉、柏子仁、大枣、黄芪、黄精等都有充盈气血、养心益气、增进心智的作用。

6. 积极防治高血压、动脉硬化症。高血压是中风的祸首,而中风后可能导致脑血管性痴呆症。长期有效地控制高血压、血管硬化有助于预防老年性痴呆症。

7. 避免脑损伤。避免使用铝制品,减少铝中毒;防止脑外伤造成痴呆,并做定期体格检查,有病及时医治,以健康的体魄,保持生命的活力。

第7章　饮食起居

问题 165：老年人饮食要注意哪些基本问题？

答：民以食为天，人是铁，饭是钢。古人的话告诉人们：饮食是第一位的，人的生存一定要吃饭，并且要注意营养、卫生等。老年人在饮食上要根据生理变化、季节变化、患病情况等因素，做到科学、合理、卫生饮食，保证健康饮食，并且要注意饮食中的一些基本问题。中国古代伟大的"圣人"——孔子提倡的"八不食"的饮食习惯，也就是当代人饮食中要注意的基本问题。

孔子提倡"八不食"：食钮而蚀，鱼馁而肉败，不食。色恶，不食。臭恶，不食。失饪，不食。不时，不食。割不正，不食。不得其酱，不食。沽酒市脯，不食。这"八不食"的意思是：腐败变质的食品不吃，变色霉烂的食品不吃，发臭变味的食品不吃，烹饪不当的食品不吃，不合时令的食品不吃，不是成熟期收割的粮食不吃，佐料放得不妥的不吃，市场上购买的酒和熟食不吃。

问题 166：老年人在日常生活中要养成哪些好习惯？

答：老年人在饮食起居等日常生活中，以增进身心健康和延年益寿为目标，养成生活有规律、健康饮食、足够睡眠、讲究卫生、适量活动的好习惯。

1. 生活有规律。老年人要保持日常生活的一定节奏,合理安排一天的基本活动,做到按时起床、排便、洗漱、进餐、活动、睡眠。按照适合个人特点的生物钟规律,进行日常生活,不要轻易打乱生物钟。

2. 健康饮食。在饮食上要保证营养需要,做到定时饮食、定量进食,不大吃大喝,吃七八分饱,细嚼慢咽,讲究饮食卫生,注意"八不食"。

3. 足够睡眠。足够的睡眠时间和良好的睡眠状态是修复机体功能、恢复体力所必需的。老年人在睡眠上,以按时睡觉、按时起床为基本要求,从老年人生理变化出发,做到早睡早起,适当午睡。

4. 讲究卫生。讲究卫生是防止疾病侵袭的一个十分重要的关口,老年人身体虚弱,更要重视养成个人卫生习惯。做到饭前便后洗手、睡前刷牙洗脚、饭后漱口、定期洗澡、勤换衣服、勤剪指甲、不随地吐痰,不到公共环境污染的地方去活动。

5. 适量活动。人的生命在于运动,老年人要根据自身的体质情况和爱好,选择适当的活动方式,进行适量的体育锻炼、文化娱乐、社会交往、料理家务等活动,增强肌体和思维的活力,保持身心健康。

问题 167：人们在早晨的哪些坏习惯会加速衰老?

答：早晨是一天生活的开始。人们经过一夜的睡眠之后,身体的机能得到了恢复,应当有序地投入到新一天的生活中去,但人们在早晨里的一些坏习惯要引起注意,否则会加速衰老。

1. 恋床。现代人醒后恋床不起的越来越多了,尤其是在节假日里。凡有过恋床不起的人都会有这样的感受:睡眠和恋床时间多了,反而觉得四脚发沉、精神萎靡、有"越睡越累、越睡越不舒服"的感觉,还不如每天忙于工作或学习时那样精力充沛。这就是因为恋床,打乱了平日正常的生活规律,造成了体内生物钟的错乱。

2. 醒后立即解小便。早晨醒后,可能膀胱内已充满了尿液,有迫切的排尿感,尿意越是紧迫,越要沉得住气,不可立即起身小便。因为,膀胱排空容易引起头晕,甚至出现排尿性晕厥,这一点老人特别要注意。

3. 起床后立即剧烈运动。许多人有晨起后进行体育锻炼习惯,若起床后未做准备活动,便马上投入比较剧烈的运动,这样做,很容易发生心脑血管意外。因此,早上运动要在起床后稍作休息,待气血阴阳运行平衡后再进行。

4. 不吃早饭。据营养专家分析,早饭是一日三餐中最重要的一餐。人的身体在经过一夜的睡眠休息后,已做好迎接新一天生活的准备,这时需要摄取足够的营养,来应付白天的消耗,因为,上午的工作量一般都是比较大,有许多重要的工作都是放在上午做的,所需要的营养保障应该更大一点,所以,早餐一定要吃,并且要吃好。因此,科学养生对吃饭的要求是:早餐吃好、中餐吃饱、晚餐吃少。

问题 168:老年人科学饮食要注意怎样的调养原则?

答:随着年龄的增长,老年人的体质开始下降,合理饮食能提高老年人的机体抵抗力,增强身体健康的体质。老年人日常营养饮食要按照"调整、增加、控制、补充"基本原则进行调养。

1. 调整减少热能供给。老年人活动量减少,膳食中的热能供给应适当减少,如果热能供应过多,容易引起肥胖,带来一系列的慢性病。据调查,人在 22～39 岁期间每日需要摄入的热量,男性(体重 65 公斤)为 3000 千卡、女性(体重 55 公斤)为 2200 千卡;40～49 岁期间,对热能的需要在上述基础上减少 5%;50～59 岁减少 10%;60～69 岁减少 20%;70 岁以上减少 30%;老年人总热量一般在 1500～2400 千卡之间,即可以维持一般生理活动的需要。因此,老年人饮食量应加以调整,防止热量摄入过多而产生肥胖,进而引发高血压、高血脂等老年人易发的疾病。

2. 增加蛋白质供给。在老年人的营养饮食中,蛋白质是非常重要的。因为,老年人的蛋白质分解代谢增强,对蛋白质的吸收能力却降低,为了补偿功能消耗,维持机体组织代谢和修补的需要,增强机体抵抗力,应注意蛋白质的供给。如果食物中的蛋白质含量不足,一味强调老年人需要素食,将加速肌肉等组织的衰老退化,使体内酶活性降低,引起贫血,抵抗疾病能力减弱。所以,多数医学专家主张,老年人的蛋白质供给量不应低于青壮年,老年人的蛋白质供给量,每日每公斤体重 1～1.5 克为宜,要占食物总热量的 10%～15%。

3. 控制脂肪与糖类供给。老年人总的热能摄入减少,而蛋白质需求量却相对增加,故膳食中脂肪与糖的供给应相对减少。脂肪摄入过多易发生血脂紊乱、高胆固醇症,继而引发糖尿病、高血压、冠心病等;脂肪摄入量过少,也不利于健康,机体的必需脂肪酸要从食物中获得,一些脂溶性维生素的吸收,也需要脂肪参与,因此,脂肪是要适当控制,而不是限制。一般老年人脂肪摄入量占总热量的 20%～25%,各种食物中所含脂肪总量以每公斤体重 1 克脂肪为宜。

4. 补充增强免疫功能的维生素。科学研究和医学临床观察发现,人体组织、器官功能的减退老化,与维生素缺乏和利用率低有关。在老年人的营养供给中,要求有充足的维生素。如维生素 A 缺乏时,易患各种感染性疾病;如补充维生素 E 有助于延缓衰老,增强机体免疫能力,帮助人体清除自由基,在防治心血管病、糖尿病方面也有效果。补充维生素,最重要的是要保持饮食的荤素搭配和富含多种维生素食物的搭配的平衡性。如果需要补充维生素药物的,而且个人难以确定多种维生素的配比,可以选择配比较好的复合维生素或在医生指导下进行药物补充。另外,补充一些除维生素外的增强免疫力的营养保健品也是需要的。

问题 169:老年人饮食怎样做到"十不贪"?

答:老年人养成良好的膳食习惯,对于预防疾病、延缓衰老、疾病康复都有重要意义。良好的膳食习惯可从控制"十不贪"来养成。

1. 不贪肉。肉类脂肪过多,多吃会引起营养平衡失调和新陈代谢紊乱,使老人易患高胆固醇血症和高脂血症,不利于心脑血管病的防治。但也不能禁肉,因为,肉食是蛋白质、脂肪等重要的营养来源,全素食也是不好的。

2. 不贪精。老年人长期食用精白的米面,摄入的纤维素就会减少,会减弱肠蠕动,易患便秘。因此,吃一些番薯、玉米、马铃薯等五谷杂粮,有利于健康。

3. 不贪硬。老年人的胃肠消化吸收功能减弱,如果贪吃坚硬或煮得不熟、不烂的食物,久而久之易得消化不良或得胃病。

4. 不贪快。饮食若贪快,咀嚼不烂,就会增加胃的消化负担,营养吸收也不好。同时,还易发生鱼刺或肉骨头梗塞喉咙的意外事故。科学的饮食要求,食物进嘴后,要咀嚼20次以上再咽下,有利于消化和保护胃的功能。

5. 不贪饱。饮食宜八分饱,如果长期贪多求饱,既增加胃肠的消化吸收负担,又会因营养过剩而诱发或加重心脑血管疾病。

6. 不贪酒。适量饮酒有益健康,但不能长期贪杯过量饮酒,会使心肌变性,失去正常的弹力,加重心脏的负担。同时,老人多饮酒,还易导致肝硬化。饮酒不能太多,正常的饮酒量一般是每天一杯红酒,或一瓶啤酒,或一两白酒,或四两黄酒的量就够了。

7. 不贪咸。咸的食物有味道,更能下饭,但摄入的钠盐量会太多,容易引发高血压、中风、心脏病及肾脏衰弱等疾病。因此,老年人饮食中不要贪咸,要以清淡为主,每天盐的摄入量以 5 克为宜。

8. 不贪甜。过多吃甜食会造成身体功能性紊乱,引起肥胖症、糖尿病、瘙痒症、脱发等,不利于身心保健。

9. 不贪迟。三餐进食时间要定时,宜早不贪迟,这样有利于食物消化与饭后休息,避免积食或低血糖。

10. 不贪热。老年人饮食宜温不宜烫,因热食易损害口腔、食管和胃。老年人如果长期吃烫食,还易患胃癌、食道癌。

问题 170:老年人吃什么食物能较好地补充蛋白质?

答:老年人的饮食中,蛋白质是最需要补充的营养物质,鸡蛋、鱼虾、奶、瘦肉、大豆及豆制品都是富含蛋白质的常用食品。

1. 鸡蛋。在这些食品中,鸡蛋中的蛋白质生理价值最好,但因含胆固醇较高,比较适合不需限制胆固醇摄入的老人。在吃鸡蛋时,以蛋羹为好,每天以 1~2 个为宜。胆固醇高的老人,应多吃鱼肉,少吃蛋。因为鱼肉除了富含优质蛋白外,所含的多种不饱和脂肪酸,有降低胆固醇的作用。

2. 鱼。鱼肉是肉食中最好的一种,其肉质细嫩,比畜肉、禽肉更易消化吸收;同时,鱼肉中脂肪含量低,对防治心脑血管疾病更为有利,常吃鱼还有健脑作用。因此,中老年人应多提倡吃鱼。

3. 牛奶。牛奶的营养价值很高,主要成分有水、脂肪、磷脂、蛋白质、乳糖、无机盐等。牛奶中的矿物质种类也非常丰富,除了我们所熟知的钙以外,磷、铁、锌、铜、锰、钼的含量都很多。最难得的是,牛奶是人体钙的最佳来源,而且钙磷比例非常适当,利于钙的吸收。

4. 瘦肉。指猪、牛、羊、家禽等动物中的精肉,所含营养中约含蛋白质 20%,脂肪 1%~15%,无机盐 1%,其余为水分。猪肉、牛肉、羊肉都含饱和脂肪较高,禽肉、鸡及兔肉中含饱和脂肪较少。同时含无机盐丰富,尤以含铁、磷、钾、钠等较多,含钙较少。瘦肉也是维生素 B_1、B_2、B_{12}、PP 的良好来源,瘦猪肉中的维生素 B_1 含量相当高,不过,含维生素 A 却很少,几乎不含维生素 C。吃瘦肉多了对人体健康也产生危害,若把瘦猪肉作为日常膳食结构中主要的食物来源,会增加发生高血脂、动脉粥样硬化等心血管疾病的危险。一般每人每天 50～100 克为宜。

5. 豆制品。是大豆经加工制成的,如豆腐、豆腐干、豆浆、豆腐脑、腐竹、豆芽菜等。大豆经过加工后,不仅蛋白质含量不减,而且还提高了消化吸收率。同时,各种豆制品美味可口,促进食欲,豆芽菜中还含有丰富的维生素 C,在缺菜的冬春季节可起调剂作用。豆制品的营养主要体现在其丰富蛋白质含量上。豆制品所含人体必需氨基酸与动物蛋白相似,同样也含有钙、磷、铁等人体需要的矿物质,含有维生素 B_1、B_2 和纤维素。但豆制品不含胆固醇,因此,有人提倡肥胖、动脉硬化、高脂血症、高血压、冠心病等患者可多吃豆类和豆制品。

问题 171:老年人怎样根据身体状况选择有利健康的水果?

答:水果在人们的日常生活中是普遍食用的健康食品,老年人因身体各器官老化以及功能减退导致疾病等原因,不是所有水果都适合老年人的,所以,吃水果一定要选择对身体保健有利的品种。

1. 患有肾炎的老年人,不可食用香蕉。香蕉性寒而且含钾量高;能吃香蕉的老人,也不能在饭前吃,以免影响正常进食和消化。

2. 经常大便干燥的老年人,应该少吃柿子,以免加重便秘。但可以多吃一些桃子、香蕉、橘子等有利于通便的水果。

3. 经常腹泻的老年人,多吃苹果,少吃香蕉,因为苹果有收敛作用。

4. 患有糖尿病的老年人,应少吃含糖量较高的梨、苹果、香蕉等。

5. 患有肝炎的老年人,多吃橘子和大枣等含维生素 C 较多的水果,这有利于肝炎的治疗和恢复。

6. 患有心脏病及水肿的老年人,不能吃含水分较多的西瓜、椰子等水果,以免增加心脏的负担加重水肿。

7. 胃酸多的老年人,不宜吃李子、山楂、柠檬等较酸的水果。

问题 172:怎样吃猪肉是最好的方法?

答:猪肉类营养丰富,是百姓餐桌的常用食物,老人吃肉是很正常的事情,但不少老人喜欢吃肉,又怕吃出病来,不敢吃,其实,吃肉是有讲究的,按下述的方法吃是最好的。

1. 猪肉食用量,成年人每天 80～100 克,儿童每天 50 克。

2. 烹调方式炖煮最好。猪肉经长时间炖煮后,脂肪会减少 30%～50%,不饱和脂肪酸增加,而胆固醇含量会大大降低,猪肉可成为"长寿之药"。

3. 猪肉与豆类食物搭配同食最好。因为豆制品中含有大量卵磷脂,可以乳化血浆,使胆固醇与脂肪颗粒变小,悬浮于血浆中而不向血管壁沉积,能防止硬化斑块的形成。

4. 炖骨头汤喝最理想。骨头汤不仅鲜香味美,其蛋白质、钙、镁、磷含量更高。炖骨头汤喝,脂肪可减少 30% ～ 50%,胆固醇下降,不饱和脂肪酸增多,是老人理想的营养品。

 问题 173:吃猪肉要注意哪些事项?

答:猪肉虽然营养丰富,但食用猪肉要注意一些事项,保证吃得营养和健康。

(1)不宜在猪刚被屠杀后煮食,烧煮前不宜用热水浸泡,在烧煮过程中不宜加冷水。

(2)不宜多食煎炸咸肉,不宜多食加硝酸盐腌制的猪肉,不食用猪油渣。

(3)少吃高温烹炒猪肉。高温炒猪肉时所产生的化学物质,会与油烟里致癌的化学物质结合起来,增加致癌几率。

(4)肥胖、高血脂人要少吃猪肉。因为猪肉中的脂肪和胆固醇含量要比其他肉类高。因此,肥胖和血脂较高者不宜多食,服降压药和降血脂药时也不宜多食。

(5)食肉后不宜大量饮茶。因为茶叶中的鞣酸会与蛋白质合成具有收敛性的鞣酸蛋白质,使肠蠕动减慢,延长粪便在肠道中的滞留时间,不但易造成便秘,而且还增加了人体对有毒物质和致癌物质的吸收,影响健康。

(6)不要吃涮猪肉。人吃了半生不熟、带有旋毛虫的猪肉,就会感染上旋毛虫病,出现发烧、流鼻涕等症状。

(7)不要吃烧焦的猪肉。烧焦的猪肉,有致癌物质。

(8)不宜食用带甲状腺的猪肉。猪肉在未剔除甲状腺和病变的淋巴结时不宜食用,人食用后很容易感染疾病。

问题 174:在发生禽流感季节想吃禽肉蛋,怎么处理才是安全的做法?

答:禽肉蛋是百姓餐桌上每天不可少的食品,在禽流感发生期间,许多人都不敢吃,怕不安全。根据世界卫生组织和国家食品安全风险评估中心建议和提示,做下列处理:

1. 根据国家食品安全风险评估中心提示:H7N9 禽流感病毒在低温的粪便中可存活 1 个星期,在 4℃ 的水中可存活 1 个月,但在 65℃ 加热 30 分钟或煮沸 100℃ 2 分钟以上就可以灭活。可见,高温煮熟可以完全灭杀病毒,因此,想吃禽肉蛋,必须要高温煮熟才能吃,并且必须是无感染的禽肉蛋。

2. 世界卫生组织建议:为保证饮食安全,不食用感染病毒的动物,不食用生肉,做到烹饪食物时生熟分离,确保入口的肉、蛋类充分加热,接触生肉后需仔细洗手,并对接触过生肉的器皿进行清洗消毒。

3. 为了保证饮食安全,根据国家食品安全风险评估中心建议,要做到以下几点:(1)不接触、不食用病、死的禽、肉;(2)不购买无检疫证明的鲜活、冷冻的禽畜及其产品;(3)生禽、畜肉、禽蛋等一定要烧熟煮透;(4)在食品加工和食用过程中,一定要生熟分开,避免交叉感染,处理生禽、畜肉的案板、刀具、容器等不能用于熟食处理;(5)要保持个人良好的卫生习惯,不喝生水;(6)要保持手部卫生,做到常洗手,在做食品之前、制作食品之后、处理生禽畜蛋后、餐前便后,都要洗手。

 问题 175：食用哪些蔬菜有利于抗衰老？

答：抗衰老的蔬菜很多,下列蔬菜普遍认为有利于抗衰老：

1. 西兰花。西兰花富含抗氧化物维生素 C 及胡萝卜素,开十字花的蔬菜已被科学家们证实是最好的抗衰老和抗癌食物。

2. 冬瓜。冬瓜富含丰富的维生素 C,对肌肤的胶原蛋白和弹力纤维,都能起到良好的滋润效果。经常食用,可以有效抵抗初期皱纹的生成,令肌肤柔嫩光滑。

3. 洋葱。洋葱中富含相当多的硫磺,能帮助皮肤和肝脏排毒,而且能重建结缔组织,比如胶原蛋白。洋葱是槲黄素的有效来源,而槲黄素能帮助清除自由基,且有降血压的功效,烧菜的时候不妨扔点洋葱进去当配料吧！

4. 圆白菜。圆白菜亦是开十字花的蔬菜,圆白菜中含有丰富的维生素 C、维生素 E、β-胡萝卜素等,总的维生素含量比番茄多出 3 倍,因此,具有很强的抗氧化作用及抗衰老的功效。

5. 胡萝卜。胡萝卜富含维生素 A 和胡萝卜素。维生素 A 可使头发保持光泽,皮肤细腻。胡萝卜素可清除致人衰老的自由基。另外,胡萝卜所含的 B 族维生素和维生素 C 等营养素也有润皮肤、抗衰老的作用。胡萝卜的芳香气味是挥发油造成的,其能增进消化,并有杀菌作用。

6. 西红柿。西红柿营养丰富且热量低,酸性汁液丰富,含有丰富的茄红素,同时,西红柿不但含有去除自由基的茄红素,也含有很多种维生素、矿物质、微量元素、维生素C、优质的食物纤维及果胶等高价值的营养成分。

7. 菠菜。食用菠菜可补贫血,增强体质、排毒、保护视力和皮肤、稳定情绪。菠菜中的叶酸还对准妈妈非常重要,怀孕期间补充充足的叶酸,不仅可以避免生出有发育缺陷的宝宝,还能减低新生婴儿患白血病、先天性心脏病等疾病的概率。

8. 香菜。香菜之所以香,主要是因为它含有挥发油和挥发性香味物质。香菜富含营养素,其中维生素C含量为番茄的2.5倍,胡萝卜素含量为番茄的2.1倍,维生素E含量为番茄的1.4倍,矿物质含量更远胜于番茄,如铁为番茄的7.3倍,锌和硒为番茄的3.5倍等。生食香菜还可帮助改善代谢,有利于减肥美容。

问题176:为什么老年人吃豆腐要适量?

答:豆腐是富含营养的食品,适当地吃豆腐对老年人健康并不会产生很大影响,但过量食用豆腐会有以下的危害:

1. 可导致肾功能衰退。由于老年人和一些肾病患者的肾功能下降,若食用过量的豆腐,会加重肾脏的负担,使其出现肾功能衰退,从而影响他们的身体健康。

2. 可导致消化不良。豆腐中含有极为丰富的蛋白质,一旦食用过量,就会使这些蛋白质在人体内积蓄,引起消化不良,会使人出现腹胀、腹泻等不适的症状。

3. 可引起动脉硬化。豆腐中含有极为丰富的蛋氨酸,蛋氨酸进入人体后在酶的作用下可转化为半胱氨酸。而半胱氨酸会损伤人的动脉管壁的内皮细胞,使胆固醇和甘油三酯沉积于动脉壁上,引起动脉硬化。

4. 可引发痛风。豆腐中含有较多的嘌呤类物质。而嘌呤代谢失常是引发痛风的关键原因。因此,痛风患者食用豆腐过量时很容易会引起其痛风发作。

5. 会导致碘缺乏病。豆腐中含有一种叫皂角苷的物质,它能促进人体对碘的排泄。因此,人若长期食用豆腐,很容易引起体内碘的大量流失,导致患碘缺乏病。

问题 177:老年人补充哪些营养可以缓解耳鸣?

答:60 岁以上的老年人中有 30%～50%患有耳鸣、耳聋,65 岁以后达 72%,而且患有心血管病、糖尿病者高于健康人群。耳鸣、耳聋虽然与衰老有关,但通过正确的饮食调理,也可以收到良好的预防效果。

1. 多吃含铁丰富的食物。缺铁易使红细胞变硬,运输氧的能力降低,耳部养分供给不足,可使听觉细胞功能受损,导致听力下降。补铁,则能有效预防和延缓老年人耳鸣、耳聋的发生。根据我国不同年龄铁的需求量标准,45 岁以上的人群不分男女,每天铁的摄入量不应少于 12 毫克。常用食品中紫菜含铁量较多,每 100 克紫菜含 46.8 毫克铁、虾皮 16.5 毫克、海蜇皮 17.6 毫克、黑芝麻 26.3 毫克、黄花菜 12.6 毫克、黑木耳 11.9 毫克、苋菜 10.5 毫克、香菜和木耳菜含铁量仅次于苋菜,豆制品平均含铁量约占 4～6 毫克。

2. 多补充些含锌丰富的食物。锌与核酸、蛋白质的合成,与碳水化合物、维生素 A 的代谢等都有密切关系。患高血压、动脉粥样硬化者的血液和心肌中锌的含量都在减少。

研究表明,1/3 的老年人耳鸣、耳聋者,都有不同程度的缺锌。成人每天摄入 15 毫克的锌即可维持平衡。含锌最多的食物为牡蛎、动物肝脏、粗粮、干豆类、坚果、蛋、肉和鱼。

3. 多吃富含维生素 C、E 的蔬菜、硬干果。维生素 C、E 能提高超氧化物歧化酶的作用,提高人体对氧的利用率,改善末梢血流量,对内耳起保护作用。新鲜绿叶蔬菜中含维生素 C 多,黑芝麻、植物油、核桃、花生等含维生素 E 较多。

4. 适当摄入含维生素 D 多的食物。维生素 D 能促进人体对钙的吸收利用,美国的一项调查发现,老年性耳聋者都有血钙偏低症状,而血钙偏低与缺乏维生素 D 有关。动物肝脏、蛋类、蘑菇、银耳中含维生素 D 较多。

5. 多吃有活血作用的食物。活血化瘀能扩张血管,改善血液黏稠度,有利于保持耳部小血管的正常微循环。可常食用黑木耳、韭菜、红葡萄酒、黄酒等。

6. 少吃过甜、过咸、含胆固醇过多、纤维素过少的食物。因这些食物可导致高血压、动脉硬化、糖尿病,可促进内耳血管病变而加速老年人耳鸣、耳聋的进展。

问题 178:老年人保健为什么不宜长期服用中药茶?

答:许多老年人为了养生保健,喜欢常年用中药泡茶,其实,用中药泡茶长期服用是不可取的。专家提醒,以下五种中药材长期服用,对身体有害。

1. 胖大海:是纯粹的中药,只适于风热邪毒侵犯咽喉所致的音哑,因声带小结、声带闭合不全或烟酒过度引起的嘶哑,用胖大海无效。而且,饮用胖大海会产生大便稀薄、胸闷等副作用,特别是老年人突然失音及脾虚者更应慎用。

2. 决明子:虽然有降血脂的作用,但同时可引起腹泻,长期饮用对身体不利。

3. 甘草:虽然甘草有补脾益气、清热解毒等功效,但长期服用可引起水肿和血压升高。

4. 银杏叶:含有毒成分,用其泡茶可引起阵发性痉挛、神经麻痹、过敏和其他副作用。银杏叶有毒,不可直接泡茶饮用。

5. 干花:干花泡茶也不是绝对安全的,如饮用野菊花茶后少数人出现胃部不适、胃纳欠佳、肠鸣、便溏等消化道反应,脾胃虚寒者、孕妇都不宜饮用。

问题 179:怎么样利用食疗降低胆固醇?

答:"食疗"是利用食物去帮助改善身体健康状况。降低胆固醇的食物很多,比较普遍有帮助的食物:

1. 燕麦片。研究报告指出,每天吃约 1 杯燕麦片有助降低总胆固醇达 4%～8%,原因是燕麦片含水溶性纤维。除麦片外,苹果、橘类水果、干豆类如腰豆、黄豆、眉豆等也含丰富水溶性纤维。

2. 黄豆。黄豆中的异黄碱素也有助降低胆固醇,因此应多吃豆浆、豆腐等黄豆制品。

3. 鱼类。特别是三文鱼含 Ω-3 脂肪酸,早被证实有助降低胆固醇,建议每星期吃 2～3 次鱼类代替肉类。

4. 木耳、香菇。木耳及冬菇是中国传统食品,也有助降胆固醇。

问题 180：如何保存好橄榄油？

答：橄榄油在植物油中是一种品质比较好的油品，要放置在阴凉避光处保存，最佳保存温度为 5～15℃，保质期通常有 24 个月。橄榄油的保存要注意 4 个方面：

1. 要避免强光照射，特别是太阳光线直射，因此，储存或包装橄榄油的瓶子不能用透光的白玻璃，要用避光玻璃瓶子。

2. 要避免高温。因为，橄榄油的最佳保存温度是 5～15℃，因此，炒菜时，也不要太高温度，以免损失营养成分。

3. 使用后一定要盖好瓶盖，以免氧化。

4. 不要放入一般的金属器皿保存。因为，橄榄油会与金属发生反应，影响油质。

问题 181：日常饮食中吃什么食物有利于防癌？

答：癌症是现代人的头号杀手，癌症多半都是不可逆转的，因此，注意日常饮食显得特别重要。吃什么食物能防癌是许多人普遍关心的问题，在日常饮食的食物中下列食物有利于防癌。

1. 茄子。一直以来茄子都有着入药的功效，并且经过现代医学研究发现，茄子同样具有很好的防癌功效。茄子中含有龙葵碱、葫芦素、水苏碱、胆碱、紫苏苷、茄色苷等多种生物碱物质，这些都具有不同程度的防癌作用，而且在古代就有秋茄根治疗肿瘤的记载。

2. 苦瓜。苦瓜是不可多得的防癌瓜。现代医学也证明，在苦瓜中含有一种叫"类奎宁蛋白"的物质，它能激活免疫细胞，从而将癌细胞消灭。在苦瓜种子中含有一种蛋白酶抑制剂,能抑制肿瘤细胞分泌蛋白酶,从而抑制癌细胞的侵袭和转移。

3. 地瓜(番薯)。地瓜有强大的防癌功能,科技人员在地瓜中发现了一种"去氢表雄酮"的物质,它能预防肠癌和乳腺癌的发生,是一种防癌的绝佳食品。

4. 海带。海带中含有海藻酸钠,它与具致癌作用的锶、镉有很强的结合能力,并将它们排出体外。而且海带可能选择性地杀灭或抑制肠道内能够产生致癌物的细菌,其中所含有的纤维还能够促进胆汁酸和胆固醇的排出,特别是海带中的提取物还能够抑制各种癌细胞。

　问题 182:平时吃什么水果能防癌?

答:能防癌的水果很多,下列水果是主要的防癌品种:

1. 葡萄。葡萄中含有的白藜芦醇可防止正常细胞癌变,并能抑制已恶变细胞的扩散。中医认为葡萄有益气补血、除烦解渴、健胃利尿之功能,酸甜的葡萄对接受放疗及手术后的癌症患者较为适宜,可常食之。

2. 无花果。无花果肉中含抗瘤成分,能抑制癌细胞蛋白的合成。据 6 家肿瘤医院通过对 1300 多例患者观察,发现无花果对腹水癌、肉瘤、肝癌、肺癌等有一定抑瘤率,可作为癌症患者的食疗佳果。

3. 香蕉。据研究发现,香蕉提取物对黄曲霉素 B_1 等三种致癌物有明显的抑制作用。动物实验发现如果缺镁,机体清除癌细胞的能力大大削弱。而香蕉含镁、钾元素,有一定防癌作用。大肠癌患者放疗后津伤血热、口干咽燥、大便干结带血者,食用香蕉很有好处。值得注意的是,尽管香蕉的优点很多,但是肠胃较虚弱、容易胃痛闹肚子的人,都不适合吃。糖尿病患者和减肥者也要少吃。

4. 草莓。草莓中含有鞣花酸,能保护机体免受致癌物的伤害,尚有一定的防癌作用。草莓有生津止渴、利咽润肺之功用,对缓解鼻咽癌、肺癌、喉癌患者放疗反应、减轻症状有益。

5. 猕猴桃。每百克果实含维生素 C 150 毫克、其维生素 C 含量居水果之冠。猕猴桃能通过保护细胞间质屏障,消除摄入的致癌物质,对延长癌症患者生存期起一定作用。味酸甘、性寒的猕猴桃有清热生津、活血行水之功,尤其适合于乳癌、肺癌、宫颈癌、膀胱癌等患者放疗后食用。

另外,草莓、葡萄、樱桃富含排毒物质,有利于抑制和消灭血液中加速癌变的物质,达到防癌的效果。

问题 183:哪些食物吃多了会损害大脑?

答:根据有关研究表明,下列食物超量食用会损害大脑。

1. 含铝食物。世界卫生组织指出,人体每天铝的摄入量不应超过 60 毫克。油条中的明矾是含铝的无机物,如果一天吃 50～100 克油条,便会超过此量,因此油条等含铝的食物应少吃。

2. 含糖精食物。糖精是一种化学品,与食用糖有本质区别,摄入过多会损害大脑组织细胞,最好不要食用。

3. 含味精多的食物。味精是普遍使用的调味品,少量食用是安全的,但周岁以下的婴儿和妊娠后期的孕妇最好别吃。婴儿食用味精有引起脑细胞坏死的可能;孕妇吃味精则会引起胎儿缺锌,影响孩子智力发展;老人体弱,也应少吃为好。

4. 含铅食物。铅是一种金属物质,它能取代铁、钙、锌在神经系统中的活动地位,因此,是脑细胞的一大"杀手"。含铅食物主要是爆米花、松花蛋(也称"皮蛋"、"彩蛋")等。需要注意的是,"无铅松花蛋"的铅含量并非为零,只是低于相应的国家标准,同样不宜大量食用。

5. 含过氧化脂质食物。油温在 200℃ 以上的煎炸类食品及长时间曝晒于阳光下的食物,如熏鱼、烤鸭、烧鹅等含有较多过氧化脂质,它们会在体内积聚,使某些代谢酶系统遭受损伤,造成大脑早衰或出现痴呆。

 问题 184:饭后再吃点什么食物更有利于养生?

答:"饭后养生"对老人健康尤为关键,那饭后怎么吃才有利于养生呢?可根据个人体质和饮食情况再考虑吃点有利健康的食物。

1. 吃得太油腻,喝杯芹菜汁。如果一餐中吃的油腻食物较多,喝一杯糖分低、纤维素含量高的芹菜汁大有裨益。芹菜中的纤维素可以帮助带走部分脂肪。

2. 吃烧烤后吃根香蕉。烧烤类食品会产生较多的苯并芘等致癌物,研究发现,香蕉能在一定程度上抑制苯并芘的致癌作用,有保护胃肠的功能。

3. 吃火锅后喝点酸奶。火锅汤温度高,配料咸辣,对胃肠的刺激大。吃火锅后喝点酸奶,可以有效保护胃肠道黏膜。此外,酸奶中含有乳酸菌,可抑制腐败菌的生长。

4. 吃方便面后吃水果。进食方便面后吃一点水果,如苹果、草莓、橙子、猕猴桃等,可以有效补偿维生素与矿物质的不足。此外,提倡煮食方便面,煮后的面条更柔软,有利于肠道吸收水分,帮助消化。

5. 吃蟹后喝生姜红糖水。蟹肉属寒性,脾胃虚寒的人吃后可能引发胃痛、腹泻、呕吐等。吃蟹后喝一杯性温的生姜红糖水,能祛寒暖胃、促进消化、缓解胃部不适。但糖尿病患者不宜食用。

6. 饭后吃个柿子能润肺止咳。柿子有润肺生津、养阴清燥的功效,对于有呼吸道疾病的人来说,是理想的保健水果之一。但柿子不能空腹吃,其中的鞣酸成分易在胃中形成结块。

7. 饭后喝大麦茶或橘皮水利消化。大麦中的尿囊素和橘皮中的挥发油,可增加胃液分泌,促进胃肠蠕动,对食物的消化和吸收很有好处。

问题185:饭后的哪些好习惯有利于健康养生?

答:养成一些饭后的好习惯,有利于养生。

1. 餐后漱口。在饮食消化过程中牙齿有磨谷食、助消化的作用。食后漱口,可保持口腔卫生,令口腔湿润、舒适,并有益齿、固齿的功效。同时,还可以刺激舌头表面的味蕾,增强味觉功能,有利于防治口腔疾病,促进消化吸收。饭后用淡盐水或者温水漱口均可,漱2~3次。

2. 餐后慢走。古人有"饱食勿便卧"和"食后行数百步,大益人"的说法。食后坐卧不动,不利消化;而饭后缓行,有助于气血通行,促进消化。需要注意的是,饭后应先休息半小时,然后再去散步,一般20~30分钟即可,可促进胃肠蠕动,增加消化液分泌,增强胃肠消化吸收功能。

3. 餐后揉腹。饭后揉腹,可以促进脾的运化和胃的消化功能。长期坚持餐后揉腹,能促进血液循环,促进胃肠平滑肌收缩,调节肠系膜神经感受器,增强脾胃的消化功能和小肠对食物消化与吸收的功能。饭后用双手叠掌,放于腹部,按顺时针方向旋转揉腹,每次50圈。也可在饭后散步的时候,进行揉腹。

4. 餐后怡情。饭后应在宁静的环境中欣赏轻快的音乐,大约半小时,这样对中枢神经系统以及消化系统可产生良性刺激,助脾胃消化。

问题186:为什么说老年人吃晚饭太晚不利于健康?

答:人进入老年后,肠胃的食物消化功能衰退。如果老人到夜间七八点才吃饭,九十点左右上床休息,一两个小时无法将食物彻底消化,老人上床后,会感觉肚子胀、胸口堵等,有时水分消化快,需要起夜两三次,睡眠自然会受到影响。

晚饭吃得晚,还会导致结石。因为,食物里含有大量的钙质,在消化过程中,一部分被人体吸收,另一部分则会随尿液排出体外。人体排泄钙质的高峰时间是在进食后的4～5小时内。晚饭吃得迟,人体处于睡眠状态时,血液流动缓慢,血液中钙质浓度也随之提高,但不排泄,这样,尿液中浓度过高的钙质,经过长时间的潴留易沉积,就会成为钙结石。

晚饭吃得太迟容易伤及心脑血管。按照健康饮食比例,晚餐应该少吃。可是晚上七八点才吃,这个时候人肯定饿了,多吃在所难免,多吃了就可能产生肥胖,进而伤害老人的心脑血管系统。

老年人的晚饭一定要在晚上 7 点之前吃完,这样才能利用晚饭后的时间进行散步等活动,让食物多消化一些。

 问题 187:哪些因素会影响人的食欲?

答:人的食欲除了基本生理需求之外,常受到外部环境的影响,或增加食欲或影响食欲。

1. 柔和光线增加食欲。柔和的灯光会让人们增加舒适感,从而减少对进餐的控制,延长人们的用餐时间,增加人们的进食量。

2. 气味影响食欲。无论是周围环境的气味还是食物的气味,都会缩短用餐时间和抑制食物消费欲望。如香的食物肯定会多吃。

3. 轻音乐增加食欲。轻音乐一般可以增加食欲、延长用餐时间,从而增大食物和饮料的消费量,尤其人们欣赏到自己喜爱的音乐时,往往会感到舒适,因此而驻留或者陶醉其中。反之则相反。

4. 得到食物的难易程度。容易得到的食物吃得更多,在自助餐厅的研究显示了这一点。所以如果您正在减肥,那么建议您把所有会导致肥胖的食品放得离自己远一点。

5. 食物的外观。易见或者易闻的食物可以促进人们的食欲。有人通过对比试验发现,将糖果放在透明的瓶子里,比起放在不透明的瓶子里,受试者要多消费 46%。

6. 食物的种类。增加食物种类会刺激胃口。所以,当碰到种类繁多的精美食物时,一定要保持清醒的头脑,以免吃得太多。

7. 心理因素。人的心理因素对食欲影响很大,心情好的时候,肯定胃口开,食量增加;有利身体健康的食物会增加食欲,不利于健康的食物,会拒绝吃。

问题 188:老人养生保健哪些事项不能等?

答:老人在日常生活中,要把养生保健作为重要的事情,有些事项不能忽视,更不能等。

1. 不能等渴了才喝水。水是维持人体生命活动正常运转和防病健身最重要的物质。水摄入量不足,不但精神不振,口干舌燥,浑身无力,而且肝肾功能下降,毒性物质积蓄,病魔就会乘虚而入。口渴,提示体内缺水已颇严重。

2. 不能等病了才体检。每年定期到医院做一次全面体检对中老年人来说是预防保健的重要措施之一。不少不易觉察到疼痛的病,如肺结核、肝炎、高血压、心脏病、癌症等早期阶段在体检时就能及早发现,及时治疗,效果也好。

3. 不能等急了再上厕所。大小便是人体排泄废物、净化体内环境的重要方式。便秘之所以有害,就在于粪便中的毒素留在肠道内时间过长,易重新吸收进入机体而产生毒害。要养成每天定时上厕所的好习惯,即使无便意,也要去蹲一蹲,以形成条件反射。至于小便,最好每小时排一次,以减少尿液中有害物质对膀胱的刺激,从而防止膀胱癌的发生。

4. 不能等困了才睡觉。不少人不困不睡觉,说什么困倦是应该睡觉的信号。事实上困倦是大脑相当疲劳的表现,不应该等到此时再去睡觉。养成按时就寝的好习惯,不仅可以保护大脑,容易入睡,还能提高睡眠质量,减少失眠。

5. 不能等饿了才吃饭。生活中有一些人不是按时就餐,而是不饿不吃饭。这种做法容易损害胃,也会削弱人体的抗病能力。因为食物在胃内仅停留 4~5 小时,人感到饥饿时,胃早已排空了,胃黏膜此时会对胃液进行自我消化,容易引起胃炎和消化性溃疡。

问题 189:做完哪些事后一定要去洗手?

答:勤洗手是一个良好的卫生习惯,是预防疾病传染和感染的一项基础性措施,下列情况一定要及时洗手。

1. 看完报纸要洗手。印刷油墨中常使用乙醇、异丙醇、甲苯等有机溶剂,这些物质即使是残留部分,也对人体有害。因此,看完报纸后要记得洗手。另外,早上取完牛奶或报纸后也要洗手。因为牛奶箱、报纸箱都很容易滋生细菌。

2. 外出回来要洗手。外出期间,双手不可避免地会接触到一些公共场所的东西,比如门把手、电梯扶手、电梯按钮等,这些地方都是细菌、病毒聚集的地方。

3. 摸钱后要洗手。钞票、钱包都沾染着细菌。因此,拿完钱包、钞票,用过提款机之后要洗手。

4. 使用电脑、鼠标、手机后要洗手。电脑、鼠标、手机上也都有细菌,肉眼看不见,但不代表没有细菌。因此,使用电脑、鼠标、手机后要洗手。

5. 晾完衣服要洗手。脏衣服和洗衣机里面的细菌,会在洗涤过程中沾染到衣物上。晾衣服的过程中,双手很可能沾上这些细菌,衣物经过紫外线照射最终能达到消毒目的,手却常常被忽视。

6. 摸过小动物或玩具后要洗手。有些人喜欢养小动物,每天为小动物洗澡,认为这样小动物身上就不会有细菌了。其实不然,小动物可能会带有一些疾病传染源。另外,经常抱的毛绒玩具也会带有细菌。因此,接触宠物或玩毛绒玩具后要洗手,预防与动物相关的传染病。

7. 当手接触身体分泌物后要洗手。比如用手捂住口鼻打喷嚏、咳嗽或擤鼻涕后,手极有可能接触到身体分泌物,这时手上会带有细菌,如果不洗手就餐,可能会将细菌带入体内。因此,手接触身体分泌物后要洗手。

8. 换尿片或处理污染药物后要洗手。为小宝宝或病人更换尿片后,或者处理完被污染的物品后,都要洗手。

9. 饭前便后要洗手。饭前便后洗手是最基本的卫生常识,饭前洗手是防止手携带病毒或细菌接触食物带入口中;便后洗手是防止清洁大小便时污物通过手再接触其他物品。

10. 制作食品前后要洗手。做饭、炒菜、制作糕点等处理食品之前和制作完成之后,都要洗手,以保证制作食品的卫生和个人的卫生。

问题 190:饭后静坐半小时有什么好处?

答:专家建议,吃完饭后静坐休息 10～30 分钟的时间,再去午睡、散步、做事。这对肝脏的保养,尤其是对有肝病的人来说是非常必要的。因为人体内的营养成分经由肠道经过静脉运送到肝脏的。当人们在吃完饭后,尤其是午饭,因为午饭一般吃得比较多,身体内的血液都集中到消化道内参与食物消化的活动,如果再行走、运动,血液又会有一部分流向手足,此时,流入肝脏的血流量更要减少。如果肝脏处在供血量不足的情况下,它正常的新陈代谢活动就会受到影响,从而导致对肝脏不同程度的损害。患有肝病的人,因为他们的肝脏本身的运转能力、抵抗损伤的能力都较平常人要弱一些,所以更要注意在刚吃饱饭后不要去做事,闭目养神 10～30 分钟很有必要,能使血液多流向肝脏,供给肝细胞氧分和营养成分。爱好饮酒的人,也要注意饭后适当小憩,帮助受酒精刺激的肝脏尽快通过补充营养恢复到饮酒前的状态。

🌰 问题 191:空腹吃水果要注意哪些禁忌?

答:在日常生活中,空腹喝牛奶、酸奶、豆浆、酒、茶水都是不利于健康的。还有橘子、山楂、香蕉、柿子等 4 种水果,也不能空腹食用。

1. 橘子和山楂含有大量的有机酸,如果酸、山楂酸等,空腹食用会对胃黏膜造成不良刺激,从而导致腹胀、嗳气,甚至加重胃炎和胃溃疡。

2. 香蕉中含有较多的镁元素,空腹吃香蕉会使人体中的镁骤然升高而破坏血液中的镁钙平衡,对心血管产生抑制作用。

3. 柿子含有较多的果胶、单宁酸,这些物质与胃酸发生化学反应生成难以溶解的凝胶块,易形成体内结石。

🌰 问题 192:正在服用维生素 C 的人为什么不能大量吃虾?

答:美国芝加哥大学的研究员,通过实验发现,虾等软壳类食物含有大量较高浓度的"一五钾砷"化合物。这种物质食入体内,本身对人体没有毒害作用。其毒害作用是与维生素 C 结合时产生的。人服用维生素 C 后,由于物质的化学反应,使原来无毒的"一五钾砷"转变为有毒的"三钾砷",这就是人们俗称的砒霜。砒霜是剧毒的药,能麻痹毛细血管,抑制巯基酶的活性,并使肝脏脂变、肝小叶中心坏死,心、肝、肾、肠充血,上皮细胞坏死,毛细血管扩张。砒霜中毒死者,通常是七窍出血。因此,为慎重起见,在服用维生素 C 期间,应当忌食虾类食品。

 问题 193:哪些食物是不适宜吃的?

答:为了个人的身体健康,下列食物不适宜食用:

(1)发芽、发青的土豆有毒,不能吃;

(2)新鲜的黄花菜(金针菜)有毒,不能吃;

(3)没有炒透的四季豆、扁豆有毒,吃不得;

(4)老鸡头,5 年以上鸡头有大毒,吃不得;

(5)嫩炒猪肝,含有毒素,不宜吃;

(6)皮蛋、爆米花含铅特别多,儿童不宜吃;

(7)烤焦的食物不能吃,吃后易患癌;

(8)烂姜有极毒,能引起肝细胞坏死,切不可吃;

(9)生豆油含有苯,会破坏造血系统,不可吃;

(10)久煮的水含有亚硝酸盐,吃了容易生癌;

(11)太烫食物不能吃,易烫伤消化道引起癌变;

(12)未熟透的豆浆不能吃,吃易中毒;

(13)腌制的食物含有致癌物质,不宜多吃;

(14)烘烤的肉串类、鱼片含致癌物,不宜多吃;

(15)柿子空服易患胃内柿结石,不宜空腹食用;

(16)食品添加剂、人造食素、香料、香精、皮蛋、方便面、午餐肉、油炸食物不宜多吃。

问题 194:吃哪些食物对身体有保健作用?

答:食物对身体有好处的很多,现将有人总结的食物食疗作用的诗歌,收录如下:

盐醋防毒消炎好,韭菜补肾暖膝腰。

萝卜化痰消胀气,芹菜能降血压高。

胡椒去寒又除湿,葱辣姜汤治感冒。

大蒜抑制肠胃炎,绿豆解暑最为妙。

梨子润肺化痰好,健胃补肾食红枣。

番茄补血美容颜,禽蛋益智营养高。

花生能降胆固醇,瓜豆消肿又利尿。

鱼虾能把乳汁补,动物肝脏明目好。

生津安神数乌梅,润肺乌发食核桃。

蜂蜜润肺化痰好,葡萄悦色人年少。

香蕉通便解胃火,苹果止泻营养高。

海带含钙又含碘,蘑菇抑制癌细胞。

白菜利尿排毒素,菜花常吃癌症少。

问题 195:哪些食物具有较强的排毒功能?

答:人有好多疾病都是由于体内积聚过多毒素而引起的,要有一个健康的体魄,就必须排清体内毒素,及时排除体内的有害物质、垃圾及过剩的营养成分,保持五脏和体内清洁,才能使机体保持旺盛的机能。常见的解毒、排毒食物有:

1. 木耳、猪血、绿豆、蜂蜜。这些是功效显著且最为廉价的解毒食物。木耳因生长在背阴潮湿的环境中,中医认为有补气活血、凉血滋润的作用,能够消除血液中的热毒。此外,木耳、猪血因具有很强的滑肠作用,经常食用可将肠道内的大部分毒素带出体外。绿豆味甘性寒,有清热解毒、利尿和消暑止渴的作用。蜂蜜生食性凉能清热,熟食性温可补中气,味道甜柔且具润肠、解毒、止痛等功能。印度民间把蜂蜜看成"使人愉快和保持青春的良药"。

2. 苦瓜、苦茶。一般说来,苦味食品都口感略苦,余味甘甜,具有解毒功能,并可清热去热。苦瓜具有消暑清热、明目解毒之功效。科学家对苦瓜所含成分进行分析后发现,苦瓜中存在一种具有明显抗癌生理活性的蛋白质,这种蛋白质能够激发体内免疫系统防御功能,增加免疫细胞的活性,消除体内的有害物质。中医认为,茶叶味甘苦,性微寒,能缓解多种毒素。茶叶中含有一种丰富活性物质茶多酚,具有解毒作用。茶多酚作为一种天然抗氧化剂,可清除活性氧自由基;其对重金属离子沉淀或还原,可作为生物碱中毒的解毒剂。另外,茶多酚能提高机体的抗氧化能力,降低血脂,缓解血液高凝状态,增强细胞弹性,防止血栓形成,缓解或延缓动脉粥样硬化和高血压的发生。

3. 海带。海带中含有一种硫酸多糖的物质,能够吸收血管中的胆固醇,并把它们排出体外,使血液中的胆固醇保持正常含量。海带表面有一层略带甜味的白色粉末,是极具医疗价值的甘露醇,它具有良好的利尿作用,可以治疗肾功能衰竭、药物中毒、浮肿等。

4. 日常蔬菜。在我们常食的蔬菜中,也不乏解毒功臣

者,如西红柿甘酸微寒,可清热解毒、生津止渴、凉血活血;
冬瓜甘淡微寒,清热解毒、利尿消肿、化痰止渴作用明显;丝
瓜甘平性寒,有清热凉血、解毒活血作用;黄瓜、竹笋能清热
利尿;芹菜可清热利水、凉血清肝热,具有降血压之功效;胡
萝卜可与重金属汞结合将其排出体外;大蒜可使体内铅的
浓度下降;蘑菇可清洁血液;红薯、芋头、土豆等具有清洁肠
道的作用。

**问题 196:在煮粥时加入哪些果品同煮能起到特殊
的保健作用?**

答:粥是很适合老年人经常食用的食物,在煮粥时加上
需要的果品等同煮,不仅营养丰富,易消化吸收,而且会起
到养生保健的作用。有人总结了各类营养保健粥的诗歌,
节录如下:

　　　　　若要皮肤好,粥里放红枣。

　　　　　腰酸肾气虚,煮粥放板栗。

　　　　　头昏多汗症,粥里加薏仁。

　　　　　消暑解热毒,常饮绿豆粥。

　　　　　若要降血压,煮粥加荷叶。

　　　　　春季防流脑,荠菜煮粥好。

　　　　　梦多又健忘,粥里加蛋黄。

　　　　　若要不失眠,粥里添白莲。

　　　　　心虚气不足,粥加桂圆肉。

　　　　　润肺又止咳,粥里加百合。

　　　　　乌发又补肾,粥加核桃仁。

　　　　　滋阴润肺好,煮粥加银耳。

健脾助消化,煮粥添山楂。

利尿消肿治脚气,赤豆煮粥里。

消热生津又和胃,甘蔗与粥配。

伤风感冒又腹痛,生姜汤粥中。

滋肾补肝又明目,枸杞来煮粥。

问题 197:人体五脏六腑的运行与时辰、经络存在着怎样的密切关系?

答:中国古代人们把一天时间按照每 2 个小时为 1 个时辰的标准,划分为十二个时辰。人体的生理系统按中医的理论分为十二条经,并把人体的五脏六腑与经络对应,给出了人体器官与经络运行在不同时辰的旺盛情况,给医疗、养生提供了最佳的时间表。现将十二时辰、十二经与人体生理系统对应和脏器活动与最适宜生活的情况,编列为《人体脏器经络运行对应表》。

人体脏器经络运行对应表

时辰	现代时间	十二经	人体脏器	脏器活动	最适宜生活
子	23:00—1:00	足少阳胆经	胆	骨髓造血	熟睡
丑	1:00—3:00	足厥阴肝经	肝	肝脏修复	熟睡
寅	3:00—5:00	手太阴肺经	肺	呼吸修复	熟睡
卯	5:00—7:00	手阳明大肠经	大肠	消化排泄	排大便
辰	7:00—9:00	足阳明胃经	胃	胃加工食物	吃早饭
巳	9:00—11:00	足太阴脾经	脾	脾运化气血	工作 补充水分
午	11:00—13:00	手少阴心经	心	肝脏造血	午睡

时辰	现代时间	十二经	人体脏器	脏器活动	最适宜生活
未	13:00—15:00	手太阳小肠经	小肠	小肠吸收营养 排出污物	工作
申	15:00—17:00	足太阳膀胱经	膀胱	膀胱排除废物	工作 补充水分
酉	17:00—19:00	足少阴肾经	肾	肾平衡体液	晚饭休息
戌	19:00—21:00	手厥阴心包经	心、脑	心脏 神经活动	休息
亥	21:00—23:00	手少阳三焦经	三焦	免疫系统修复	睡觉

从上表可以清楚看出,人体免疫系统、造血体统、呼吸系统的修复以及造血等重要的肌体运行,都必须在熟睡中完成;心脏、脑、肾脏等重要器官修复,也要在休息中进行,说明了睡觉、休息的极端重要性,如果睡觉不好、休息不好,那么直接影响到人体免疫功能、造血功能的下降。胃、脾、大肠、小肠、膀胱等营养加工提取输送和废物排泄器官,都是在白天完成的,说明了白天活动的重要性,如果白天不活动,就不能很好地吸收、输送营养,排出废物。这充分表明了,人在一定的时间内睡眠、休息、工作是人体生理活动的自然运行规律,人类养生应当自觉遵守。

问题 198:人如何根据自身的生物钟节律安排好日常生活?

答:生理钟又称生物钟,它是生物体内的一种无形的时钟,实际上是生物体生命活动的内在节律性。它是由生物体内的时间结构顺序所决定的。人的自我感觉中体力、情绪和

智力的变化是有规律的,一个人从出生之日起,到离开世界
为止,这个规律自始至终不会改变,也不受后天影响,这个规
律就是人的生物节律,表现为体力节律、情绪节律、智力节
律,这三个节律在高潮期、临界日、低潮期所反应的情形是有
明显差别的(见人体生物节律表),人们可以根据各人生物节
律所处的时期,选择处事方式和注意防止发生的意外情况。

人体生物节律表

项目	生物节律高潮期	生物节律临界日	生物节律低潮期
体力节律	体力充沛,身体灵活,动作敏捷,耐力和爆发力强,充满活力,能担负较大负荷的体力劳动,劳累后恢复得快;此时身体抗病能力强,不易感染疾病,治疗疾病效果明显。	抵抗力低,免疫功能差,身体软弱无力,极易疲劳;易受外来各种不良因素的侵袭,有时表现动作失常;运动员训练易受伤;慢性病极易复发或病情加重,是危重病人或老人的危险点,多数人往往死于临界日。	身体乏力、懒散,耐力和爆发力较差,劳动时常感到力不从心,易疲劳,比较容易感染疾病,特别是哮喘病极易发作;低潮期治病的效果一般不明显。
情绪节律	心情愉快,舒畅乐观,精力充沛,意志坚强,办事有信心,创造力、艺术感染力强,是创作的最好时期;思路灵活、敏捷,是解决矛盾,处理疑难问题的好时候;对待问题的态度积极且富建设性;能与人融洽相处,经商贸易一般不易出错,效率也高。	情绪不稳定,烦躁易怒,心绪不宁,精力特别不易集中;精神恍惚,工作易出差错,最易出交通、工伤事故;自制能力差,缺乏理智、容易冲动;一点小事都可能被激怒,一旦被激怒常做出过火行为;是精神病、冠心病的发病期和危险期,自杀多发生在该阶段;有无事生非的心态,做不好调解工作,一些矛盾激化事件如打架斗殴、家庭邻里纠纷也多在此时发生。	情绪低落,精神不振,意志比较消沉。做事缺乏勇气,信心不足,注意力易分散,常感到烦躁不安或心绪不宁,此时也容易出工作差错和事故。

续　表

项目	生物节律高潮期	生物节律临界日	生物节律低潮期
智力节律	头脑灵活,思维敏捷,思路清晰,记忆力强,精力和注意力集中;善于综合分析,判断准确,逻辑思维性强,工作效率和工作质量高;是学习、创造、创作、决策、计算的最佳时机。	判断力差、健忘、注意力涣散,严重者头脑发晕发胀,丢三落四,工作中极易出差错和失误;此时不宜做计算、交易,最好也不要强迫自己写文章。	思维显得迟钝,记忆力较弱;理解和构思联想比较缓慢,逻辑思维能力较弱,注意力不易集中,判断力往往降低,缺乏直觉、工作效率不高。

合理运用人体生物节律查询,便于你根据人体节律周期的状态,合理地安排学习、工作和生活。

 问题199:哪些环境不适合老人居住?

答:老年人的外出时间较少,多数时间在居住环境中度过,所以给老人选择良好的居住环境显得尤为重要,尽量避免居住在以下5类环境中:

1. 建筑物密集的环境。密集的高楼大厦成为了城市化发展的标志,但是建筑物过于密集的环境会造成老年人心理上的压抑、不安与烦躁。所以给老人选购房子时,最好能挑选建筑物不太密集的地区。

2. 空气污浊的环境。人群聚集的地方空气很容易变得污浊。而老人的呼吸系统机能较为薄弱,长时间停留在这样的地方会引发过敏或者呼吸系统疾病。应尽量少去人群聚集的影剧院、歌舞厅、会场、商场等场所。平时可以在植被较为丰富的公园遛玩。

3. 过于安静的环境。噪音有害健康,但如果过于安静,尤其是在白天,一点声响都没有,容易使人产生不安全感和孤独感。因此,老年人居住的房间不要过大过空,周围要有邻居相伴,家中无人时,不妨打开收音机或电视机。当然,过于刺激躁动的环境也不好,老人尽量不要收看刺激的电视节目。

4.布置纷杂的环境。由于老年人对色彩及环境的快速辨识能力下降,如果长时间处在过于纷杂与色彩丰富的环境中,很容易因意识判断失误而发生跌倒或碰撞的可能。因此老年人的房间布置宜清爽、不杂乱,家居摆设不要过多,卧室里的色彩最好是朴素自然。

5.光线昏暗或刺眼的环境。有的老年人平时在家为了节俭,不到万不得已时不会开灯。这样的节俭容易给健康埋下隐患。老年人视力下降,不但容易摔伤跌倒,还可能影响到老年人的心理健康,使其产生"灰色心理"。但环境光线过于刺眼也不好,可能让老年人情绪过于兴奋,影响睡眠质量。

问题200:老人应怎样选择居住的房间?

答:老年人在房间内的时间相对较多,要为老人营造舒适幽雅、有功能保障的房间,很重要。老人的房间可按照以下方面去考虑选择。

1.卧室朝阳。老人的卧房应尽量安排在朝阳的房间,这一方面是因为老人喜阳,让老人有更多的时间和机会坐在家中享受阳光。室内采光对老年人尤为重要。让阳光直接照射室内,能给人以舒适感,阳光中的紫外线还有消毒、杀菌作用。同时老人喜静,老人的房间应尽量远离客厅和餐厅。

2.使用宽床。一张舒适的床,给老人带来生活的便利,也是健康生活的一个基本保证。宽度 1.5 米以上的床对于老人来说比较舒服,失眠时可以翻身,人体脊椎呈浅 S 形,躺下时需要有适当硬度的支撑物,因此老年人床铺应选用硬床,以睡在床上床垫不下陷为好。床的高度应在膝盖以下,与小腿长度相等,过高过低都会使老人感到不便,有增加摔倒的危险。

3. 适宜的"家庭环境"。(1)温度室内温度以 18～23℃为宜。室温过低,老人易着凉、感冒;室温过高容易使人疲怠、精神不振。(2)湿度家庭内最佳湿度应是 50％～60％。湿度大,使人感到潮湿、气闷;而空气过于干燥,人体会蒸发大量水分,引起皮肤干燥、口干、咽痛等不适,尤其对老年呼吸道感染病人,会因痰不易咳出而加重病情。(3)通风。晨起,开窗通气,可排出室内废气,让新鲜空气补充进来,一般居室开窗 20～30 分钟,室内空气即可更新一遍。(4)噪声研究表明,噪声 50～60 分贝时,一般人就会有吵闹感。对有心脏病的老人,安静则是一种治疗手段。家庭中创造一个宁静、幽雅的环境,利于老年人休养。

4. 注意房间色调的搭配和光线的调节。老人的屋子最好用淡一些的暖色调来布置。高血压、糖尿病、心脏病等老年人的高发病症,最怕的就是情绪焦躁,而清静幽雅的环境,则有助于老年人保持平静愉快的心情。因此,老人房间在粉刷墙壁、安装地砖、悬挂窗帘时,最好选用淡绿、淡黄、淡粉等淡雅、清亮、温暖的颜色来装饰。

问题 201:老人房装修要注意掌握哪些原则?

答:老年人跌倒发生在自家住宅的现象时有发生。最

常见的地方为客厅、卧室和浴室,分析原因,多与地板太滑、踩到或碰到地面"障碍物"有关。因此,装修时要注意家装的四个原则:

(1)设计忌"角":在选择和设计老年房时,尽量为老年人的行走活动减少阻碍。少一些棱棱角角和不必要的突出物,以免碰伤腿脚不便的老人。(2)色彩忌"艳":从科学角度看,居室色彩与光、热的协调搭配,能给老年人增添生活乐趣,有利于消除疲劳。而色彩过于艳丽,会干扰老年人的神经系统,使人感到心烦意乱。(3)居室忌"闹":老年人爱静,居家最基本的要求是隔音效果好,不受外界影响。(4)摆设忌"多":房间中过多的摆设,不仅增加了清理难度,更重要的是增加了不安全因素。此外,老人卧室的家具尽量靠墙,别经常更换位置。

问题 202:老人房装修时,要重视哪些细节?

答:老人房装修时,要重视六大细节。(1)卫生间:在淋浴间、浴缸、马桶旁及过道安装扶手,能最大限度地保证老年人的安全;尽量别锁住卫生间的门,以方便救援人员进入;有条件的家庭,可在适当高度安装报警器,使家人能在第一时间发现问题。另外,老人洗浴时,即使有人陪护,也千万不能紧闭浴室门窗,应该留一条"生命缝",以保持空气流通。(2)地面:老年人往往行动迟缓,患有骨质疏松,跌倒后容易造成骨折,因此,要十分注意地面的防滑措施;室内地面,尽量少出现门槛或有高度差的台阶,应安装软木地板或防滑地砖;对楼梯要及时维护,做好防滑处理;注意门口、卫生间前和室内楼梯的脚垫,最好将脚垫固定在地面或楼梯踏板上,防止出现"卷角"情况。(3)床和沙发:老年人的床铺高低要适当,便于上下;床上用品要求保暖性好,床单、被罩最好选购全棉材质;老人适合使用稍硬的床垫,或在硬床板上加厚褥子,"弹簧床"等软床垫,对腰肌劳损、骨质增生的患者尤其不利,常使症状加剧。同样,沙发也不宜过于柔软,否则会令老人"深陷其中",不便挪身。(4)门窗:最好采用推拉式门,装修时,下部轨道嵌入地面,以避免出现高度差,形成障碍;采用平开门的,应注意在把手一侧墙面留出约 50 厘米的空间;门窗的把手、开关等部件,宜选用受力方便的"棒状"把手,尽量别用"球形"拉手;此外,注意选择隔音和节能效果好的门窗。(5)灯光:老年人起夜较勤,为保证老年人起夜时的安全,装修时,卧室内可装置低亮度的夜间通宵灯。(6)开关:电器、煤气开关应该设在显眼的位置,控制方便、简单;卫生间的灯光开关最好有夜视功能,或选择带有光控、声控功能的开关。

问题 203:如何使看电视不伤眼睛?

答:看电视是老年人日常生活最离不开的一种消遣。如何看电视不伤眼睛,要注意做好以下几个方面的事项。

1. 电视机摆放要合理。(1)高度要保证电视机屏幕高度和视线相平行,电视机屏幕的中点位置略低于视平线,过高或过低不但会使电视画面的观赏受到影响,还会影响到眼球附近肌肉的正常紧张程度,造成视觉疲劳,严重的还会出现斜视;(2)电视与人的距离要合理。结合自己家里的光线、位置来决定,人和电视机的距离要保持在 3 米以上,否则会导致近视等眼部问题。

2. 电视亮度色彩要调好。亮度和色温。从亮度看,亮度较高,看起来会更清晰,但闪烁频率高,不利于人眼健康;从色温看,色温较高,对蓝天大海等冷色的表现更鲜艳,对人眼的刺激也较大。(1)亮度要调低,应以眼睛舒服为标准,不能只图高亮度。高亮度不仅不利于眼睛健康,也容易降低显示器的使用寿命,还多消耗能源;使用液晶电视,应注意把亮度调低。(2)颜色要调低,不论看哪种电视,色温都应注意调低。在调试电视颜色时,最好以新闻节目中主持人的肤色为标准,这样对眼睛有好处。

3. 电视旁摆植物。任何动植物,都有吸收辐射的自然能力,考虑到眼睛的健康,我们可以在电视旁放一些绿色植物,以减少辐射,并可以在广告时间,看看那片鲜绿植物以放松视觉神经。芦荟这种耐旱植物是电视的最佳绿色拍档。

4. 室内放盏电视灯。看电视时在室内开一盏瓦数较低、光线比较柔和的小灯,有灯罩更好,用它来调节室内的背景亮度,使眼睛不感到疲劳,还能减少体内各种维生素的消耗。这盏灯不要出现在人们观看电视的视野内,以免对眼睛产生不必要的额外刺激,最好放在电视的侧后方;灯光不要直射到荧光屏上,以免影响图像质量,在电视屏幕上产生炫光区,更伤害眼睛。

5. 吃一些保护眼睛的食物。为了保护眼睛,平时可多吃些蔬菜和水果,如胡萝卜、豆芽、橘子、广柑、红枣等,对保护眼睛有一定作用。

问题 204:老人如何合理使用手机?

答:手机是现代人必备的通讯工具,走到哪儿说到哪

儿,看起来方便,但如果使用不当,对健康不利。老年人在使用手机时要注意以下几个事项:

1. 不要歪着脖子接听。如果老年人长时间歪着脖子接电话,不利于颈椎健康,可能会导致缺血性中风。要拿在手里专心接听电话,接完后再做其他事情。

2. 手机不要挂在胸口或腰间。手机具有一定的辐射,与人体的距离决定了辐射被人体吸收的程度,心律不齐或有心脏病的老人,更不能将手机挂胸前。把手机放在随身携带的包中是合适的,并尽量放在包的外层,以确保良好的信号覆盖。

3. 不使劲贴在耳朵上接听。手机在信号弱的时候,会自动提高电磁波发射功率。此时把耳朵贴近,头部受到的辐射就会成倍增加。因此,在建筑物的楼道角落、电梯等位置的信号覆盖较差的地方,当听不清对方讲话时,不要把手机使劲贴在耳朵上。可用蓝牙耳机,或到信号强的地方再打。

4. 不要拨完电话号码就贴在耳朵上。手机拨出电话而未接通时,辐射会明显增强。每个品牌的手机,都有拨打用户接通时的对应的显示,看到提示后,再将手机放在耳边接听,以减少辐射。

5. 不要用"一只耳"长时间接听。用一只耳朵长时间接听,煲电话粥,连续辐射会对脑部有影响。煲电话粥尽量用固定电话或戴耳机,或者隔几分钟左右耳轮换着接听。

6. 不要边充电边打电话。如果在手机充电时接打电话,通话或连接网络的瞬间,电压比平时高很多倍,手机内部零部件会因此受损。而且充电时的辐射也比平时高数十倍。手机充电要用座充或充电时关机。

🥔 **问题 205：老年人洗澡的浴室为什么不能锁门？**

答：洗澡是一件私密的事，多数人都习惯在洗澡时锁上门。但老年人一定不要这样做，否则在发生危险时，会失去救急的时间。

1. 老年人身体弱，平衡力差，再加上洗澡间狭小，地面湿滑，很容易出现滑倒等各种危险情况。如果老人将浴室门反锁，就会因门锁一时打不开而延误及时抢救的时间。

2. 老年人患心脏病、高血压等老年疾病的较多，洗澡时产生的热气和湿气，容易造成老年人呼吸困难，可导致心脏病发作而出现晕倒等危险。所以，没有窗户的浴室，一定要安装一个换气性能良好的换气扇。

3. 有的老年人在发生危险后，可能连声音都发不出来，最好在浴室里老人伸手就能摸到的地方，装一个呼叫铃。这样可以使外面的人及时知道老人在浴室的情况，并及时施救。

4. 老人浴室的房门最好安装一扇磨砂或茶色玻璃窗，即使老人锁门了，在里面发生了危险，外面的人也可及时将玻璃窗打碎，将手伸进去打开门锁，及时组织抢救。

🥔 **问题 206：老人外出带一张"联系卡"有什么好处？**

答：老年人、尤其是患有心脏病、高血压等疾病的老病号，随身带一张写有老人姓名、年龄、地址、宅电、家人联系方式等内容的卡片很有必要，最好特别注明"身患心脏病"和"青霉素过敏"等情况。这样一旦外出时发生意外或迷路等情况，便于好心人及时与他的家人取得联系，将老人送医院救治或送回家。

问题 207：老年人要遵守哪些基本规范可以增进健康？

答：老年人如何安排好一天生活，对于健康显得特别重要，可以将老人的基本生活归结为起床锻炼、饮食睡觉、事务劳作、有好心情。

1. 按时起床。每天5：00－7：00起床。不要起得太早，起早了，到室外锻炼，因为太阳没有上山，空气不那么好。起床时，可以先坐起来，静一会再下床，注意防止突然站立发生晕厥。

2. 适量运动。老年人参加运动是很普遍的，但运动的强度和时间要适量。早上出去锻炼，不要太早，最好等太阳上山后，再出去，做一些如太极拳、散步等运动量不大的锻炼，晚饭后也可以做散步运动，中午最好午睡一下，不做运动为好。

3. 合理饮食。每天三餐的食谱中要含水果、蔬菜、五谷杂粮，其中红薯是最佳的食物。不要吃得太饱，一般吃七分饱是比较好的。同时，每天要适量饮水，以排毒清肠。值得提醒的是，不要饮用纯净水。

4. 适当活动。根据自身的体力和爱好，做一些家务、参与一些文娱、社会活动，丰富日常生活，增加生活的乐趣。

5. 按时睡觉。睡觉是很重要的，一般要求晚上21时至23时熄灯就寝。人体的排毒和内脏器官的修复时间在21时到5时这段时间里进行，重要的是，睡眠高峰到来时，免疫系统自我修复的能力最强。如不能在23时前入睡，易导致免疫力下降从而诱发疾病。

6. 要有好心情。要摒除一切悲观消极意念,尽量不要说否定、负面的话语,常怀感恩之心,经常向人表达感激之情,不要与人吵架生气。

问题 208:老年人在日常生活中哪些行为会影响身体健康?

答:老年人的健康是摆在第一位的,在日常生活中,要注意影响健康的一些问题。

1. 说话快速。老年人说话莫要高声、频率过快。应保持稳定的情绪,否则易使血压升高,也使心脏加重负担。

2. 吃饭过快。有些老年人仍保持年轻时狼吞虎咽的进食习惯,不要忘记食物需细嚼才能有助消化,饭吃得急,还易噎着。

3. 站着穿裤。老人站着穿裤,这很危险。因老人骨质已疏松,一旦站不稳摔倒了,后果很糟。

4. 用力排便。老人常有便秘症。应按时排便,排便不顺时,应借助药物,不能硬排便。人在排便时血压易升高,过分用力,会晕倒休克以至脑卒中,甚至还有生命危险。

5. 猛然回头。老人走在街上,常遇熟人呼叫或听到异常声响,极易猛然回头。但因老人多有颈部骨质增生,颈部急扭很易压迫血管,造成头部供血不足,出现眼黑摔倒。

问题 209:老年生活中的自我消极暗示有什么不好?

答:当一个人到退休年龄时,不管他身体状况如何,能否从事原来的工作,总会认为该"退休"了,这些人为因素使老年人内心产生了衰老感。于是,在人们的生活中就出现了这样一些怪现象:不少人离退休前工作紧张、休息时间少,身体还是好好的,离退休后反而精神健康状况不如以前。这是消极的"自我暗示"造成的影响,调查资料表明,有44%的人不能适应离退休初期的生活,表现为爱发脾气、心灰意冷等,有时,还有莫明其妙的受挫感。实际上这些都是离退休人员产生的,如"老了"、"不中用了"、"要多休息"等消极的自我暗示,因而吃得少、运动少成为老年人的"习惯势力",一有毛病就认为是"老了"、"不中用了"的结果。如此恶性循环,便从心理上把自己整垮了。

既然暗示疾患是可能的,暗示健康显然也是可能的。所以,可以通过下列活动增强自己积极的"自我暗示",提高老年生活质量:

1. 根据自己的兴趣、爱好和具备的条件,努力学习提高某些有益的技艺,以充实自己的晚年生活,如书法、绘画、钓鱼、养花、养鸟、弈棋。

2. 力所能及地参加社会交往,多与同事、朋友、同窗、邻居来往,在你来我往的过程中可以活动筋骨、愉悦心情,达到强身健体、保持良好的精神状态的目的。尤其是"忘年之交",和青年人在一起更能唤起自己的童心。

3. 挺起胸膛增强自信心。老年人要挺起胸膛,不要碰到了麻烦就垂头丧气、腰都直不起来,时间久了将会出现龟缩的体形、呆滞的眼神。挺起胸可以使肺活量增加。肺活量增加了身体的各部位获得的氧气也便增加了,这样人就不容易疲劳。养成抬头挺胸、直腰的良好姿势还可以减少腰背酸痛感和脊柱的弯曲。

问题 210：老年人穿衣打扮有什么要求？

答：穿衣打扮会影响到人的心情和生活的质量，老年人应该也要讲究一些，以年轻化、舒适性、讲究色彩、注重整洁和搭配为基本要求。

1. 年轻化：在穿衣打扮上，应参照比自己实际年龄小十岁的年龄段去设计，通过服饰给自己一个"还年轻"的心理暗示。

2. 舒适性：老年人早、晚穿上一身"运动装"，既舒适休闲又有利于锻炼身体，显得健康、活泼、富有朝气。

3. 讲究色彩：如果你是一个性格比较内向的人，在穿衣上应该选择鲜艳一点的；反之，如果性格外向就应选择色调暗淡一点的。

4. 注重整洁和搭配：老年人服饰一定要整洁干净，同时还应注意一些装饰物的搭配，如帽子、眼镜、鞋子等物品要有整体的协调性，在档次上也应尽量地达到统一性。

5. 舍弃两年以上不曾穿戴和穿着不舒服的衣服、皮带、鞋子、帽子以及有污点的衣服。保持穿着跟随时代变化，有新鲜感。

问题 211：老年人穿着打扮"花俏"一些对健康有好处吗？

答：老年人穿着打扮"花俏"一些对健康是有好处的。

1. 老年人注意穿着和修饰，打扮得端庄、大方、有风采，显得年轻，会产生"我还不老、我还年轻"的良性心理，从而增强愉悦感、自信感、满足感和活力感，从而增强人的生命活力。

2. 心理上的安慰和满足会引起积极向上的情绪和愉悦快乐的心情,促进体内产生有益的激素、酶等增强肌体活力的物质。这些物质能起到调节血液流量,增强神经细胞的兴奋和脏器的代谢活动,提高肌体的免疫能力,从而起到防病抗病的作用。

3. 老年人为了增强自身的活力和身心健康,要大胆地穿一些红色、印花的或有花格子的多色调的简洁大方的衣服,千万要消除"人老了,穿花俏了会有人笑话"的顾虑,在现代社会,老人们穿着花俏些是人们所喜欢的,电视上经常出现的有文化的上了年纪的名人,很多人都是穿着花俏的。

问题 212:人正常的睡眠时间是多少?

答:人一生中有三分之一的时间是在睡眠中度过的人,五天不睡就会死去,睡眠作为生命所必需的过程,是机体复原、整合和巩固记忆的重要环节,是健康不可缺少的组成部分。正常的睡眠时间,根据年龄不同是有差异的,年龄越小,所需要的睡眠时间越多,随年龄增长,睡眠时间逐渐减少。睡得过多或过少,都不利于人的健康。正常的睡眠时间见《正常睡眠时间表》。

正常睡眠时间表

年龄段	适宜睡眠时间
新生儿	20～22 小时
2 月婴儿	18～20 小时
1 岁	15 小时
2 岁	14 小时

续　表

年龄段	适宜睡眠时间
3～4 岁	13 小时
5～7 岁	12 小时
8～12 岁	10 小时
13～18 岁	9 小时
成年人	7～8 小时
60～70 岁	5.5～7 小时
70 岁以上	10 小时

正常的成人一般在 21：00～23：00 之间入睡。小孩最好在 20：30 之前睡觉,青少年在 22：00 左右睡觉,老人 21：00～22：00 之间睡觉。

 问题 213：老人怎样让自己晚上快速入睡？

答：养成一个适合个人的睡眠习惯是保证快速入睡,睡得香甜的基础修炼,避免失眠带来的痛苦的发生。

1. 按时上床。坚持按自己习惯的时间上床睡觉,因为人的机体会在此时间反应性地要求休息,睡意会自然发生的,上床后很快就能入睡,周末和休息日也应如此,不能随意改变。

2. 注重环境。好的环境有助于快速入睡。(1)有一个清静的卧室;(2)配备舒适的床、床上用品,老人睡床最好硬一些,床上用品柔软一些;(3)卧室能通风,保持有新鲜空气;(4)保持合适的室内温度,18～23℃比较适宜。

3. 注意晚上进食。晚餐尽量少吃难消化或油腻或有刺激味的食物,睡前 2 小时不喝酒或咖啡。

4. 保持睡前静心。睡前不剧烈运动,不带问题上床,不苦思冥想。

5. 保持睡前习惯。如睡前喝牛奶、洗脸、刷牙、洗脚、洗澡等。最好是冷水洗脸、热水洗脚。

6. 上床即睡。如无睡意最好不上床,起来先干点事,待有睡意时再上床即睡。

问题214：老年人失眠服用安眠药有哪些危害？

答：失眠是由于情志、饮食内伤、病后及年老、心虚胆怯等病因而引起心神失养或心神不安,导致入睡困难或很早醒来。老年人由于年老因素,失眠现象很普遍,服用安眠药的人也很普遍,其实,老年人失眠服用安眠药是要慎重的。

1. 安眠药会引发肝、肾、胃、肺等疾病。因为安眠药在体内大多是经过肝脏、肾脏代谢的,长期服用会增加肝肾的负担,有的还会引起肝脏肿大、肝区疼痛、黄疸、浮肿、蛋白尿、血尿及恶心、腹胀、食欲不振、便秘等肝肾功能损害及肠胃反应。有的安眠药还会导致精神不振、智力减退,血压下降等蓄积中毒症状,甚至引起呼吸循环功能障碍情况。

2. 安眠药成瘾和依赖,如果不服用安眠药,就会无法入睡,长期服用安眠药可产生耐药性,引起精神障碍,诱发其他疾病。

综合上述情况,老年人在服用安眠药时要特别小心,要在医生的指导下服用,切不可自行随意服用。对入睡困难或中途易醒者可选用短、中长半衰期的安定类药物,如硝基安定、舒乐安定、佳乐定等;早醒者可选用长半衰期的安定类药物,如安定、氟安定等。

第 8 章　医疗知识

 问题 215：医院的等级是怎样确定的？

答：我国规定：凡以"医院"命名的医疗机构，住院床位总数应在 20 张以上。按照《医院分级管理标准》，依据医院的功能、设施、技术力量等对医院资质进行综合评定，确定等级。医院分为三级十等，即一级、二级医院分别分为甲、乙、丙三等，三级医院分为特、甲、乙、丙四等。对符合标准的医院发给铭牌：地方医院由国家卫生部、省级卫生厅颁发；野战部队医院由中国人民解放军总后勤部颁发；武警部队医院由中国人民武装警察部队后勤部颁发。

一级医院是直接为社区提供医疗、预防、康复、保健综合服务的基层医院，是初级卫生保健机构。其主要功能是直接对人群提供一级预防，在社区管理多发病、常见病并对疑难重症病人做好正确转诊，协助上级医院做好中间或院后服务，合理分流病人。

二级医院是跨几个社区提供医疗卫生服务的地区性医院，是地区性医疗预防的技术中心。其主要功能是参与指导对高危人群的监测，接受一级转诊，对一级医院进行业务技术指导，并能进行一定程度的教学和科研。

三级医院是跨地区、省、市以及向全国范围提供医疗卫生服务的医院,是具有全面医疗、教学、科研能力的医疗预防技术中心。其主要功能是提供专科(包括特殊专科)的医疗服务,解决危重疑难病症,接受二级转诊,对下级医院进行业务技术指导和培训人才;完成培养各种高级医疗专业人才的教学和承担省以上科研项目的任务;参与和指导一、二级预防工作。

一、二、三级医院的划定、布局与设置,要由区域市县卫生行政主管部门根据人群的医疗卫生服务需求统一规划而决定。医院的级别应相对稳定,以保持三级医疗预防体系的完整和合理运行。

问题 216:一级医院分级的主要指标是怎样规定的?

答:《医院分级管理标准》规定,一级综合医院基本标准为:

1. 床位:住院床位总数 20 至 99 张。

2. 科室设置:(1)临床科室:至少设急诊室、内科、外科、妇(产)科、预防保健科;(2)医技科室:至少设有药房、化验室、X线室、消毒供应室。

3. 人员:(1)每床至少配备 0.7 名卫生技术人员;(2)至少有 3 名医师、5 名护士和相应的药剂、检验、放射等卫生技术人员;(3)至少有 1 名具有主治医师以上职称的医师。

4. 房屋:每床建筑面积不少于 45 平方米。

5. 设备:(1)基本设备:心电图机、洗胃器、电动吸引器、呼吸球囊、妇科检查床、冲洗车、气管插管、万能手术床、必要的手术器械、显微镜、离心机、X线机、电冰箱、药品柜、恒温培养箱、高压灭菌设备、紫外线灯、洗衣机、常水、热水、蒸馏水、净化过滤系统。(2)病房每床设备:床 1 张、床垫 1~2条、被子 1~2 条、褥子 1~2 条、被套 2 条、床单 2 条、枕芯 2个、枕套 4 个、床头柜 1 个、暖水瓶 1 个、面盆 2 个、痰盂或痰杯 1 个、病员服 2 套。(3)有与开展的诊疗科目相应的其他设备。

6. 制订各项规章制度、人员岗位责任制,有国家制定或认可的医疗护理技术操作规程,并成册可用。

7. 注册资金到位,数额由各省、自治区、直辖市卫生行政部门确定。

问题 217:二级医院分级的主要指标是怎样规定的?

答:《医院分级管理标准》规定,二级综合医院基本标准为:

1. 床位:住院床位总数 100~499 张。

2. 科室设置:(1)临床科室:至少有急诊科、内科、外科、妇产科、儿科、眼科、耳鼻喉科、口腔科、皮肤科、麻醉科、传染科、预防保健科,其中眼科、耳鼻喉科、口腔科可合并建科,皮肤科可并入内科或外科,附近已有传染病医院的,根据当地《医疗机构设置规划》可不设传染科;(2)医技科室:至少设有药剂科、检验科、放射科、手术室、病理科、血库(可与检验科合设)、理疗科、消毒供应室、病案室。

3. 人员:(1)每床至少配备 0.88 名卫生技术人员;(2)每床至少配备 0.4 名护士;(3)至少有 3 名具有副主任医师以上职称的医师;(4)各专业科室至少有 1 名具有主治医师

以上职称的医师。

4. 房屋：(1)每床建筑面积不少于 45 平方米；(2)病房每床净使用面积不少于 5 平方米；(3)门诊建筑面积按日平均门诊人次计算，每人不少于 3 平方米。

5. 设备：(1)基本设备：给氧装置呼吸机、电动吸引器、自动洗胃机、心电图机、心脏除颤器、心电监护仪、多功能抢救床、万能手术床、无影灯、麻醉机、胃镜、妇科检查床、冲洗车、万能产床、产程监护仪、婴儿保温箱、裂隙灯、牙科治疗椅、涡轮机、牙钻机、银汞搅拌机、显微镜、电冰箱、恒温箱、分析天平、X 线机、离心机、钾钠氯分析仪、分析仪、B 超、冷冻切片机、石蜡切片机、敷料柜、洗衣机、器械柜、紫外线灯、手套烘干上粉机、蒸馏器、高压灭菌设备、下收下送密闭车、常水、热水、净化过滤系统、冲洗工具、净物存放、消毒灭菌密闭柜、热源监测设备(恒温箱、净化台、干燥箱)；(2)病房每床单元设备：除增加床头信号灯 1 台外，其他与一级综合医院相同；(3)有与开展的诊疗科目相应的其他设备。

6. 制定各项规章制度、人员岗位责任制，有国家制定或认可的医疗护理技术操作规程，并成册可用。

7. 注册资金到位，数额由各省、自治区、直辖市卫生行政部门确定。

问题 218：三级医院分级的主要指标是怎样规定的？

答：《医院分级管理标准》规定，三级综合医院基本标准为：

1. 床位：住院床位总数 500 张以上。

2. **科室设置**:(1)临床科室:设急诊科、内科、外科、妇产科、儿科、中医科、耳鼻喉科、口腔科、眼科、皮肤科、麻醉科、康复科、预防保健科;(2)医技科室:至少设有药剂科、检验科、放射科、手术室、病理科、输血科、核医学科、理疗科(可与康复科合设)、消毒供应室、病案室、营养部和相应的临床功能检查室。

3. **人员**:(1)每床至少配备 1.03 名卫生技术人员;(2)每床至少配备 0.4 名护士;(3)各专业科室的主任应具有副主任医师以上职称;(4)临床营养师不少于 2 人;(5)工程技术人员(技师、助理工程师及以上人员)占卫生技术人员总数的比例不低于 1%。

4. **房屋**:(1)每床建筑面积不少于 60 平方米;(2)病房每床净使用面积不少于 6 平方米;(3)日平均每科门诊人次占门诊建筑面积不少于 4 平方米。

5. **设备**:(1)基本设备:给氧装置、呼吸机、电动吸引器、自动洗胃机、心电图机、心脏除颤器、心电监护仪、多功能抢救床、万能手术床、无影灯、麻醉机、麻醉监护仪、高频电刀、移动式 X 线机、X 线机、B 超、多普勒成像仪、动态心电图机、脑电图机、脑血流图机、血液透析器、肺功能仪、支气管镜、食道镜、胃镜、十二指肠镜、乙状结肠镜、结肠镜、直肠镜、腹腔镜、膀胱镜、宫腔镜、妇科检查床、产程监护仪、万能产床、胎儿监护仪、婴儿保温箱、骨科牵引床、裂隙灯、牙科治疗椅、涡轮机、牙钻机、银汞搅拌机、显微镜、生化分析仪、紫外线分光光度计、酶标分析仪、尿分析仪、分析天平、细胞自动筛选器、冲洗车、电冰箱、恒温箱离心机、敷料柜、器械柜、冷冻切片机、石蜡切片机、高压灭菌设备、蒸馏器、紫外线灯、手套烘干上粉机、洗衣机、冲洗工具、下收下送密闭车、常水、热水、净化过滤系统、净物存放、消毒灭菌密闭柜、通风降温、烘干设备、热源监测设备(恒温箱、净化台、干燥箱);(2)病房每床单元设备;与二级综合医院相同;(3)有与开展的诊疗科目相应的其他设备。

6. 制定各项规章制度、人员岗位责任制,有国家制定或认可的医疗护理技术操作规程,并成册可用。

7. 注册资金到位,数额由各省、自治区、直辖市卫生行政部门确定。

问题 219:怎样选择合适的医院和医生去看病?

答:医院分为甲乙丙三级十等,每个等级的医疗条件不相同,等级越高,医疗设备越好,医护人员的技术水平也越高,医疗收费也越高,但医保报销的比例就越低。

医生分为住院医生、主治医师、副主任医师、主任医师,并且各级别医生以及在各级医院里实践经验是不同的,同级别的医生其专业技术水平有较大的差异。医院级别高,专家医生看病收费相对也会高一些。因此,选医院和选医生要根据疾病的严重程度和个人家庭的经济承受能力以及对医院、医生的了解情况来确定。现在,大医院都可以通过网上预约专家医生。由于技术水平高的大医院的医疗专家,找他们看病的人多,加上专业研究的事情也很多,往往需要排队等待,如果病情紧急的要多方打听同类的医院和医疗专家。

1. 感冒、腹泻、中暑等普通的以及需要紧急救护处理的突发事故等疾病,可到就近的医院看或先到就近医院做临时救护措施后,再转大医院救治。

2. 在附近小医院医治没有效果或小医院无医疗设备检查、重大疾病需要手术治疗以及疑难杂症等,都应选择大医院、技术好的医生医治。

3. 不危及生命的慢性疾病的注射、配药、重大疾病在大医院手术后常规复查的 CT、B 超检查等,可以在有医疗条件的就近医院做,以减少到大医院等待检查的排队时间和减少交通费等开支。国家为减轻病人的医疗费用负担,规定丙级医院的检查报告可以在各医院通用,不需要重复检查。

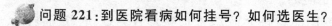 **问题 220:到医院看病要做好哪些准备工作?**

答:到医院看病需要做哪些准备工作,要根据初次看病、复诊以及转院治疗等不同情况,做好准备工作。

1. 初次看病要做的准备:(1)带好证件:身份证、医保本和医保卡以及可以享受优惠的证件,如老年优待证、军官证等,许多医院挂号看病都有老年人、军人优先待遇;(2)带足现金;(3)确定好要看病的医院;(4)是否需要有人陪同。

2. 复诊看病要做的准备:除上述初诊的 4 项准备工作外,还要带上:(1)病历;(2)复诊医院的就诊卡;(3)原检查的报告单和拍的影像片;(4)原住院的出院报告单。

3. 转院和到县(市)外医院看病的准备:除了上述初诊、复诊要准备的工作以外,还需要带上:(1)转出医院证明;(2)县(市)医保机构同意外出就医证明。

问题 221:到医院看病如何挂号? 如何选医生?

答:到医院看病挂号、选医生是要做的第一项事情。挂号和选医生需要同时确定,即挂号时,就要确定医生,要明确挂哪个医生的号。现在医院挂号方式有:医院实地挂号和网上、电话预约挂号。

1. 医院实地挂号。初次到医院看病,拿医保卡、身份证等到门诊挂号窗口,排队挂号,一般医院挂号时,还要留电话号码,并且电话号码一定要留给医院,以防万一发药错误或医院随访需要联系;如遇紧急疾病,到急诊室挂号,需要抢救的,可直接送抢救室,边抢救边挂号;复诊挂号,带医院就诊卡、医保卡等到门诊或急诊挂号窗口挂号。挂号时,要说明要挂普通号或专家号,挂专家门诊的,需指定哪个医生看。

2. 网上预约挂号。网上挂号是登陆要看病的医院网站,点击网上预约挂号登陆平台,填写病人信息资料,选定医院科室和医生以及看病的具体时间,发送预约登记,再在约定的看病日期到医院门诊挂号窗口取号。

3. 电话预约挂号。打医院挂号的专线电话进行预约,按电话要求回答问题,并指定要看病的医生,医院会登记挂号信息资料,医院受理后,通常会以发送短信方式告诉你看病的时间,在约定的日期到医院门诊挂号窗口取号。

问题 222:发生紧急疾病怎样挂号治疗?

答:医院是实行全年开放门诊的,急诊科实行全年 24 小时开放门诊,节假日照常接收医治病人。急诊就诊注意下列事项:

1. 急诊科全年 24 小时接诊各类急、危、重症病人。急诊病人先到急诊收费处挂号。

2. 危重病人急救时,先由急诊科人员安排抢救,再由家属或相关人员按上述流程补办挂号。

3. 初诊的病人须提供身份证或有效证件挂号,复诊病人带上老病历及就诊卡挂号。

4. 公费、社保的病人必须带公费病历本及就诊卡挂号。

5. 为保证危重病人的抢救工作的顺利进行,急诊科优先处理各种危重病人。

6. 急诊化验、检查都比普通门诊的化验检查时间要短,可询问医院的具体规定,争取早点拿到各项检查报告。

问题 223:尿液检查能查出什么病?

答:尿检能查出主要包括肾病方面、糖尿病方面、泌尿系统感染方面的疾病。查验项目所反映的病症详见《尿检化验单分析表》。

尿检化验单分析表

名称	正常	异常
酸碱度(pH)	4.6~8.0 (平均值6.0)	增高常见于频繁呕吐、呼吸性碱中毒等 降低常见于酸中毒、慢性小球肾炎、糖尿病等
尿比重(SG)	1.010~1.030	增高多见于高热、心功能不全、糖尿病等 降低多见于慢性肾小球肾炎、肾盂肾炎等
尿胆原(URO)	<16	超过此数值,说明有黄疸
隐血(BLO)	阴性(一)	阳性(+)同时有蛋白者,要考虑肾脏病、出血
白细胞(WBC)	阴性(一)	超过5个,说明尿路感染

续　表

名称	正常	异常
尿蛋白（PRO）	阴性或仅有微量	阳性提示可能有急性肾小球肾炎、糖尿病肾性病变
尿糖（GLU）	阴性（一）	阳性提示可能有糖尿病、甲亢、肢端肥大症等
胆红素（BIL）	阴性（一）	阳性提示可能有肝细胞性或阻塞性黄疸
酮体（KET）	阴性（一）	阳性提示可能酸中毒、糖尿病、呕吐、腹泻
尿红细胞（RBC）	阴性（一）	阳性提示可能泌尿道肿瘤、肾炎、尿路感染等
尿液颜色（GOL）	浅黄色至深黄色	黄绿色、尿混浊、血红色等说明有问题，但受饮食、运动、出汗等影响，无临床定义

 问题224：血液检查能查出什么病？

答：血液是提供人体营养、氧气和免疫物质的重要载体。通过血液检测，可以发现人体内的许多病变或异常。验血可以检查病毒感染、炎症、贫血、肝功能、肾功能、免疫功能、血糖水平、胆固醇、血脂、白蛋白和球蛋白的比例，钠、钾、氯、钙、镁等电解质值，体内各种激素的水平等，甚至还可以发现体内是否已经存在癌肿、性病、艾滋病，是否怀孕，以及怀孕是否正常也可以通过验血检查确定。验血还可以检查吸毒、醉驾、亲子鉴定等司法鉴定。

 问题225：粪便检查能查出什么病？

答：粪便检查方法简单，结果直观，可以初步提供消化道功能或病理变化的状况，以及间接判定胃肠、胰腺、肝胆的功能状况。痢疾、肠炎、溃疡性结肠炎、血吸虫病、蛔虫病、消化道出血等都可以从粪便检查异常。

 问题 226：B 超可以检查哪些疾病？

答：B 超是一种超声波的检查，可以清晰地显示各脏器及周围器官的各种断面图像，由于图像富于实体感，接近于解剖的真实结构，所以应用超声可以早期明确诊断，在临床应用方面比较广泛，并且 B 超检查的价格也比较便宜，超声检查的费用一般为 35～150 元/次，是 CT 检查的 1/10，核磁共振的 1/30。B 超可以检查肝脏、胆囊、脾脏、胰腺、肾脏、前列腺和精囊腺、膀胱、妇科和产科、乳房、甲状腺、甲状旁腺、腹部血管、心血管、脑、眼科等多种疾病。

 问题 227：B 超检查前要注意哪些事项？

答：B 超检查前，要注意以下事项：(1)心脏超声：应休息片刻后脱鞋平卧于检查床上，解开上衣钮扣，暴露胸部，让医生检查。(2)消化系超声：探测易受消化道气体干扰的深部器官时，需空腹检查或作严格的肠道准备。检查前 1 天晚吃清淡饮食，当天需空腹禁食、禁水。如同时要做胃肠、胆道 X 线造影及胃镜检查时，超声波检查应在 X 线造影前进行，或在上述造影 3 天后进行。(3)妇科检查：如检查盆腔的子宫及其附件、膀胱等脏器时，检查前需保留膀胱尿液，可在检查前 2 小时饮开水 1000 毫升左右，检查前 2～4 小时不要小便。(4)眼检查：检查中不要揉眼，以免检查用的油性液体流入眼内，损伤眼睛。

问题 228：CT 检查可适用于哪些病症？

答：CT 是利用 X 线断层扫描，电光子探测器接收，并把信号转化为数字输入电子计算机，再由计算机转化为图像。CT 是一种无痛、快速、方便、准确性较高的检查工具。CT 常用于颅脑、胸部、肾脏、肝、胆、脾、胃肠道、骨关节及软组织、脊柱、鼻咽部、肾上腺等检查。全身 CT 可以作头、胸、腹、骨盆的横断扫描，也可作甲状腺、脊柱、关节和软组织及五官等小部位的区域扫描。CT 最适于查明占位性病变如肿瘤、囊肿、增大的淋巴结、血肿、脓肿和肉芽肿的大小、形态、数目和侵犯范围，它可以判断某些器官癌肿的分期和是否能进行手术切除。CT 还能区别病变的病理特性如实性、囊性、血管性、炎性、钙性、脂肪等。CT 检查有三种方法，一是平扫，为普通扫描，是常规检查；二是增强扫描，从静脉注入水溶性有机碘，再进行扫描，可以使某些病变显示更清楚；三是造影扫描，先行器官或结构的造影，再行扫描，如向脑池内注入造影剂或空气进行脑池造影，再扫描，可清楚显示脑池及其中的小肿瘤。

问题 229：CT 检查前要注意哪些事项？

答：病人在做 CT 检查前，要注意以下事项：(1)检查前需要禁止饮食；(2)腹部检查之前不能做其他造影检查，尤其不能用钡剂进行消化道造影，以免肠内残留的造影剂形成伪影，影响 CT 图像质量，从而导致误诊；(3)在头部扫描之前，应先摄 X 线头颅平片和断层照片；(4)肝、胆、胰检查前，要先做各项化验检查、X 线腹部平片、胆道造影和超声检查；(5)肾脏检查前，应做肾盂造影和 B 超检查；(6)胸部检查前,应作 X 线胸部平片;(7)脊柱检查前,要先行脊柱正侧、斜位 X 线摄片等,以便选择最佳扫描方式和最合理的扫描范围。

 问题 230:核磁共振检查适用于哪些病症?

答:核磁共振是一种生物磁自旋成像技术,它是利用原子核自旋运动的特点,在外加磁场内,经射频脉冲后产生信号,用探测器检测并输入计算机,经过处理转换在屏幕上显示图像,可以直接做出横断面、矢状面、冠状面和各种斜面的体层图像,不会产生 CT 检测中的伪影问题,也不需要注射造影剂。可对甲状腺、鼻咽部、腹部、肝胆脾胰、骨与关节、脊柱、颈部、颅脑、肾脏、盆腔、肾上腺、胸部、五官、心血管、全身软组织等进行检查,对检测脑内血肿、脑外血肿、脑肿瘤、颅内动脉瘤、动静脉血管畸形、脑缺血、椎管内肿瘤、脊髓空洞症和脊髓积水等颅脑常见疾病以及腰椎椎间盘后突、原发性肝癌等疾病的诊断都很有效。

 问题 231:在什么情况下要做胃镜检查?

答:胃镜(内窥镜)检查是借助一条纤细、柔软的管子伸入胃中,医生可以直接观察食道、胃和十二指肠的病变。胃镜检查能直接观察到被检查部位的真实情况,并可对可疑病变部位进行病理活检及细胞学检查,以进一步明确诊断,是上消化道病变的首选检查方法。目前临床上最先进的胃镜是电子胃镜。电子胃镜具有影像质量好、屏幕画面大、图像清晰、分辨率高、镜身纤细柔软、弯曲角度大、操作灵活等优点,有利于诊断和开展各种内镜下治疗,并有储存、录像、摄影等多种功能,便于会诊及资料保存。下列情况适用胃镜检查:(1)上腹疼痛,或轻或重,特别是病程较长者和50岁以上的患者。(2)原因不明的食欲减退和体重减轻者。(3)呕血或有黑便的病人。(4)上腹部有包块。(5)吞咽不利或进食时有阻塞感。(6)已诊断为萎缩性胃炎者。(7)溃疡病患者,胃镜能清楚了解溃疡的部位、大小、有无活动性出血等,还能同时检测胃内有无幽门螺杆菌感染,给彻底治疗幽门螺杆菌感染提供依据。治疗后复查胃镜,可以了解治疗的效果。(8)胃及十二指肠息肉患者做胃镜加活检能确诊良、恶性病变。通过胃镜还可进行有效的治疗,免去开刀之苦。(9)胃手术后患者行胃镜检查能及早发现可能存在的癌变。(10)反酸、烧心的病人通过胃镜能了解有无食管炎及其范围、性质、严重程度。(11)身体其他部位发现转移癌需寻找原发病灶者。(12)吞下了异物,如别针、扣子、戒指、钢针、钥匙、枣核、鱼刺、项链者,通过胃镜及配套工具可以取出而不必手术。(13)有癌症家族史、胃癌、食管癌高发地区的人应做胃镜常规体检。

 问题 232:胃镜检查要注意哪些事项?

答:病人胃镜检查注意事项:(1)检查前一天晚饭后不应再吃东西,检查当天早晨不应再喝水。(2)告知医生自己的既往病史及药物过敏。(3)检查前一天避免吸烟,以免检查时因咳嗽影响插管。(4)检查后 3 小时内需有人陪护。(5)检查后 8 小时内不得驾驶机动车辆、进行机械操作和从事高空作业,以防意外。(6)检查后 8 小时内最好不要做需要精算和逻辑分析的工作。

问题 233：哪些肠道疾病要做结肠镜检查？

答：电子结肠镜是目前诊断大肠疾病的首选仪器。它是通过安装于肠镜前端的电子摄像镜头将结肠黏膜的图像传输于电子计算机处理中心，然后显示于监视器屏幕上，通过显示屏幕可以清楚地观察到大肠黏膜的细微变化，如炎症、糜烂、溃疡、出血、色素沉着、息肉、癌症、血管瘤、憩室、黏膜下病变等，其图像清晰、逼真。此外，还可以通过肠镜的器械通道送入活检钳取出米粒大小的组织，进行病理切片检查，以判断病灶的性质，也可进行镜下息肉治疗、止血、病灶标志物定位、特殊染色处理等。下列情况可以进行肠镜检查：(1)原因不明的腹泻、腹痛、便血、黑便、大便检查潜血阳性、大便习惯改变、腹部包块、消瘦、贫血，怀疑有结肠、直肠、末段回肠病变者；(2)钡灌肠发现肠腔有狭窄、溃疡、息肉、癌肿、憩室等病变，须取活检进一步明确病变性质者；(3)转移性腺癌，寻找原发病灶者；(4)溃疡性结肠炎等病的诊断与随访；(5)肠道做止血、息肉摘除等治疗；(6)大肠癌及大肠息肉术后复查等；(7)大肠癌高危人群普查。

问题 234：结肠镜检查要注意哪些事项？

答：肠镜检查应注意事项：(1)做肠镜检查的禁忌证：肛门、直肠严重狭窄，肛周脓肿、肛裂，急性重度结肠炎，重度放射性肠炎，腹腔内广泛黏连者，癌症晚期伴有腹腔内广泛转移者，急性弥漫性腹膜炎，严重腹水，妊娠妇女，严重心肺功能衰竭，严重高血压，脑血管病变，精神异常及昏迷患者等。(2)注意肠镜检查前的准备工作：检查前一日不要吃富含纤维的蔬果,检查当日禁食;肠道清洁:口服药物清洁肠道者,服药后要多饮水,最后排出大便呈清水或淡黄色,无粪渣,为最佳的肠道清洁效果;60岁以上老人应先行心电图检查。(3)检查的情况处理:肠检查手术后如有明显腹痛、腹胀、头晕等症状应及时告诉医生以便进一步处理。

问题235:哪些病症适用膀胱镜检查?

答:膀胱镜检查是医生通过纤细的、有特殊照明的透镜装置,来观察尿道、膀胱的病变情况,根据检查情况的需要,医生可以通过膀胱镜的进行组织采样活检或取石等其他治疗。有以下情况时,医生可能建议进行膀胱镜检查:(1)尿路反复感染,或难治性尿路感染;(2)不明原因的血尿;(3)尿失禁或膀胱过度活动症;(4)尿液中发现不寻常的细胞;(5)尿痛、慢性盆腔疼痛;(6)排尿困难、尿阻塞;(7)尿路结石、前列腺增生、膀胱肿瘤;(8)取出膀胱异物;(9)超声波检查、X线检查、静脉尿路造影检查不能很好显示和诊断尿路病变时。

问题236:膀胱镜检查需要注意哪些事项?

答:膀胱镜检查需要注意的事项:(1)告知医生你的药物过敏(包括麻药过敏)史、出血性病史,有否服用抗凝药物(如阿司匹林、华法令等),有否妊娠等。(2)根据情况不同,检查可能需要在局麻、脊髓腔麻醉或全麻下进行。若是使用局麻,检查前可以正常进(饮)食;若使用脊髓腔麻醉或全麻,则要求在检查前至少8小时禁(饮)食。(3)检查前,最好预先排空膀胱尿液;检查前,医生可能会给你处方抗生素服用,以预防该检查可能造成的尿路感染。(4)检查后如果有明显感染迹象,包括疼痛,畏寒、发烧,或者持续出血(尤其是伴有血块)或剧烈疼痛,如果这些问题严重或持续超过几天,或者检查过后 8 小时仍不能排尿,都要告知医生作及时、适当的处理。

问题 237:老年人突然发病,急救时要注意哪些基本常识?

答:家有老人,做晚辈的除了尽孝赡养以外,对长辈的几种常见突发病,要掌握一些预防救治的应对措施。

1. 哮喘病忌"背"。专家提醒,老年人哮喘发作时,家属应保持镇静,让病人保持坐位或半卧位,解开领扣,松开裤带,清除口中分泌物,保持病人呼吸道通畅。若家中有气管扩张气雾剂,应立即让病人吸入若干次,待病情稳定后,用担架或靠背椅,保持病人坐位姿势,将病人安全转送医院。如用自行车转运也应采取坐位,避免病人胸腹部受压。

2. 脑出血忌"颠"。脑出血病人发病后,应立即让病人平卧,避免震动,尽可能就近治疗,不宜长途搬运。如果必须搬运的,也应尽量保持平稳,减少颠簸,保持头部的稳定,减少震动和摇晃;还应将病人的头歪向一边,便于呕吐物流出,防止阻塞呼吸道引起窒息。有条件的应立即敷上冰块,以减轻脑水肿。

3. 脑梗死忌"慢"。脑梗死一定要在发病 6 小时之内使病人得到治疗,千万不能"坐"失良机。堵塞的脑血管如果过了 6 小时后再去疏通,就已经太晚了,难以救治。

4. 心脏病忌"动"。家中如有患心脏病的老人,当其心绞痛发作且伴有大汗、心律不齐、气促时,一要立即呼救

120;二要保持病人安静、平卧休息;三要助其含服消心痛或硝酸甘油;四要保持患者的呼吸道通畅。除了病人心脏、呼吸骤停,要立即进行复苏抢救以外,其他症状的心脏病病人,不要轻易搬动,应在家中等候医生上门急救。

当遇见急救情况时,如果自己不懂急救知识的,就不要去乱做,因为对一些疾病的错误做法会危及老年人的生命安全。

问题 238:老年病人如何缓解手术前的心理压力?

答:无论手术大小,对于病人来说,在心理上都会承受一定的压力。这种压力主要来自两个方面的担心:一是担心医生的医疗技术水平是否胜任手术治疗?二是担心手续过程以及术后治疗有无重大的风险?老年人会想得更多,有的人立好遗嘱交代好后事的情况都存在的。因此,缓解手术前的心理压力特别重要。主要做好以下几个方面工作:

1. 选择好医院和好医生是缓解心理压力的基础。病人自己和家属在手术前,要选择好的医院去住院,挑技术水平高的医生主刀,有了好的医疗条件和好的医生,就可以放心手术治疗。

2. 对病房已经手术病人的康复情况的了解,从身边现实治愈的病人中增强治愈的信心,减轻心理压力。

3. 医生、护士的术前心理辅导对缓解病人的术前紧张起主要的作用。在手术前,护士、医生等都要对患者进行心理辅导,并交代需要准备和注意的事项。

4. 家人、亲属以及领导同事的安慰和支持对缓解压力有帮助。他们在手术前后的看望、陪护等,都会起到很好的作用。

 问题 239:哪些病人要入住重症监护室治疗?

答:重症监护室(简称 ICU)是专门治疗各种危重病人的加强病房。监护、抢救设备是医院中最先进、最齐全的,医生和护士均是受过专门训练、掌握重症医学基础知识和基本操作技术、具备独立工作能力的专职医护人员。医师除具备一般临床监护和治疗技术外,应具备独立完成心肺复苏术、人工气道建立与管理、纤维支气管镜技术、深静脉及动脉置管技术、血流动力学监测技术、胸穿、心包穿刺术及胸腔闭式引流术、电复律与心脏除颤术、床旁临时心脏起搏技术、持续血液净化技术等监测与支持技术的能力,掌握疾病危重程度评估方法。

当病人的生命体征出现了明显异常或者出现某个脏器功能障碍、潜在危及生命因素,均可入住 ICU。(1)急性、可逆转、已经危及生命的器官功能不全,经过 ICU 的严密监护和加强治疗短期内可能得到康复的患者。(2)存在各种高危因素,具有潜在生命危险、经过 ICU 的严密监护和有效治疗可能减少死亡风险的病人。(3)在慢性器官功能不全的基础上,出现急性加重且危及生命、经过 ICU 的严密监护和治疗可能恢复到原来状态的病人。但对慢性消耗性疾病处于临终状态、不可逆转性的疾病和不能从 ICU 监护治疗中获得缓解的病人,一般是不能入住 ICU 的。

 问题 240:如何办理出院手续?

答:病人住院经治疗后,病情基本康复,符合医院规定

出院条件的或者病人要求提前出院,经主治医生同意,按下列的基本程序办理出院手续:

1. 出院通知。由医生提前一天开出院医嘱,护士通知病人或家属做好出院准备。

2. 结账和开《出院证》。(1)病区护士负责结清药账,若需出院带药回家,一并结算,护士领药给出院病人。(2)由病人或家属持预交费收据等办理结账手续。结账后,医院开给《出院证》。外地住院就医需要取得医保报销手续资料的,在结账时,注意按规定要求一并办理。

3. 领取住院资料。结账后,家属向病室护士领回出院小结、门诊卡、外院的 X、CT 片。需要住院医院的病史资料及 X、CT 片带回的,可以根据医院规定,提前办理复印、取片等手续。

4. 出院。办妥出院手续后,归还医院借用物品,凭《出院证》出院。

5. 特殊情况处理。(1)传染科病人出院要带回生活用品,在出院前一天晚上交值班护士消毒后才能带出病区;病人出院前要到卫生处沐浴,换下病区衣裤。(2)病人死亡,由病区或家属持死亡通知单送交出院结账处。由结账处开具死亡证,家属去太平间办理尸体领出手续。病人死亡可在三天内办理结账手续。死亡证是到派出所办理户口注销和殡仪馆火化手续的必需证明,不要丢失。

6. 填写意见表。医院为改进医疗管理工作,一般会要求出院病人填写《征求病人意见表》,按格式要求实事求是填写。

问题 241：身体出现哪些征兆要格外注意？

答：生病之前会出现一些前兆。下列症状，需要格外注意，并及时就医。

1. 胳膊、腿麻木、刺痛，精神紊乱、晕眩，说话打颤、语无伦次。尤其是面部或者身体一侧出现上述情况，就可能是中风，也就是脑卒中的前兆，预示大脑动脉堵塞或者破裂。如果是大动脉堵塞或破裂，大脑组织很大一部分就会受到影响，进而导致半身麻痹，同时失去讲话等功能。如果是小血管堵塞或破裂，胳膊或腿会麻木。出现上述症状应立刻就医。一般说来，血栓发生三小时内是治疗的最佳时机。

2. 胸部疼痛或不适，肩膀、脖子、下巴或手臂疼痛，焦虑、失眠、心跳加剧或不规律，突发冷汗、极度虚弱、恶心、呕吐、晕眩或者气短。这是心脏病发作的前兆。另外，有些病人会出现"无痛"心脏病，其最关键的前兆是：突发晕眩、心跳加剧、气短、恶心、呕吐、冒冷汗。如果身体出现上述某些症状，要第一时间打 120 急救。给病人及时含服硝酸甘油或阿司匹林，以防心脏病发作时心肌受到损伤。

3. 腿肚子酸痛、胸痛、气短、咳血。这些是腿部血栓形成的前兆。久坐之后最易发生，手术之后长时间卧床，也会出现这种症状。人人都可能得这种病，坐卧时间久了，血液淤积在腿部，腿部出现血栓，小腿肚肿疼，此时如果突然出现胸痛或者气短，说明血栓可能已经脱落并通过血液进入肺部。那可是十分危险，要立刻去医院。

4. 尿血但无痛感。如果发现尿中有血，即便没有痛感也要去医院。尿血的常见原因有肾结石、膀胱或者前列腺感染。严重的可能是肾脏、输尿管、膀胱、前列腺等部位发生癌变,当病灶很小,也就是能治的时候,病人通常是没有痛感的。因此,发现尿血就要尽早就医。

5. 哮喘频繁发作。哮喘发作时往往伴随喘息或者呼吸困难。如果症状不消退,应该及时去看急诊。如果哮喘发作不治疗,有可能出现严重的胸肌疲劳,甚至导致窒息死亡。

6. 抑郁和自杀念头。有些人抑郁的时候不寻求帮助,因为他们怕别人认为他们精神不正常。抑郁症包括悲伤、疲劳、冷漠、焦虑、睡眠习惯改变、没有食欲。出现这些症状,需要引起重视并尽早进行相应治疗。

问题242:怎样自我诊断体内是否湿气重?

答:到医院看中医的,经常会听到医生说湿气重。生活中很多人患上了脂肪肝、哮喘、高血压、心脑血管等疾病都与湿气有关系。湿与寒在一起叫寒湿,与热在一起叫湿热,与风在一起叫风湿,与暑在一起的叫暑湿。湿邪不去,吃再多的补品、药品效果都不好。怎样自我诊断体内是否湿气重,可以从以下几方面去感受或观察。

1. 自我感觉。每天早晨起床的时候,如果觉得特别疲劳,头发昏,打不起精神来,或是像穿了件湿衣服一样,浑身不清爽,人也懒得动,那么,可以肯定体内有湿了。

2. 看大便。清晨方便后,观察一下大便,是不是粘在马桶上了,一箱水还冲不净。或用三五张纸反复擦屁股也擦不净,也说明体内有湿了。体内有湿的情况下,大便的颜色发青,溏软不成形,总有排不净的感觉。时间长了,宿便产生的毒素积留在体内,则百病丛生。

3. 看舌苔。如果舌苔白厚,看起来滑而湿润,则说明体内有寒湿;如果舌苔粗糙或很厚、发黄发腻,则说明体内有湿热;如果舌质赤红无苔,则说明体内已经热到一定的程度伤阴了。

4. 刷牙有无恶心。如果早上起床后,一刷牙就呕吐、恶心,即使有吐痰,也只是一点的,说明湿气重。

5. 小腿肚发酸、发沉。早晨起来,感觉小腿肚子发酸、发沉的,也是湿重的典型特征。

祛除体内的湿气,可以用薏米红豆粥,每次用薏米、红豆各一把,洗干净后放在锅里加水熬。熬好后食用,可以作为主食,也可以作为点心,是去湿健脾佳品。但对口干舌燥的阴虚人不适用。

问题 243:如何看一个人的气血是否充足?

答:中医认为,一个人健康的标准就是气血充足。看一个人的气血是否充足,可以从以下几个方面了解:

1. 看眼睛。看眼睛实际上是看眼白的颜色,俗话说"人老珠黄",其实指的就是眼白的颜色变得混浊、发黄,有血丝,这就表明气血不足;眼袋很大、眼睛干涩、眼皮沉重,都代表气血不足。

2. 看皮肤。皮肤没光泽,发暗、发黄、发白、发青、发红、长斑都代表身体状况不佳、气血不足。

3. 看头发。头发干枯、掉发、发黄、发白、开叉都是气血不足。

4. 看耳朵。耳朵暗淡、无光泽代表气血已经下降,如果耳朵萎缩、枯燥、有斑点、皱纹多,它代表了人的肾脏功能开始衰竭。

5.摸手的温度。如果手心偏热、出汗、手冰冷的,都是气血不足。

6.看手指的指腹。如果手指指腹扁平、薄弱、指尖细细的、弹性差都代表气血不足。

7.看青筋。如果在成人的食指上看到青筋,说明小时候消化功能不好,而且这种状态一直延续到成年后。这类人体质弱,气血两亏。如果在小指上看到青筋,说明肾气不足。如果掌心下方接近腕横纹的地方纹路多、深,就代表小时候营养差,体质弱,气血不足。成年后,这类女性易患妇科疾病,男性则易患前列腺肥大、痛风等症。

8.看指甲上的半月形。正常情况下,半月形应该是除了小指都有。大拇指上,半月形应占指甲面积的1/4~1/5,其他食指、中指、无名指应不超过1/5。如果手指上没有半月形或只有大拇指上有半月形的说明人体内寒气重、循环功能差、气血不足,以致血液到不了手指的末梢,如果半月形过多、过大,则易患甲亢、高血压等病。

9.看手指甲上的纵纹。当成人手指甲上出现纵纹时,一定要提高警惕,这说明身体气血两亏、出现了透支,是肌体衰老的象征。

10.看牙龈。牙龈萎缩代表气血不足,只要发现牙齿的缝隙变大了,食物越来越容易塞在牙缝里,就要注意了,身体已在走下坡路,衰老正在加快。

11.看睡眠。入睡困难、易惊易醒、夜尿多、呼吸深重或打呼噜的人都是血亏。

12. 看运动。运动时如果出现胸闷、气短、疲劳难以恢复的状况,说明气血不足。

问题 244:怎样辨别肾阴虚和肾阳虚?

答:肾虚是很普遍的现象,但中医所指的肾虚的种类有很多,其中最常见的是肾阴虚、肾阳虚。并且要注意区分肾阴虚、肾阳虚来用药,用反了会起反作用。

1. **肾阴虚**:主要症状是腰膝酸软、五心烦热、眩晕耳鸣、形体消瘦、失眠多梦、颧红潮热、盗汗、咽干;男子阳痿、遗精早泄;妇女经少、经闭、崩漏、不孕、尿短赤黄。补肾阴虚的药物为甘寒药,如石斛、玉竹、山茱萸、枸杞子、西洋参等,中成药的代表是六味地黄丸。

2. **肾阳虚**,表现为面色白或黝黑、腰膝酸疼、精神不振、手足冰冷、畏寒怕风、腹泻、身体浮肿等。此外,女子会出现不孕、遗尿、浮肿、性欲低下等症状。补肾阳虚药物为热性药,如附子、肉桂、鹿茸等,中成药的代表是桂附地黄丸。

3. 肾阳虚和肾阴虚的症状观察,归纳为下表:

观察人体	肾阴虚症状	肾阳虚症状
观面色	脸色颧红	面色青白无光
观口舌	舌齿红,舌形瘦,苔少,苔薄	舌齿淡嫩,舌形胖,舌苔白,舌苔厚
观精神	燥热不安,易发火	畏寒肢冷,气短懒语,抑郁不欢,疲惫,爱哭
观寒热	怕热,出热汗,手心发热	怕冷,出凉汗,手脚发凉
观病痛	腰酸	腰痛

问题245：老年人体检要注意哪些方面的检查？

答：体检的目的是早期发现疾病和预防疾病，主要包括三大部分：(1)一般的体格检查，包括内科、外科、妇科、五官科、肝病科的专科检查；(2)功能检查，包括心电图，X线，肝、胆、脾、肾和生殖系统B超等影像学检查；(3)生化检验，包括血、尿、便三大常规及血糖、血脂、肝肾功能、乙肝五项化验检查。还有肿瘤的甲胎蛋白、EB病毒(鼻咽癌)、癌胚抗原三项检查和前列腺癌、宫颈癌、乳腺癌的早期筛查等。不同年龄、性别、体重、职业的人所需的体检侧重点也有所不同，老年人要根据个人的身体状况，做重点检查。下列带有普遍性的检查可以发现一些疾病：

1.血液、小便、大便的检验。(1)验血液可以发现肝脏疾病、高血脂、高血糖、高胆固醇、贫血、肿瘤等；(2)验小便可及时发现肾脏病、糖尿病等；(3)验大便可早期发现消化道疾患及癌症等。

2.心脑血管检查。(1)测血压，高血压是冠心病发病诱因之一，高血压也容易引起脑血管意外；(2)心电图检查，可了解心肌供血情况、心律失常等，(3)心脏彩色B超和颈动脉B超，检查血管是否发生病变。

3.肝、胆、胰腺、肾的B超及X线胸片检查。(1)肝、胆、肾、前列腺B超可对肝、胆、肾、前列腺的形态进行检查，发现是否出现肝、胆、肾、胰腺、前列腺肿瘤或肝硬化、胆结石、肾结石；(2)X线胸片可早期发现肺结核、肺癌，常年嗜烟的老年人更应该定期做X线胸片检查。

4.眼底检查。可及早发现老年性白内障、原发性青光眼。患有高血压、冠心病、糖尿病的病人,可通过查眼底反映出动脉是否硬化。

5. 肛门指检。有助于发现直肠癌、男子前列腺癌、前列腺肥大等症。

6. 骨密度检测。老年人容易骨质疏松,50 岁以上的男性和 45 岁以上的女性应进行骨密度检测。

7. 妇科检查。妇女年纪大了,很容易发生乳房、生殖系统肿瘤,45 岁以上妇女要重点检查。

问题 246：体检次数多了会不会对身体健康产生危害?

答:体检是预防疾病发生的一项重要的措施,必要的定期体检是必须要做的,一般以一年一次为好,老年人可以半年一次。正常体检对身体造成的危害是不大的,一般是控制在安全范围以内的。但一年中多次的过度体检或追求一些最先进的设备去体检,对身体健康产生危害是存在的。

1. 过度的体检会危害身体。体检时,放射性检查是少不了的,如 X 线透视检查、B 超、CT、PET-CT 等都是检查的常用方法。放射性检查中 CT 的辐射量最大,据美国统计数据显示,过多的 CT 检查后的辐射量累积在体内,容易引发肺癌等恶性肿瘤。2012 年国家卫生部《关于规范健康体检应用放射检查技术的通知》中对儿童、婴幼儿、孕妇等体检项目规定了全限制和部分限制。这说明放射检查是存在比较严重危害的。

2. 过多地追求先进设备检查,也会损害身体的,有时还查不到点子上。如很多追捧最先进的全身扫描的 PET-CT

检查,检查 1 次费用在 10000 元左右。做 PET-CT 检查,不仅存在放射线和同位素的危害,而且对肠胃系统的疾病检查还是个盲区,如果是重点检查肠胃疾病的,实际是一种无效的检查,还要再做胃镜、肠镜的检查。

专家建议,体检可考虑年龄、家族病史、本人体检的异常项目、已经出现的症状、周围环境造成的居住区域的多发病症等,有目的、有重点地选择检查项目,对于常用的检查项目,应每年体检;对于那些高价的先进设备的检查,即使经济条件可以承受,也要考虑是否是必需的。

问题 247:哪些服药方法是错误的?

答:病人服药通常是按医生嘱咐或按药品的说明书上的服用方法服用。但实际服药中,存在以下的错误做法:

1. 饭前、饭后服用就是在吃饭前或吃饭后立即服用。"饭前服用"是指此药需要空腹,在餐前 1 小时或餐后 2 小时服用,以利吸收。常用的氨苄青霉素、青霉素 G、阿莫西林、红霉素、利福平、息斯敏、胃舒平、大部分中药或中成药等都需要空腹服用。"饭后服用"是指饱腹时服药,要在餐后半小时服用,利用食物减少药物对胃肠的刺激或促进胃肠对药物的吸收。常用的青霉素 V 钾、阿司匹林、复方新诺明、磺胺吡啶、环丙沙星、扑尔敏、帮助消化的胃蛋白酶等都要饱腹时服用。

2. 躺着服药。药物容易黏附于食道壁,不仅影响疗效还可能刺激食道,引起咳嗽或局部炎症,严重的甚至损伤食道壁,埋下患食道癌的隐患。最好取坐位或站姿服药。

3. 干吞服药。有些人为了省事,不喝水,直接将药物干吞下去,这是非常危险的。一方面可能损伤食道,另一方面因没有足够的水来帮助溶解,有些药物容易在体内形成结石,这个结石的形成不是因为干吞服药。

4.敲碎服或用水溶解后服。有些人因"吞不下"药或怕孩子噎住,就把药敲碎或用水溶解后再服用,这样不仅影响疗效还会加大药物的不良反应。如以阿司匹林肠溶片,敲碎后没有肠溶衣的保护药物无法安全抵达肠道。

5.用饮料服药。正确的方法是用温度适中的白开水服药。因为牛奶、果汁、茶水、可乐等各种饮料都会与药物发生相互作用,可能影响疗效,甚至导致危险。如用果汁或酸性饮料服用复方阿司匹林等解热镇痛药和黄连素、乙酰螺旋霉素等糖衣抗生素,会加速药物溶解,损伤胃黏膜,重者可导致胃黏膜出血;服用氢氧化铝等碱性治胃痛药,会酸碱中和使药物完全失效;服用复方新诺明等磺胺类药物,则降低药物的溶解度,引起尿路结石。用茶服用治疗贫血的铁剂,茶中的单宁酸就会与铁结合,会减弱疗效。

6.对着瓶口喝药。这种情况多见于喝糖浆或合剂。一方面容易污染药液,加速其变质;另一方面不能准确控制摄入的药量,要么达不到药效,要么服用过量增大产生副作用。

7.多药同时服用。多药同服,药物之间的相互作用就很难避免,甚至还会引起一些意想不到的麻烦。如在服用避孕药的同时服用了抗结核药物或防止脑卒中的药物,导致避孕药失效;在服用治疗抑郁症药物的同时又服用了抗过敏药,导致抑郁症的症状得不到控制;服用治疗咳嗽的甘草片,会导致治疗心脏病药物失效;在服用甲状腺素片治疗甲低的同时如果又补充镁,甲状腺素片的疗效就会下降。

8. 服药喝水过多。服药喝水过多会稀释胃酸,不利于对药物的溶解吸收。一般来说送服用固体药物 1 小杯温开水就足够了。对于糖浆这种特殊的制剂来说,特别是止咳糖浆,需要药物覆盖在发炎的咽部黏膜表面,形成保护性薄膜,以减轻黏膜炎症反应,阻断刺激,缓解咳嗽,喝完糖浆 5 分钟内不要喝水,更不能用水稀释服用。

9. 服药后马上运动。服药后不能马上运动。因为药物服用后一般需要 30~60 分钟才能被胃肠溶解吸收、发挥作用。而马上运动会导致胃肠等脏器血液供应不足,药物的吸收效果可能差一些。

问题 248:服药期间要注意哪些饮食禁忌?

答:服药期间不注意饮食禁忌。服药期间不合理的饮食会降低药效,严重的还可能危及生命。(1)降血压药、抗心绞痛药,服用期间忌喝西柚汁、忌吃含盐高的食品。因为西柚汁中的柚皮素可以影响肝脏中某些酶的作用,而这种酶正好与降血压和抗心绞痛药物的代谢有关。以治疗心绞痛药物"非乐地平"为例,一杯西柚汁就能让体内的血药浓度上升 134%,相当于服了 2 倍多的药,明显过量,大大增加副作用;食盐则会引起血压升高,降低降压药的疗效,同时加重心绞痛的程度。(2)治疗头疼药,服用期间忌饮酒,因为酒精进入人体后需要被氧化成乙醛,再进一步氧化成乙酸代谢掉。而此类药物会妨碍乙醛氧化成乙酸,导致体内乙醛蓄积,加重头痛症状。同时,酒精还易让人昏昏欲睡,会与这类药物中大都含有的巴比妥成分的药效重叠。(3)

抗抑郁药、痢特灵、抗结核药、抗肿瘤药,忌吃奶酪、香蕉、油梨、豆浆、啤酒等含酪胺较多的食物。(4)苦味健胃药、助消化药、中药忌吃糖或甜食,因为苦味健胃药和助消化药主要通过刺激末梢神经,反射性分泌唾液、胃液等消化液,以达到助消化、促食欲的作用。糖或甜食会掩盖苦味、降低药效。对于中药来说,糖或甜食还容易与药物中的很多成分发生反应,减少有效成分含量和药效。(5)钙补充剂,忌食含草酸丰富的菠菜、茶、杏仁等。因为草酸在小肠中会与钙结合,产生无法吸收的不可溶物质,在阻碍钙吸收的同时还可能形成结石。(6)铁补充剂,忌食过多动、植物油脂。因为油脂会抑制胃酸的分泌,影响三价铁离子转变为二价铁离子,不利于胃肠道对铁的吸收,削弱补铁效果。(7)碘补充剂,忌食菠菜、桃、梨等,因为这些食物会阻碍碘进入甲状腺。

问题 249:为什么维生素类药不宜饭前服用?

答:维生素类药一般应在饭后服,而不宜在饭前服。其原因是使人体组织更充分地吸收各种维生素。(1)维生素 B_1、B_2、C 等,口服后主要经小肠吸收。若饭前空腹服,维生素较快通过胃肠,很可能在人体组织未充分吸收利用之前,即从尿中排出,从而起不到最好的作用。而饭后服,因肠道有食物,可使维生素缓缓通过肠道,较完全地被吸收而起到理想的治疗效果。(2)如维生素 A、D、E 等,油类食物有助于它们的吸收。(3)有些矿物质利于维生素的吸收;相反,有的维生素也能促进一些矿物质的吸收。人们的饭食中含有许多矿物质。因此,需要补充维生素时最好在饭后服用,或配合吃一些含矿物质更丰富的食物,这样效果会更好。

问题250:哪些中药与西药不能同时服用?

答:中药和西药最好不要同时服用,间隔1个小时左右为好。有些西药和中药同时服用,会影响药效或产生不良后果。

1. 治疗缺铁性贫血的铁制剂、治疗消化不良的酶制剂、含有氨基比林等成分的解热镇痛剂、某些治疗心脏病的药物如洋地黄制剂等,不能与中药同时服用。因为这些西药容易同中药中的鞣质发生反应,影响疗效,甚至产生有害物质。

2. 中药保和丸、六味地黄丸和西药胃舒平、碳酸氢钠、氢氧化铝、氨茶碱等合用,会影响酸碱平衡而失去作用。

3. 麦芽、神曲、谷芽与抗生素类合用,会使酶的活性降低而丧失药效。

4. 防风通圣丸、止咳定喘膏、麻杏石甘片与复方降压片、优降宁等合用,可抵消降压作用。

5. 贝母与氨茶碱同时使用,能引起中毒。

6. 小活络丹、香连丸、川贝枇杷露与阿托品、654-2、咖啡因合用,会增加生物碱的毒性,引起中毒。

7. 朱砂安神丸与硫酸亚铁合用,能生成溴化汞、硫化汞,易导致汞中毒。

8. 乌梅、山楂、五味子等含有机酸的中药与磺胺类药物合用,易引起少尿、尿闭或血尿。

9. 益心丹、保心丸、六神丸与心律平、奎尼丁合用,可导致心脏骤停。

10. 蛇胆川贝液与吗啡、杜冷丁、可待因合用,会导致呼吸衰竭。

11. 参苓白术丸与痢特灵合用可引起恶心、呕吐、血压升高。

12. 人参酒、舒筋活络酒与鲁米那、水合氯醛等镇静止痉药合用,可加强中枢神经的抑制作用,易发生危险。

13. 穿心莲与红霉素、元胡止痛片与咖啡因、牛黄解毒片与新霉素也不能合用。

 问题 251:西洋参是否人人都可以服用?

答:西洋参,味甘、微苦、性凉,功能是补气养阴,清虚火、止渴生津,用于治疗气虚阴亏、内热、咳喘痰血、虚热烦倦、口燥咽干等症状,最适宜肺阴不足引起的咳嗽喘促、胃燥津伤的咽干口渴。如果身体有感觉口渴烦躁、手心发热、脸色发红、食欲不振、疲乏无力时,服用西洋参有很好的效果。肝病、肿瘤病、糖尿病、慢性胃病和肠胃虚弱的人,都可以服用,用量为 3~6 克,切片含服比较好。

如果身体没有感觉不舒服的,不可以经常服用西洋参。有手足不温、怕冷、大便溏泄、小便清长、口淡无味、易出汗、舌质淡、舌苔白润、脉虚弱等阳虚症状,胃有寒湿及伤风感冒未痊愈的,不适宜服用西洋参。

 问题 252:药品出现哪些情况时不能使用?

答:药品可分为片剂、针剂、水剂、中成药、外用药等,各类药品出现下列情况时,都不能使用。

1. 片剂。药片分糖衣片、非糖衣片。糖衣片如果出现受潮、变色、发霉、衣层裂开、融化等现象不能服用;非糖衣片,如原来有白色,变为黄色,或发黑、有斑点、松散、潮解等,就不能再服用。还有一种胶囊内装药粉,如果胶囊受潮发黏,里面药粉结块,也不可再用。

2.针剂。注射药多为水溶液,一般为无色、微黄的澄明液体,不允许有浑浊、沉淀、絮状物和变色等现象,凡出现这种情况的,不可使用。

3.水剂。药水、糖浆类药品如发现药液中浑浊、沉淀、有霉点、变色、发酵、酸败等情况,都应作变质处理,及时倒掉。

4.中成药。发现中成药丸、片发霉、生虫、潮化等,说明已变质,也不可再用。

5.外用药。药水、药膏,药水和注射液一样,是澄明的水溶液,如出现结晶、絮状物或霉点,就是变质,不能再使用。

问题253:如何管理家庭药箱?

答:很多家庭都会备一个小药箱,以便身体出现不适时应急使用,管理好家庭药箱主要做好以下几项:

1.药箱基本配备。药箱基本配备三类:(1)工具性器材:体温计、血压计、处理或包扎伤口器具等;(2)消耗性器材:消毒纱布、绷带、棉签、创可贴、酒精棉球等;(3)药品:消炎药、感冒药、红花油、藿香正气水、保济丸等常用的药品。

2.药箱存放。药箱要放在固定的地方,高度要让小孩够不到,以免误食。

3.药品摆放。外用药和内服药分开摆放,并用明显标志区分,外用药贴红色标签,内服药贴蓝色标签。每种药应连外包装一起存放。药物的外包装纸盒印有有效期、适应证等相关信息,对药品使用和保存有帮助。散装药应按类分开,并贴上醒目标签,标清楚有效日期、名称、用法、用量及过期时间;儿童药与成人药分开存放,以免错拿。

4. 注意药品保存。(1)注意温度:药品说明书上的保存条件中写的常温是指 10～30℃,冷处储存是指 2～10℃,阴凉处储存是指不超过 20℃。(2)注意区分冷藏、冷冻,各种疫苗、生物制品、胰岛素针、胸腺肽针等需要放入冰箱冷藏,但不能冷冻,冷冻可导致蛋白质变性,影响药效。(3)常温保管药品不需要低温保存,像止咳糖浆、抗过敏糖浆、解热镇痛溶液、感冒糖浆,以及外用乳膏,低温保存会引起基质分层,影响糖浆的药性和软膏的均匀性与药性。(4)注意在干燥、通风的环境下保存。潮湿的空气中,药物易霉变、结块和分解。如阿司匹林在干燥情况下较稳定,一旦接触水分,就会分解成醋酸和水杨酸,后者对胃刺激较大。

5. 失效处理。药物都标注有效期的,如果药物有效期标注为某年某月的,则表示该药的有效期到某月的最后一天,如 2 月份到期的为 2 月 28 日或 29 日,4 月份到期的为 4 月 30 日,5 月份到期的为 5 月 31 日,而不是到下个月的 1 日,凡到期的药一律不得使用。对于药物颜色、气味变化、黏连性、松散、发硬或不完整的,虽然没到有效期,也不要使用。过期药物送国家指定的回收点,放到专门的过期药物回收点。这些点设在药店、医疗机构、社区和政府机关。回收点有专人负责登记回收,回收箱是定制的,回收的药物每年定期统一销毁。

第 9 章 护理服务

问题 254：老年护理有哪几种方式？

答：老年护理是指帮助老人解决日常生活和疾病中所遇到的日常生活照料、疾病康复、心理支持等，满足老年人的生活和生命需求。根据老人被护理的地点不同，分为家庭护理、养老机构护理、医院护理三种方式。

1. 家庭护理。是指老人在家庭里由家人或保姆等承担的护理。

2. 养老机构护理。是指老人在养老院、福利院等养老机构中由专职养老护理人员提供的规范的护理服务。

3. 医院护理。是指老人在医院接受住院医疗期间，由护士提供的专业护理服务。

老年人年纪大，行动迟缓，抵抗力弱，护理人员要以老人为中心，做到"因人、因时、因地"，针对老人各自不同年龄、不同体质、不同疾病、不同季节、不同环境采取不同的护理措施，保障老人日常生活和身体康复的合理需求。

问题 255：哪些病种适合在家庭进行护理？

答：老年人常患有多种慢性疾病，许多病住院后不能立刻痊愈，需在医院治疗一段时间，疾病相对稳定出院后在家疗养。适合家庭护理的疾病一般有以下几种：

1. 慢性心、肺疾病稳定期,如慢性高血压、冠心病、慢性支气管炎、肺气肿等。

2. 神经系统疾病:急性中风康复出院后、中风后偏瘫、帕金森病、老年痴呆、"植物人"等。

3. 骨科疾病:骨折后的康复、骨关节炎、腰椎疾病等。

4. 恶性肿瘤:肿瘤手术后恢复期、肿瘤化疗、放疗期病人。

5. 慢性肝肾疾病:慢性肝炎、慢性肾炎恢复期病人。

问题 256:家庭护理人员需要做好哪些方面的事情?

答:护理身边的老人,让他们早日康复,因此,家属或护理人员首先要了解老年人或老年病人的以下特点,掌握老年人具体衰老特征,例如视力、听力、步行能力、睡眠、食欲等,以便采取针对性措施。饮食、运动、休息、大小便是老年人保健护理的重点。同时注意老年人精神方面的护理,老年易感孤独、寂寞,家属及护理人员要给予充分的关怀,使老年人感到温暖和安慰。注意老年人饮食卫生。日常需要做以下工作:

(1)搞好老人的自身卫生;

(2)经常帮助老人洗澡,并防止滑倒;

(3)注意老年人口腔卫生,每天要刷牙或漱口;

(4)照顾好老人的大小便,注意清洁,并防止便秘及尿潴留;

(5)帮助卧床病人按时更换体位,防止褥疮发生,保持血液循环和肺部呼吸通畅;

（6）经常活动各部位关节，按摩各组肌肉，以防僵直或肌力衰退；

（7）保持居室温度适宜，避免穿堂风；

（8）做好合理的营养搭配，饮食避免过冷、过热、过饱，一日以四餐为好；

（9）注意精神护理，经常和老人聊天，使老人精神愉快、生活充实。

问题257：老年人洗澡时需要注意哪些事项？

答：在日常生活中，老年人洗澡发生意外时有发生。因此，护理人员和家人要提醒老年人洗澡时注意以下事项，必要时提供相应的帮助。

1. 提醒老人饭后，特别是饱餐后半小时内不宜洗澡。因为这时洗澡，皮肤血管扩张，会影响消化和吸收。心脏病、高血压患者更加不宜饭后马上洗澡。

2. 提醒老人过于劳累或饥饿时，不应洗澡。应当稍做休息，吃点食物再洗。劳累时，肌肉张力差，淋浴时站不稳，易摔倒；盆浴时易滑进浴缸，如果浴缸内水多，有可能会呛水甚至淹溺。

3. 提醒老人头晕脑胀、心烦意乱、大量饮酒后不宜洗澡。这些情况下，人不够清醒，反应迟钝，对环境漠不关心，摔跌、碰撞、烫伤、淹溺都可能发生。

4. 洗澡间要保证必要的通风。冬季保暖是必要的，但不可把门窗全关紧，弄得浴室雾气腾腾，对健康很不利。浴室也要有足够的亮度，不能在暗室洗澡。

5. 每次洗澡时间不要太长，10～20分钟足够，别超过半小时。洗澡次数不应太多,根据季节变化,适当增减。洗澡过多,皮肤上的油脂全洗掉,皮肤易干燥发痒,皮肤的抵抗力会削弱。

6. 患慢性病的老人不宜单独洗澡。患高血压、冠心病、高血脂、高血糖症及颈椎病、糖尿病的老年人,洗澡时容易发生意外,要由专人陪护洗澡。

7. 体弱多病的老人洗澡前喝 1 杯热水,补充全身的血液容量;患有严重高血压病的老人,建议浴前服药。

8. 老人洗澡别锁门,最好在老人伸手就能摸到的地方,装个呼叫铃,便于老年人在发生危险时按铃呼救。

9. 在公共澡堂淋浴要提防水龙头放水冷热不稳定而引起烫伤,也不要坐在公共浴池上擦拭皮肤,防止传染皮肤病或泌尿系统感染。搓背时让家人帮助,以防搓伤骨折。

问题 258:怎样清除老年人特殊体味?

答:老年人由于疾病较多,加上活动能力减弱,容易出现特殊体味,需要及时地清理,可使用以下方法:

1. 医疗清理。如果身体异味是由疾病引起的,就应该到医院,彻底治疗原发病,去除病因。对于一些局部感染或其他异常引起的体味,也应针对具体情况进行处理。

2. 饮食选择。身体有异味者,应避免进食刺激性大、味浓色重的食物,如葱、蒜、韭菜、辣椒等,而应多吃含丰富蛋白质的食物和新鲜蔬菜水果等。

3. 身体清洗。宜经常洗浴,不可使用油脂性过高、吸尘性高、吸水性强的化妆品,以防破坏正常的皮肤生理环境。注意身体阴部清洁卫生,性生活前后都要冲洗阴部,保持清洁。

4. 环境清理。房间布置宜简单清洁,经常打扫居室,清洁地面,勤换洗床单枕套以及内衣内裤,去除室内外的杂物污物,保持室内空气流通。

问题 259:怎样为卧床老人整理床铺和更换床单?

答:护理人员为卧床老人整理床铺和更换床单分别按下列方法进行处理。

1. 整理床铺基本操作程序:(1)关好门窗,移开床旁桌、椅。如病情许可,放平床头,便于彻底清扫。(2)协助老人翻身至对侧,松开近侧床单,用床刷从床头至床尾扫净床单上的渣屑,应注意将枕下及老人身下各层彻底扫净,然后将床单拉平铺好,协助老人翻身卧于扫净之一侧。转至对侧以上法逐层清扫,并拉平床单铺好。(3)整理被盖,将棉被拉平,为老人盖好。(4)取下枕头揉松,放于老人头下。

2. 更换床单基本操作程序:(1)酌情关好门窗,移开床旁桌、椅。(2)放平老人,帮助老人侧卧在床之一边,背向护理人员,枕头与老人一起移向对侧。(3)将脏污床单卷起,塞入老人身下,扫净垫褥上的渣屑。(4)将清洁床单铺在床的一边(正面在内),叠缝中线与床中线对齐,将上半幅卷起塞在老人身下,靠近侧的半幅自床头、床尾、中间、先后拉紧塞入床垫下,帮助老人侧卧于清洁床单上,面向护理人员,转至对侧,将脏污床单自床头至床尾边卷边拉出,然后将清洁床单拉平,同上法铺好,帮助老人取仰卧位。(5)盖好棉被,拉平,使老人舒适平卧。(6)一手挟住老人的头颈部,另一手速将枕头取出,更换枕套,给老人枕好。

问题 260：怎样辅助卧床老人向床头移动和翻身？

答：移动老人和翻身是一项护理的基本工作，可按下列操作程序处理。

1. 向床头移动程序：（1）放平靠背架，取下枕头放于椅上，使老人仰卧，屈起双膝；（2）护理人员一臂伸入老人肩下，一臂托住老人的臀部，在抬起老人的同时，嘱老人用双手握住床头栏杆，并指导老人用双足抵住床面挺身上移。放回枕头，再支起靠背架，使老人卧位舒适。

2. 老人翻身程序：（1）仰卧老人要向一侧翻身时，先使老人两手放于腹部，两腿屈膝，护理人员一前臂伸入老人腰部，另一臂伸入其股下，用臂的力量，将老人迅速抬起，移近床缘，同时转向对侧；（2）抬起老人头肩部，并转向对侧，在老人的背部放置软枕，以维持体位，胸前放一软枕，支持前臂，使老人舒适；（3）将老人上腿弯向前方，下腿微屈，两膝之间，垫以软枕，防止两腿之间相互受压及摩擦。

问题 261：怎样为卧床老人进行口腔护理和排痰？

答：卧床老人的口腔护理和排痰是经常性的护理项目，可按下列程序处理：

1. 口腔护理程序：（1）器具：镊子一把、棉花球，压舌板一块（或用竹筷代替）、漱口药液（常用生理盐水、1：5000 呋喃西林或 3％ 硼酸溶液）；（2）方法：让老人侧卧，面向护理者，用压舌板轻轻撑开颊部，以镊子夹取漱口液棉球，由内向外，沿牙齿的纵向擦净牙齿内外两侧、咬合面、舌、口腔黏膜，硬腭等处。洗毕后帮助老人漱口，擦干面部。如口腔黏膜有溃疡，可撒锡类散或青黛散。如有假牙，应帮助老人取下,用冷水刷洗,让老人漱口后戴上。

2.协助老人排痰。排痰是保持呼吸道通畅,减少呼吸道并发症的重要措施。护理工作可采取以下措施:(1)适当多饮水,饮食以清淡为主,避免着凉,预防感冒;(2)经常改变身体位置,定时拍背,在病人阵咳前,鼓励病人做深呼吸,以便将痰咳出;(3)蒸气吸入:将开水倒入茶杯或装有菊花、青果、胖大海等中药的茶缸中,口对杯中吸入热蒸气,每次15~30分钟,每日2~4次,可湿润咽喉,稀释痰液,有利排痰;(4)简易吸痰器:适于痰液壅盛时,用一根较粗的消毒导尿管接在100毫升的注射器上,将导尿管一端插入患者口腔深部,吸出痰液;另置一碗清水,随时冲洗导尿管,以防止黏痰堵塞;(5)病人突然黏痰堵塞、影响呼吸时,要分秒必争,立即用手绢或纱布包住食指,伸向病人咽部,掏出痰液,或口对口吸出痰液。

问题262:怎样为卧床老人擦澡?

答:护理人员为卧床老人擦澡,可按下列程序处理:(1)器物:清洁衣裤、大毛巾、热水、水桶、毛巾、肥皂、脸盆。(2)方法:关好门窗,移开桌椅,盛热水四分之三盆,松开盖被,将大毛巾半垫半盖在老人擦洗部位,先用湿毛巾擦,然后用蘸肥皂的毛巾擦洗,再用湿毛巾反复擦净,最后用大毛巾擦干。擦洗部位的先后顺序如下:第一步,松开领口,给老人洗眼、鼻、脸、耳、颈部等处,注意洗净耳后;第二步,脱去老人上衣,先洗健康一侧,后洗病患一侧,擦洗两臂,注意洗净腋窝部。帮助老人侧卧,面向护理者,将脸盆放在床侧的大毛巾上,为老人洗净双手。第三步,解开老人裤带,擦洗胸腹部,注意乳房下及脐部,帮助老人翻身,擦洗背及臀部。第四步,脱去长裤,擦洗两腿、两侧腹股沟、会阴。将盆移于足下,往床上铺垫大毛巾,洗净双足,穿好裤子。第五,整理床铺,按需要更换床单,清理所用物品。

 问题 263:如何防止瘫痪老人生褥疮?

答:防止瘫痪老人生褥疮的护理措施是定时为老人翻身,以保证睡床的透气、干燥。

1. 对不能自行活动的病人处理:(1)白天每 2 小时翻身一次,夜间不超过 3 小时翻身一次。夜间翻身可根据家属或照顾者睡眠习惯,安排翻身时间,如家属晚 11 点睡觉,可在睡前给老人翻身,晨 2 点前再为病人翻身一次,5 点前给病人翻身一次至天亮。(2)翻身前应先拍背,叮嘱其咳嗽,再让病人饮温开水 1~2 口后进行翻身。(3)每次翻身均应检查受压的骨突部,以便及时了解皮肤情况,发现问题及时处理。(4)对于受压的骨突部位,作局部按摩或使用气垫等措施以预防褥疮。

2. 对于在床上能活动病人的处理:主要是视病情和耐受情况,指导自行翻身,逐步训练。基本方法为:白天利用晨起、早中晚饭前、午睡前后、夜间睡前的排尿时间进行翻身,夜间也可根据睡眠习惯和排尿次数增加 1~2 次。

 问题 264:护理家中骨折老人要注意哪些问题?

答:骨折老人需要长时间的康复,在护理上要注意防止以下问题的发生,保证老人身心健康。

1. 预防褥疮。长期卧床使局部组织受压,血液循环障碍,容易发生褥疮。牵引期间,要每两小时帮助更换体位一

次,夜间亦要每 3～4 小时更换体位一次。同时用 50％酒精
对受压部位进行按摩,改善局部血液循环,以预防褥疮
发生。

2. 预防坠积性肺炎。长期卧床肺活量减小,容易使支
气管分泌物坠积于肺底,若合并感染引起坠积性肺炎。因
此,在帮助老人翻身时,同时还要帮助捶背,并鼓励老人做
深呼吸增加肺活量,便于痰液排出,保持呼吸道通畅,防止
肺炎发生。此外,老人卧室要保持空气新鲜,定时通风换
气,也有利于呼吸道清洁。

3. 预防便秘。病人一定要注意饮食调节,多吃新鲜蔬
菜及含纤维素多的食物,保持每 1～2 天排便一次,如果
3～4 天未解大便,可给予缓泻药如润肠丸等,如果有便秘习
惯者,要进行日常生活调治,每日清晨空腹喝一小杯淡盐
水,每日睡前喝一杯蜂蜜麻油水,这样坚持下去,可使便秘
得以逐渐消失,保持大便通畅。

4. 预防抑郁症。骨折后老人生活不能完全自理,需要
别人照顾,容易因长期卧床而情绪低落,产生抑郁。因此,
家人要关怀和照顾好病人尤其是子女要体贴老人,如果老
人能保持较好的心理状态,精神上愉快与平稳,通过心理—
生理反应,将可以极大地促进骨折愈合,缩短卧床时间,早
日康复。

5. 预防关节挛缩。卧床期间要保持适当的床上运动锻
炼,预防肢体废用性萎缩及关节挛缩。此外,要注意保持各
关节功能位置,特别是患肢应始终处在功能状态下,这样不
至于骨折愈合后站立不起来。

6. 预防泌尿道感染。老年骨折病人因卧床大小便需要

别人照顾,害怕麻烦别人而不敢多喝水,结果很容易引起泌尿系感染,特别是女性病人感染率高。所以,家人要鼓励病人多喝水,每日应摄入 2000 毫升以上水分,增加排尿量,清洁尿道,预防感染。

问题 265：骨折病人喝骨头汤是否更有利于骨折愈合?

答：骨折病人不宜大量喝骨头汤,特别是骨折初期,要禁止喝骨头汤。

骨折病人饮食要配合骨折愈合的不同时期,以促进血肿吸收或骨痂生成,掌握骨折初期宜清淡,中期宜和养,后期宜进补的原则,选择适当的食物,采用不同的饮食辅助疗法,加快骨折愈合。

1. 骨折初期,受伤部位淤血肿胀,经络不通,气血阻滞,此期治疗以活血化淤、行气消散为主。中医认为,淤不去则骨不能生,淤去新骨生。此时,消肿散淤为骨折愈合之首要。饮食原则以清淡为主,如蔬菜、蛋类、豆制品、水果、鱼汤、瘦肉汁等,忌食酸辣、燥热、油腻食物,尤不可过早给予骨头汤、煲鸡、炖水鱼等肥腻滋补之品。否则,淤血积滞,难以消散,使骨痂生成迟缓,影响日后关节功能的恢复。

2. 伤后三至四周,淤血大部分吸收,骨折恢复中期,治疗宜和,以和营止痛、去淤生新、接骨续筋为主。饮食由清淡转为适当的高营养补充,以满足骨痂生长的需要,补充维生素 A、D、钙及蛋白质。

3. 伤后六至八周,骨折淤肿基本吸收,已经有骨痂形成,治疗宜补,通过补益肝肾、气血,以促进骨痂形成、牢固以及舒筋活络,使邻近的关节自由灵活运动,恢复正常功能。饮食上可以解除禁忌,以高营养的食物给以进补,能饮酒者可给以饮用适量的杜仲骨碎补酒、虎骨木瓜酒。

问题 266:昏迷病人家庭护理要注意哪些要点?

答:昏迷病人一般应该住院治疗。对于一些住院无效的适宜在家庭护理的长期昏迷病人,护理人员要注意以下要点:

1. 要关注病人的生命信息。鉴别病人是否昏迷最简单的办法是用棉芯轻触一下病人的角膜,正常人或轻症病人都会出现眨眼动作,深度昏迷病人会毫无反应。当确定病人昏迷时,应尽快送病人到医院抢救。在护送病人去医院途中,要注意做好如下几点:(1)要使病人平卧,头侧向一侧,以保持呼吸道通顺;(2)病人有活动性假牙,应立即取出,以防误入气管;(3)注意给病人保暖,防止受凉;(4)密切观察病情变化,经常呼唤病人,以了解意识情况;(5)对躁动不安的病人,要加强保护,防止意外损伤。

2. 做好日常护理。(1)饮食护理:给予病人高热量、易消化流质食物;不能吞咽者给予鼻饲。鼻饲食物可为牛奶、米汤、菜汤、肉汤和果汁水等,也可将牛奶、鸡蛋、淀粉、菜汁等调配在一起,制成稀粥状的混合奶,鼻饲给病人。每次鼻饲量 200~350 毫升,每日 4~5 次。鼻饲时,应加强病人所用餐具的清洗、消毒。(2)保持呼吸道通畅,防止感冒。(3)预防褥疮。每 2~3 小时翻身一次。及时更换潮湿的床单、被褥和衣服。(4)预防烫伤。家人在给病人使用热水袋等取暖时,一定要注意温度低于 50°,以免发生烫伤。(5)防止便秘。每天可给病人吃一些香蕉及蜂蜜和含纤维素多的食物,每日早晚给病人按摩腹部。3 天未大便者,应服用麻仁润肠丸或大黄苏打片等缓泻药,必要时可用开塞露帮助排便。(6)防止泌尿系感染。病人如能自行排尿,要及时更换尿湿的衣服、床单、被褥。如病人需用导尿管帮助排尿,每次清理病人尿袋时要注意无菌操作,导尿管要定期更换。(7)防止坠床。躁动不安的病人应安装床挡,必要时使用保护带,防止病人坠床、摔伤。(8)预防结膜、角膜炎。对眼睛不能闭合者,可给病人涂用抗生素眼膏并加盖湿纱布,以防结、角膜炎的发生。(9)清洁卫生护理。每天早晚及饭后给病人用盐水清洗口腔,每周擦澡 1～2 次,每日清洗外阴一次,隔日洗脚一次等。

 问题 267:老年人手脚突然抽筋怎么办?

答:老年人在夜间经常会发生"抽筋",部位有脚趾、腿肚子,发作时,疼痛难忍,坐卧不安。导致"抽筋"原因主要有:外界寒冷刺激,俗称"受凉",走路或运动时间过长使下肢过度疲劳,乳酸堆积;睡眠过多使血液循环减慢;老年妇女雌激素下降骨质疏松;睡眠姿势不当等。

老年人发生手脚抽筋时,可用以下护理方法处理:

1. 腿脚部抽筋处理:下床站立是最好的办法,可以立即见效。如果无效,可按下列不同部位,采取不同的方法处理:

(1)足部"抽筋"处理:足背用力向上翘,一般 30 秒钟会缓解;如果无效延长至 2～3 分钟。

(2)小腿部"抽筋"处理:①用手掌根部用力按压小腿内

外两侧2～3分钟,舒筋活血,解除疼痛;②也可用一只手拉住脚趾,使脚尖勾起,另一只手揉捏"抽筋"处僵直的肌肉,反复多次,症状解除。

(3)大腿部"抽筋"处理:使膝部伸直,一手放在足根处,将腿抬高,另一只手按压下膝部,轻揉大腿"抽筋"的部位,可解除症状。

(4)脚趾"抽筋"处理:①将脚趾轻轻拉直,由家人协助利用大脚趾底部站立,然后按摩脚部肌肉;②也可将"抽筋"的脚趾向下拉动数次,解除疼痛。

2.手部抽筋处理:手部抽筋主要是手指,发生抽筋时,用力将抽筋的手指拉直,一会就会恢复正常。

3.经常性抽筋的医药处理:老人经常性抽筋的,可给老人补钙,注意保暖,在易发部位睡前适当按摩,睡前热水泡脚等,如果采取这些措施后,仍然无效的,可用中药:芍药30克、木瓜15克、甘草10克,用水400克煎至200克,分2次服用。

问题268:老年人"打嗝"不止的原因是什么？如何处理？

答:"打嗝"是生活中常会发生的事情,老年人如果持续打嗝,千万不要大意。"打嗝"有病理性的和非病理性之分,病理性的一定要注意。

1.病理性的"打嗝"。经常打嗝可能提示肠胃不好;有高血压疾病的老年人如果打嗝不止,可能是中风(卒中)的前兆;还有脑炎、肠梗阻、尿毒症、肿瘤、胃肠炎也会直接或间接打嗝。特别是有肢体活动不力、言语不清,甚至神志不清症状者和患有高血压、高血脂、冠心病、动脉硬化的人,要警惕中风的发生,如果同时伴有消化道出血,要迅速就医。

2. 非病理性的打嗝。主要由暴饮暴食、饮酒过多、食物过热、食物过凉、吞咽空气,边吃边说等引发。

3. "打嗝"处理办法。如果"打嗝"不止,可以采取以下办法:(1)深吸一大口气后喝一口水,即可止住打嗝;(2)捏中指:使劲用一只手捏另一只手的中指;(3)可用勺子压住舌头几分钟,便会止住。

问题 269:怎样做好老年人的便秘护理?

答:老年人便秘,不仅会出现腹胀不适、食欲不振、心烦失眠和头昏等症状,还可诱发或加重痔疮、肛裂、脱肛、前列腺肥大、结肠癌等器质性疾病,甚至可导致急性心肌梗死、脑卒中和猝死的发生,因此,有效护理老年人便秘十分重要。

1. 心理护理。便秘病人常会出现痛苦、烦躁、紧张、焦虑等情绪反应,护理时应在采取帮助排便措施的同时,分析引起便秘的原因,安慰患者不必紧张,树立信心,只要配合医护人员一定能解除痛苦。

2. 饮食护理。可增加脂肪、高纤维素食物和水的摄入,有助于防止便秘的发生。脂肪食物可使大便柔滑,其所含的脂肪酸可刺激肠道平滑肌而使肠蠕动加快。吃点夹心肉、芹菜、番薯等,特别是番薯,是很好的通便食物。

3. 生活护理。(1)要养成定时起居、排便习惯,做到排便注意力集中,不听音乐、不看报纸杂志;(2)鼓励老年人适当做健身运动:①按摩腹部:平卧放松,从右下腹开始→向上→向左→再向下,按顺时针方向按摩腹部,即顺着升结肠→横结肠→降结肠→乙状结肠的顺序按摩,每次 20～30遍;②收腹鼓腹运动:平卧时深吸气将腹部鼓起,呼气时收腹,反复做 10 次左右;③提肛运动:平卧或坐位时进行收缩肛门运动,做正常排便时的一收一放动作,以锻炼提肛肌的收缩力。

4. 适当用药。顽固性便秘者须在医生指导下治疗,可服用通泰胶囊、乳果糖,也可用开塞露、甘油栓等。用药注意事项:(1)不能长期单独使用某一种泻药,以免停药后不能恢复排便功能;(2)使用泻药也要注意调整交替使用,避免用强烈的泻药;(3)不用或少用易引起便秘的药物,如可待因、铁剂、铝剂、钙剂等。

问题 270:如何根据老年人的皮肤特征进行有效的护理?

答:人进入老年期后,皮肤开始萎缩,变软、变薄,光泽减退,弹性减少,干燥起皱,且容易破损出血、容易发凉、容易发痒。老年疣、皮脂腺、血管瘤到处显现,增生性病变增多。根据老人这些皮肤特征,在进行护理时,要注意把握以下事项:(1)要防止、不用或少用刺激性物品,要选择中性洗浴用品。(2)选用适合老年人的营养护肤品,如花粉类、珍珠类、人参类、维生素 E 类。(3)要温水清洁,洗浴类的泡沫要尽快冲掉,以避免刺激皮肤。(4)合理的营养饮食,多吃含维生素 A、维生素 B_2、维生素 C 的水果和新鲜蔬菜,少抽烟,少喝酒、浓茶、咖啡,少吃辛辣物、海鲜等,防止许多瘙痒症、湿疹、荨麻疹的发生或复发。(5)选用棉织物内衣,减少衣服对皮肤的刺激。(6)预防增生损害引起的破溃与恶变。老年皮肤增生不要抠抓、抚弄,防止被抓破流血。有些长在面部的老年疣等增生物,易受日光刺激起某种变化的,要加以注意,防止引起老年皮肤恶变。(7)要防止摔倒损伤,伤皮肤、伤筋骨是特别要注意的。

 问题 271:老年人如何防止发生肩周炎?

答:肩周炎发病率很高,有很多人患有诸如“四十肩”、“五十肩”黏连性肩关节炎,严重时刷牙、洗脸、梳头、脱衣都成问题,且恢复期很慢。因此,要注意做好以下几方面的防护措施:

1. 保暖、避免受凉诱发,不要过度劳累,以增强免疫力。

2. 可采取运动防护:(1)用右手搭在左肩弹捏,用左手搭在右肩弹捏,放松肌肉。每天做 3~5 次,每次 3 分钟。(2)站立双手与肩同宽,用右手绕过后脑摸左耳,用左手绕过后脑摸右耳,每天做 5~7 次。(3)面对墙壁或者侧对墙壁用手爬墙,循序渐进,使高度不断上升,每天做 5 次。(4)拉攀:在房间内装一个定滑轮,通过尼龙绳两边分别挂上吊环,老年人双手各握一个,然后用侧肩用力拉绳,起到拉伸作用,但不可操之过急,不可求快、求重。一般社区或公园都有这样的健身器材。另外做做颈椎操、早操均有好处的。

 问题 272:老年人如何预防和护理痛风?

答:痛风多发于中老年脑力劳动者,病发时关节周围出现红肿热痛,严重的还会形成痛风石,影响肾功能。预防痛风要注意防止受凉,过度疲劳,合理调配饮食。严格限制蛋白、脂肪、嘌呤、热量的摄入,在生活方式上加以控制。

1. 限制饮食中的脂肪摄入量,因为脂肪有阻碍肾脏排尿酸的作用,尽量不食用肥肉、油煎、油炸的食物。

2. 控制摄入含嘌呤的食物:在痛风急性发作时,应选择基本不含嘌呤的精粮、蔬菜、水果、花生米、牛奶制品、蛋类等低脂肪食物。在慢性期和无症状期可适当调整,选择鸡、虾、鳝鱼、菠菜、食用菌等含嘌呤少的食物;发作和保养期间,尽量不吃海产品等高嘌呤的食物。

3. 控制蛋白质供给,以植物蛋白为主,动物蛋白可选用牛奶、蛋类,因牛奶、鸡蛋无细胞结构,不含核蛋白,可在蛋白质供给允许范围内选用,如果是瘦肉、鸡鸭肉等,应该煮沸后去汤食用,避免吃炖肉和卤肉。

4. 多喝水。以保持在每日排尿量至少2000毫升以上为标准,多喝水,以利于尿酸的排泄,保护肾脏。

5. 禁酒。重点是不喝啤酒,因为啤酒会使血液中尿酸浓度倍增。

6. 保持愉快心情。患病期间,要避免过度劳累、紧张,要保持愉快的心情,同时,要注意保暖,防止湿冷,特别是穿鞋要舒适,保护脚部的暖和。

问题273:老年人防治感冒要特别注意哪些事项?

答:感冒是很普遍的一种疾病,体质弱的人最容易感染。当家中有人患感冒时,应尽量注意隔离,防止交叉感染,避免传染给老人。

1. 预防感冒要注意四点:(1)避免受寒。人体遭受寒冷袭击后,免疫力可迅速在短时间内下降,上呼吸道的防御功能减弱,平时寄存于鼻、咽、喉部的病毒和细菌会乘虚而入使人发病。老年人在寒冷的冬季尤应注意御寒保暖。(2)积极锻炼。锻炼能改善人体的生理功能,增强体质和抗病能力。老年人冬季锻炼不宜去室外,应在室内进行,如走走步、搓搓手、原地踏步走、甩手运动、深呼吸运动或静气功等均是锻炼身体的好项目。可根据自己的身体状况选择合适的锻炼项目。(3)增强免疫力。体质较差或多病缠身的老人,为保持和增强自身的免疫功能,饮食中应有充足的蛋白质,如豆制品、鱼肉、牛奶、瘦肉、蛋类等,也可适当补充维生素类,尤其是维生素 A、维生素 B_2 和维生素 C,对增强上呼吸道的防御功能有较好的作用。(4)注意卧室通风、消毒和勤洗手。从环境和个人卫生上预防流行性感冒的传染。

2. 防治感冒要慎重用药。由于老年人组织器官逐步老化、功能降低,会影响药物的吸收、分布、代谢和排泄。同时,老年人患高血压、冠心病、糖尿病等比较普遍,有些感冒药与慢性病药物的相互作用,有可能加重药物的毒副作用。所以老人感冒要注意慎重用药。(1)要遵照医生嘱咐用药,不能随便用药。(2)要减少用药的种类数量,防止与其他药物发生作用,影响老年疾病的病情,如解热镇痛成分会引起肝肾功能损害,抗过敏成分会加快老人前列腺肿大。(3)注意个体间的差异,选用合适的药物治疗,不宜长时间用药。

3. 感冒了,要多喝开水,多休息。特别在感冒初起时,连续喝一壶开水,能起到快速消除症状的作用。

问题 274:医院特级护理适用于哪些病症和有哪些具体的要求?

答:特级护理是用于生命垂危、病情多变,随时需要进行应急抢救的病人以及大面积灼伤、大手术后的病人、需 24 小时专人守护的病人。特级护理有以下要求：

1. 有切实可行的护理计划。

2. 随时观察和记录体温、脉搏、呼吸、血压、意识、瞳孔、尿量的变化。

3. 按护理计划完成各项治疗和护理：(1)完成静脉输液和静脉给药；(2)保持各种引流管通畅，观察并记录引流液的色、量和性质，有异常时留取标本；(3)做好晨、晚间护理，保持床铺清洁、干燥、舒适，保持病人皮肤清洁，及时清理呕吐物、排泄物；(4)每 2～3 小时帮助病人更换体位，按摩受压部位，拍背，预防并发症；(5)每日两次口腔护理；(6)昏迷病人每 5～10 分钟吸痰一次；(7)用氧帐疗法者，按时检查氧的浓度、流量和温湿度；(8)定期抽动脉血检测氧分压和二氧化碳分压；(9)用电动呼吸者，严密观察机器效能，每日 4～6 次湿化痰液，定期消毒螺旋管；(10)用三腔管止血者，定时进行气囊减压；(11)准确完成各项治疗，如透析、脱水剂的应用等。

4. 对症护理：(1)根据病情留取各种标本及时送检，负责取回化验报告；(2)完成床边心电图、X 线等各项检查；(3)高烧病人要采取有效的降温措施；(4)昏迷病人及时清除呕吐物；(5)休克病人有效地输液补充血流量，严密注意血压、脉搏变化，记录每小时的尿量；(6)必要时给病人电除颤、气管插管、心肺复苏、三腔管止血等。

5. 营养护理：(1)能进食者给予喂饭，原则少吃多餐；随时喂水。(2)昏迷病人行鼻饲供给营养。特护人员按病人标准体重每日的总热量和液体量及每日所需要的营养成份,配制成流质,每日六次由胃管注入。

问题 275：医院一级护理适用于哪些病症和具体的要求？

答：一级护理适用于病情重或较大手术后病情不稳定、生活完全不能自理的病人,护理要求：

1. 根据病情制订护理计划,各班按护理计划护理。

2. 每 15～30 分钟或 1 小时巡回观察一次病人,严密观察体温、脉搏、呼吸、血压、瞳孔、意识等变化。做好特别记录。

3. 保持引流管的畅通,注意引流物的色、量、性质。按规定时间和操作要求更换引流装置。

4. 准备好各种抢救药品、仪器、用物。

5. 熟练掌握并及时应用三腔管止血、电除颤、气管插管、心肺脑复苏。

6. 认真做好基础护理。

问题 276：医院二级和三级护理各适用于哪些病症和具体的要求？

答：医院二级护理适用于病重期急性症状消失、大手术后病情稳定,但生活不能自理者;年老体弱或慢性病患者;普通手术后或轻型子痫等症状的病人。护理要求：(1)注意观察病情,观察特殊治疗或特殊用药后的反应及效果,每 1～2 小时巡视一次;(2)根据病情,病人可在床上或室内轻微活动;(3)协助病人做好早晨、晚间护理;(4)针对不同疾病做好卫生宣教及出院指导。

三级护理适用于一般慢性病、轻症、术前检查准备阶段的病人;正常孕妇;各种疾病或术后恢复期的病人;能下床活动、生活自理者。护理要求:(1)每日巡视2次或3个小时巡视一次,掌握病人病情及思想情况,注意病人饮食及休息。每日测体温、脉搏2次。(2)督促遵守法规,做好卫生宣教。(3)参加力所能及的轻微活动。

问题277:医院护士主要做哪些基本的护理工作?

答:医院护士是专业护理工作者,有特殊的职业要求。护士的基本工作包含以下工作内容:

1. 协助医生治疗。协助医生做好对病人及家属的咨询、辅导、接诊、治疗、出院等工作。

2. 负责病情观察。主要是指体温、脉搏、呼吸、血压、瞳孔等,这些生命体征的变化都反映出疾病的好转或者恶化。

3. 负责医疗护理。①治疗护理,如退热、输液、输氧、排气、排炎、导尿等采用治疗手段时的护理。②用药护理,督促病人用药,正确服用,观察药物不良反应等。③诊察护理,如化验标本的正确采集,做各类检查时的护理等。

4. 协助生活护理。对于重症病人进行换衣、喂食、清洗等生活方面的护理。

问题278:无痛胃镜检查的护理要注意哪些事项?

答:无痛胃镜检查实际是使用麻醉后做的一种方法,护理中要注意检查前、检查中和检查后的不同阶段的护理。

1. 检查前护理。(1)常规准备:协助做好各项检查。(2)检查前准备:①检查前应先对患者进行重要的生理功能评估;②严格掌握适应证和禁忌证;③询问患者有无麻醉史及饮酒嗜好等;④准备好心电监护仪、气管插管器械、氧气、急救药品及急救器械并保证其性能良好。

2. 检查过程中护理。(1)进镜前准备:嘱患者松开衣领及腰带,有活动义齿的应先取下,取左侧卧位,双腿弯曲,咬好口圈,并用胶布固定,同时给予 3～5 升/分钟鼻导管吸氧,心电监护,监测血压、心率、呼吸频率以及血氧饱和度。缓慢静脉推注芬太尼 0.05 毫克,然后缓慢静脉推注丙泊酚 1～3 毫克/公斤,直至患者睫毛反射消失,全身肌肉松弛即可进镜。(2)防止误吸:检查中配合进镜时要尽可能吸除口中分泌物,密切观察血压、心率、呼吸、血氧饱和度的变化和病人意识变化等,如发现异常及时报告麻醉师,并协助处理。(3)术中不良反应的处理及预防:①呼吸抑制:芬太尼及丙泊酚均可引起呼吸抑制、血氧饱和度下降。发现血氧饱和度下降应立即停止注药,双手托下颌角并加大氧气流量,必要时气管插管。②循环抑制:可出现心率减慢、血压下降,立即注射阿托品 0.5mg,一般可恢复正常。

3. 检查后护理。(1)密切观察:患者检查结束后进入复苏室,应继续心电监护,密切观察患者生命体征、血氧饱和度和意识情况的变化,若有异常及时通知医生。(2)离院指导:①患者离院需有人员陪同,检查后 12 小时内不得驾车、骑车,从事高空作业及操作机器等;②检查后 2 小时后可进食温和无刺激软食,禁食辛辣食物及含乙醇的饮料,且不可过饱;③检查后,嘱患者避免用力咳嗽,防治损伤咽喉部黏膜,有异物感者可用淡生理盐水漱口,减轻不适感。

问题 279:手术后病人的饮食护理要注意哪些事项?

答:病人手术后的饮食护理很重要,护理不当会直接影

响病人的身体康复,需要特别注意以下事项:

1. 注意病人的饮食和饮食控制。由于麻醉与疾病本身的作用,术后病人的消化功能会出现一定障碍,要有顺序地渐种、渐量给予饮食:(1)肛门排气后开始喝少量水,如无不适,可吃米汤、菜汤等流食;(2)逐渐过渡到面条、米粉等半流食、软食、普食,每餐不宜过饱;(3)注意不宜过早饮用牛奶及产气食物,因牛奶性寒易致胀气。

2. 注意病人食用营养丰富、易于消化的食物。对于年老体弱者,应适当延长吃流质、半流质食物的时间,以利消化。而对于一般病人,在病情稳定好转后,可给普通饮食。

3. 注意病人饮食的适应和调整品种。在食用流食期间一般多以藕粉、米汤、橘汁等甜食为主,但也有病人因不习惯甜食而厌食,甚至出现恶心、呕吐,明显影响健康。此时可适当选用瘦肉或鲜鱼熬汤,既能保证营养又能增进食欲,促进病人早日康复。

4. 病人饮食不宜过于精细。很多术后病人常以高蛋白质、高热量的饮食为主,忽略了维生素的摄入,而机体的修复是需要各种营养,尤其是粗纤维食物。对手术后卧床的病人,含粗纤维的食物能起到增进胃肠活动,保持大便通畅的作用。因此,饮食中要配以一定量的蔬菜,尤以绿叶蔬菜为佳。

问题280:慢性支气管炎老人怎样护理?

答:老年慢性支气管炎是由多种病因所致的气管、支气管黏膜及其周围组织的慢性非特异性炎症。受凉、吸烟及感冒常易诱发本病,可发展为慢性阻塞性肺气肿和慢性肺源性心脏病,需要重视护理。

1. 卧室经常开窗通风换气。开窗通风换气,不但降低了空气中病原微生物的密度,减少呼吸道疾病的传播,而且还可以避免污浊的空气给患者带来烦躁、倦怠、头晕、食欲不振等不良反应。

2. 回避有害气体刺激。老人应特别注意避免使用煤球或燃放爆竹后吸入烟雾、粉尘、煤气、辣椒等对呼吸道的刺激。

3. 保持房间适宜的温湿度。在房内开空调或用暖炉取暖时,要注意控制温湿度,预防受凉感冒,加重病情。预防干燥引起呼吸道黏膜干燥、咽喉痛等,导致痰液黏稠,不易咯出。一般房间的温度在 $18\sim20℃$,相对湿度以 $50\%\sim60\%$ 为宜。

4. 养成良好的生活习惯。(1)不能吸烟;(2)加强营养,合理膳食;(3)适当着衣,注意保暖;(4)积极锻炼身体,增强体质;(5)应尽量少到人多的地方如商场、影剧院等通风不畅的公共场所,尤其在流感流行期间,更应格外注意;(6)保持积极、乐观的心态,树立战胜疾病的信心。

5. 掌握正确的排痰方法。痰液的排出,可以减轻患者的症状,避免因痰窒息。(1)雾化吸入法:可使用超声雾化吸入器,也可使用简易蒸气吸入以使气管内分泌物湿化,易于咯出,同时应多饮水。(2)翻身、叩背法:由家属或护理人员经常给予翻身、叩背,利于痰液排出。叩背方法:将五指并拢,掌心屈曲,顺气管走向,由下至上、由两侧向中间轻叩病人背部,同时鼓励病人咳嗽。

6. 合理用药。(1)合理使用抗生素。多种抗生素交替或错误配伍使用可致产生菌群失调及致病菌耐药,增加条件致病菌霉菌感染的机会,加大治疗难度。(2)合理使用镇咳药。一般痰少或无痰时使用镇咳药,患者通常咳痰无力,如单纯使用镇咳药物,痰液不能排出反而会加重病情。

如发现病人有明显气促、紫绀,甚至出现嗜睡现象,应考虑病情恶化,要迅速送医院。

问题281:老年性高血压病怎样护理?

答:老年性高血压病的诊断标准是:年龄在60岁以上人群中,血压非同日连续3次或经过至少3次不同时间测量,收缩压>140mmHg或舒张压>90mmHg,并能排除假性和继发性高血压者,才可诊断为老年人高血压病。老年人高血压常常导致中风、冠心病、心肌梗死及心力衰竭,故做好护理工作尤为重要。护理工作中应做到以下几点:

1. 监测血压。在刚开始服降压药物时和刚刚调整降压药时每天测量血压三次,剂量与血压调整到位并平稳后,改成每周测三天,每天测两次。应急情况或不舒适时随时测量血压,以便采取对策。

2. 心理护理。高血压患者要保持心情舒畅和心态平衡,遇事豁达。避免情绪激动及过度紧张、焦虑。

3. 生活方式护理:(1)在饮食上忌暴饮暴食,宜少量多餐。钠盐摄入控制在5～6克/天,少食腌制食品,限制含咖啡因饮料。避免饮食动物油和富含胆固醇的鱼子、蟹黄及动物内脏。多食富含钾的食物,如蔬菜和水果。(2)适量运动,增加散步、气功、太极拳、跳舞等运动,不要在运动时出现气喘吁吁,否则容易发生意外。(3)戒烟戒酒,吸烟和饮酒均影响降压治疗效果,增加发生脑卒中几率。

4. 用药护理:药物治疗是老年人高血压的主要治疗手段。要坚持长期用药,但不可以在晚上十点到早上六点服药,以免血压过低,或引起脑血栓。

 问题 282:冠心病老人怎样护理?

答:冠心病是指冠状动脉粥样硬化使血管腔狭窄、阻塞或冠状动脉功能性痉挛,导致心肌缺血缺氧或坏死而引起的心脏病,也称缺血性心脏病。临床表现分成五种类型:无症状性心肌缺血、心绞痛型冠心病、心肌梗死、缺血性心肌病、猝死。冠心病老人要注意以下的长期护理:

1. 重视运动、保暖、防便秘。(1)适当运动:要求老人晚饭后到户外散步半小时左右,睡前应用热水泡脚,有条件时按摩足底,或喝半杯热牛奶,保持老人休息环境安静舒适,空气流通,心平气和好睡眠;不要长时间参加打牌、麻将、下棋等竞争性较强的文娱活动。(2)注意保暖:防止上呼吸道感染及急性胃肠炎的发生。(3)预防便秘。便秘后,因大便用力产生深吸气后屏气,可诱发心律失常、心肌梗死,特别是心肌梗死病人大便用力可导致心脏破裂。

2. 饮食护理。进食总量过多和摄取过多脂肪、胆固醇是引发冠心病的主要原因之一。饱食是心肌梗死的大忌。因此,要做到:吃饭七分饱,尽量少吃富含饱和脂肪酸或胆固醇过多的肥肉、动物油、高脂奶品及蛋黄、动物内脏等食品;交替选用多种植物油,满足单不饱和脂肪酸与多不饱和脂肪酸的需求;控制碳水化合物摄入;限制总热量或适当增加体力活动;补充维生素 C 能促进胆固醇生成胆酸,降低血胆固醇;适当增加膳食纤维摄入;戒烟少酒。

3. 心理护理。冠心病老年人可因家庭纷扰、疾病困扰、经济紧张或空巢、亲人变故等,产生长期的焦虑、激动、愤怒、惊恐、抑郁、孤独等情感障碍,因此,护理人员必须随时了解老人的心理状态、性格特征、喜恶嗜好等,采用不同方式将冠心病的知识介绍给老人,让老年人认识情绪与健康和疾病之间的关系,指出良好的情绪和坚强的意志有利于疾病向好的方向发展。

4. 病情观察。密切观察病情变化,重视老人陈述的异常疲乏、胸闷胸痛、怕冷、无其他原因的牙痛、耳垂痛、手指痛、肩痛、上腹痛等疼痛、食欲不振和莫名心烦等症状,临床症状不典型的必须认真鉴别,有可疑情况做心电图检查增加诊断的准确性。

5. 用药护理。药物治疗是促使本病康复的重要手段,但是老年冠心病病人均有不同程度的肝肾功能减退,药物代谢能力低,需严格掌握药物适应证和剂量,注意不良反应。

6. 加强合并疾病的防治和护理。老年冠心病病人同时合并其他疾病时,将使得病情复杂化,治疗也复杂化,必须认真对待,积极控制。

问题 283:老年人风湿性心脏病怎样护理?

答:风湿性心脏病是常见的一种心脏病,是风湿病变侵犯心脏的后果,表现为瓣膜口狭窄或关闭不全,病人中女多于男。早期可无症状,随时间的推移产生心脏增大、心律失常,一般经过 10~15 年逐步出现心力衰竭。因此对患风湿性心脏病者应注意休息和在医师指导下治疗。有的病人能作手术治疗。

1. 注意休息,劳逸结合,避免过重体力活动。但在心功能允许的情况下,可进行适量的轻微活动或工作。

2. 房颤的病人不宜做剧烈活动。应定期门诊随访;在适当时期可考虑行外科手术治疗,何时进行,应由医生根据具体情况定。

3. 心功能不全者应控制水分的摄入,饮食中适量限制钠盐,每日以10克以下为宜,切忌食用盐腌制品。

4. 预防感冒、扁桃体炎、牙龈炎等。如果发生感染可选用青霉素治疗。对青霉素过敏者可选用红霉素或林可霉素治疗。

5. 服用利尿剂者应吃些水果如香蕉、橘子等。

6. 如需拔牙或作其他小手术,术前应服用抗生素预防感染。

问题284:脑卒中后遗症老人如何护理?

答:脑出血和脑梗死统称为脑卒中。脑卒中后遗症表现出偏瘫或交叉性瘫痪、肢体麻木,说话困难或听不懂别人的话,眼球震颤、眩晕、外眼肌麻痹、偏盲,反应迟缓、记忆力下降,口眼歪斜,流口水,吞咽困难等症状。由于卒中老人从"正常人"突然丧失部分肢体活动能力或语言能力,以致丧失生活自理及工作能力,容易产生焦虑、抑郁等情绪变化,喜怒无常,甚至人格改变,对生活失去信心,不愿意配合治疗与护理,因此护理措施必须及时到位。

1. 心理护理:家属要关心尊重老人,不能有嫌弃情绪,要为老人创造良好生活环境,尽量避免老人情绪激动。

2. 按时规律服药:按医生嘱咐规律服药,预防脑中风的再发,定期到医院复查。

3. 饮食护理:(1)控制总热量,尽量养成吃八成饱的习惯。(2)低脂、低盐饮食,少吃或不吃动物脂肪和动物内脏,选用优质蛋白质,适当补充维生素和矿物质,要多吃膳食纤维,防止高血压。(3)多喝水,防止泌尿系统感染。(4)戒烟、戒酒。

4. 康复锻炼。坚持早期原则、全面原则、适量原则、渐进原则,促进瘫痪肢体的血液循环,防止深静脉血栓形成,促进肌力和关节活动度恢复,强化生活和语言功能锻炼,达到生活自理或部分自理。

5. 预防压疮。应用软枕或海面垫保护骨隆突处,建立翻身牌,每2～3小时翻身一次并记录,避免拖拉、推等动作,保持床铺平整、清洁、干燥、无渣屑。每日用温水将皮肤擦洗干净,并用75％酒精轻轻按摩被压过的部位,尤其是骨骼较突出的部位。一旦发生压疮,可能因感染发热而加重脑血管病,严重者还可引发败血症而致病人死亡。

6. 卫生护理。做好大小便护理,保持卫生、清洁,防止便秘、腹泻,及时更换潮湿的内裤、床单、尿片等。

7. 预防坠积性肺炎。要经常翻身拍背,鼓励病人咳嗽,保持室内空气新鲜,开窗通风,湿式拖地每日两次,保持室温18～22℃,湿度50％～60％。

8. 病情观察。血压监测,血糖监测;呼吸音听诊有无粗糙,肺部有无湿啰音;皮肤有无出血点,有无黑便;瘫痪肢体肌力变化与萎缩情况;有无嗜睡、精神萎靡、暴躁、忧郁。

9. 保健舒适护理。推拿疗法能通过手法的作用以舒筋通络、活血化瘀,并能保护关节功能,防止患侧肌肉萎缩,是本病康复较为有效的治疗方法。

问题 285:老年性痴呆护理要重点关注哪些方面的事项?

答:老年性痴呆起病缓慢,早期表现为近事记忆减退和性格改变。病情进一步发展,则远近记忆均受损,理解、判断、计算等智能活动全面减退,饮食不知饥饱,外出不识归家之路,生活不能自理,出现痴呆。家庭护理,应着重于以下几个方面:

1. 着重生活照顾。根据气温变化,随时为老年人增减衣服;菜肴宜清淡,富营养,易于消化,若吃鱼虾,应将鱼刺取出,虾壳剥掉,以免鱼刺噎喉;老人的日常生活用品,应放在其看得见的地方。

2. 注意外出引路。老人外出后常不识归家之路,要备一张小卡片放在老人衣袋中,卡片上写明系痴呆老人,同时写上子女电话号码及家庭住址,便于好心人与家庭成员取得联系。

3. 藏好贵重物品。痴呆老人记忆甚差,存放的物品,回忆不起来,贵重物品要藏好,免得老人取出后扔了或被人轻易骗走。

4. 注重老人睡眠。痴呆老人的睡眠常日夜颠倒,影响家人睡眠和工作,不要给老人饮酒、吸烟、喝浓茶、咖啡,以免影响睡眠质量,必要时,晚上可给老人服"安定"片助眠。

5. 注意观察表情变化。要观察病人有无脸红发烧、面部痛苦表情,发现异常,及时就诊,以免病情加重,危及生命。

问题286:如何进行老年脑血栓病人的心理护理?

答:护理人员以晚辈尊重长辈的态度取得患者信任,并通过自己良好的语言表情和行为去影响病人,使病人自觉遵守院规,配合医护人员服从治疗,化担心、疑心为舒心安心,早日康复。

1. 老年脑血栓病人的特点及心理状态。患脑血栓病对任何人都是一种很强的心理压力,特别是老年人机体的各种功能减退,其临床表现为瘫痪、失语、意识和智力障碍等,自然会产生一定的心理反应,因而对疾病恢复带来不利的影响。为使病人重新达到生活自理、有最佳的身心状态,护理人员必须了解病人的心理状态,病人急性期过后需较长的恢复阶段,病人表现为烦躁多虑、沉默不语、对突发的疾病不能正确对待,忍受不了如此沉重的打击和偏瘫带来的痛苦,因而产生焦虑、抑郁心理和悲观厌世情绪。护理人员首先要了解病人的心理状态,对待病人态度要亲切关心、体贴、诚恳、言语温和,要尊重病人,不要勉强病人改变他们长期形成的习惯和嗜好,向病人介绍康复的措施,给予语言安慰,增加病人对护理人员的信任感。通过交流来了解病人的心理需要,对失语的病人可用手势、写字等方式沟通,了解病人的情绪变化,鼓励病人树立战胜疾病的信心,消除焦虑、抑制的紧张心理。

2. 孤独寂寞恐惧的心理。老年病人最大的特点是害怕寂寞与孤独,患脑血栓病后更为明显,还有部分病人的家属忽视患脑血栓后老年人特殊的心理需要,甚至有遗弃老人的不负责任和不道德的行为,这更加重了病人寂寞与孤独感。护理:护理人员多和老年病人攀谈,耐心倾听病人的心声,不能冷淡或故意疏远,以高尚的职业道德,同情、关心、体贴病人,增加他们对护理工作的信任和支持。尽量帮助病人摆脱孤独的境地,解决病人的种种生活需要,用真挚的同情心和高度的责任感主动帮助病人解决困难。

3. 语言肢体障碍的心理。由于失语或构音障碍不能进行正常的语言交流,以至于情绪极度低落,病人产生很大的心理压力,又因肢体活动障碍,生活难以自理,对治疗丧失了信心。护理:护理人员应主动向病人介绍病情,细心观察,掌握病人的心理活动特点,治疗情况,学会看病人的手势来代替语言的表达,通过了解病人的面部表情、举止行为,了解病人的内心活动,在进行心理护理时要注意语言的艺术性、灵活性和科学性,调动病人战胜疾病的信心,以最佳的心理状态接受治疗和护理。

4. 护理人员应以良好的道德品质和自身修养,促进病人身心健康。在护理老年病人时,不管他们的社会地位、经济条件、文化修养都要一视同仁.诚恳相待,尊重人格,争取做到不是亲人胜似亲人,千方百计为他们排忧解难;护理人员以晚辈尊重长辈的态度取得病人信任,并通过良好的语言表达和行为去影响病人,使病人自觉遵守院规,配合医护人员服从治疗,化担心、疑心为舒心安心,早日康复。

 问题 287:如何对癌症患者进行心理疏导?

答:癌症患者在不同的病情发展阶段有不同的心理压

力,在心理护理上要重于疏导,常用的有发泄疗法、信心疗法、转移疗法。

1. 发泄疗法。通过疏导患者的焦虑、抑郁、紧张、愤怒和担忧情绪,减轻思想负担,释放郁闷,消除顾虑,让患者宣泄不良情绪,耐心倾听并加以引导,使其情绪得到缓解,保持良好的心情。

2. 信心疗法。很多癌症病人存在悲观失望情绪,认为患了癌症等于被判了死刑,医护人员应向病人介绍现代高科技的诊疗、治疗技术及新抗癌药等,许多癌症早期患者一样能活几十年,中、晚期患者配合治疗也能将痛苦降低到最小限度,很好地延长生命,让病人充满信心,情绪就会好转,这样,心情状况及生活态度也会随之变得积极起来,身体的免疫力也会随之增强。

3. 转移注意力。病人往往集中精力于病情及产生的不良情绪,如经济负担、子女赡养、老人照顾、人际关系等,医护人员应根据不同的情况做好安慰、鼓励工作,让病人将不愉快的事情忘掉,分散注意力,做一些力所能及的事,培养有益于身体健康的爱好,如种花、养鸟、书法、美工、听音乐、适量的运动等,将其注意力转移到兴趣爱好中来,放松身心,活跃身心,不良情绪会逐步得到改善,提高机体的免疫力。

问题288:住院护理要关注哪些方面的问题?

答:病人的心理状态对疾病的发生、发展及预后有密切关系,良好的心理会促进疾病的康复,不良的心理将影响疾病的康复。因此,临床上,护理人员应针对老年人住院病人的心理特点,设计与其相应的心理护理方案,关注一些影响心理健康的重要问题。

1. 入院时的心理护理。由于病房环境陌生、安静,使病人感到焦虑、恐惧、不安,因此,病人进入病房时,责任护士就应主动热情接待病人,搀扶病人到病床,帮助整理用物,亲切介绍病房环境、作息时间,介绍同病室病友,帮助病人建立病友关系。同时向家属了解病人生活习惯、心理特征、性格、爱好等,为病人住院后的心理护理打好基础。并使病人感受到尊重、重视,消除忧虑恐惧心理。

2. 密切护患关系,满足病人的感情寄托及心理需求。由于病人离开家庭、亲人,感到孤独、失落,护理人员应以热情关怀的态度,对病人进行护理,使他们得到慰藉,在感情上得到一定的满足。用礼貌得体的语言,做好家属的思想工作,动员家属经常陪伴,探视病人,避免病人产生被遗弃感。并适时组织老年患者进行力所能及的文体活动,转移情绪,活跃精神生活。

3. 满足病人了解对自身疾病及相关知识的需求。患病后病人最关心的是疾病的转归及预后,在遵守保护性医疗原则下,根据病人个人承受能力,向老人解释说明,同时介绍同种疾病病人恢复较好的情况,消除思想顾虑,并及时告诉病人治疗效果及身体恢复情况,使他们看到疾病治愈的希望,增强战胜疾病的信心。

4. 注重生活护理。护士对老人应主动问寒问暖,在生活上提供方便,对痴呆、健忘病人应加强生活护理,不应急于求成和粗暴地督促。应协助完成特殊检查和服药,日常生活用品,如手纸、眼镜、水杯等,随时准备妥当,放在伸手可取的地方。对能自理的病人,鼓励适当活动,提高自我护理能力,避免产生依赖心理。

5. 注重环境因素对病人心理的影响。环境是支持生命活动的重要因素,在注意病室清洁幽静的基础上,注意病房人员的安排,尽量将同一社会层次的病人安排在同一病室,使他们之间有共同的语言,心灵沟通,保持心情舒畅。在力所能及的情况下,尽量把病房布置成家庭模样,使病人有住在家里的感觉。

6. 注重病人对护理工作的反馈调查,修正具体措施。护士必须注意护理的效果,才能真正体现护理的价值。应收集病人对护理工作的反馈信息,采用上级部门下查、不记名问卷、听取家属意见等,找出护理工作中的不足,以及老年人对护理人员的要求,改进护理计划,完善护理工作。

7. 注重出院心理护理。根据老年病人不同疾病和文化层次讲解治疗和康复保健知识,并向家属交待老人住院期间心理活动及护理效果,以及出院后护理措施,使心理护理不间断,有助于老年患者的康复。

问题289:传染病病人心理护理要注意哪些事项?

答:病人被确诊为患传染性疾病后,不仅要蒙受疾病折磨之苦,更痛苦的是成了威胁周围人健康的传染源。为了避免疾病的传染和蔓延,患传染性疾病的人都要实行隔离治疗。这样就限制了病人的自由,病人在心理上必然会引起很大的变化。因此,在护理上要注意以下事项:

1. 解决病人的自卑孤独心理。传染科病人在心理上和行为上都与周围的人们划了一条鸿沟,成了惹人讨厌的人,会感到自卑孤独。医生护士应当了解传染科病人的心理活动特点及其情绪变化,并给予理解和同情。应针对不同病人的具体情况,讲清患了传染病并不可怕,只要积极配合治疗是可以治愈的,而且要讲清暂时隔离的意义,并耐心指导他们如何适应这暂时被隔离的生活。

2. 注意解决愤懑情绪。许多人会悔恨自己疏忽大意,埋怨别人传染给自己,甚至怨天尤人,恨自己倒霉。有这种愤懑情绪的人,有时还迁怒于人和事,易激惹,爱发脾气。医护人员要合理疏导,让病人接受现实,积极应对,早日康复。

3. 注意解决急躁情绪、悲观情绪和敏感猜疑问题。许多传染性疾病具有病程长、难根治的特点,病人在治疗期间很容易产生急躁情绪、悲观情绪和敏感猜疑等心理。根据病人的这些心理活动特点,医护人员应耐心细致地讲述某些传染病的病程规律,甚至宁肯把病程说得长一些,使病人安下心来积极治疗。在做某项处理时,注意讲清楚目的和意义,尽量消除病人的顾虑和猜疑。

问题 290:急诊病人的心理护理要注意采取哪些措施?

答:急诊病人因为"急",处理不好随时都会出现生命危险,不管是病人还是家属都是十分担心的,因此,在心理护理上采取措施是非常必要的,医护人员要注意采取以下措施:

1. 快速安排救治。为了使每个病人的身心尽可能处于接受治疗和护理的最佳状态,护士要急病人所急,想病人所想,立即帮助病人办理救治手续,迅速送入病房,使病人尽快得到治疗及护理,缓解病人的病痛。

2. 及时组织抢救。急诊病人应安置在抢救室并立即组织抢救,使病人感到治疗、护理工作及时准确,对缓解病人的紧张情绪极为重要。要有高度的责任心和同情心,关心照顾病人,始终保持沉着冷静的心态,取得病人的信任,增加其安全感,通过各种方式观察了解病人的心理状态,根据病人的心理需要加以安慰和解释开导,以解除患者心理障碍。

3. 先救人,后谈钱。急诊病人发病多突然,病人及家属无准备。对暂时未带钱或经济条件差的病人,应先进行积极抢救治疗,待病情稳定后,再督促家属补交各种医疗费用,绝不能在病人面前谈论"你不交钱就停止抢救与治疗"等,以免加重病人的心理负担及与病人发生冲突,影响治疗效果。

4. 做好家属的心理护理。急诊病人的家属心理同样处于极度紧张状态,应把病人与家属看作一个整体,帮助他们稳定情绪,病情有变化时随时告之,并将抢救过程中可能出现的问题也告之家属,使他们有充分的思想准备。并要告诉他们在病人面前要保持冷静态度,不能因为家属的异常和急躁行为而影响病人的思想情绪。

5. 依病人情况护理。根据病人不同的年龄、社会关系、职业、地位、家庭状况、文化层次等做好相应的心理护理。

6. 注意死亡意外的护理。急诊病人病情变化无常,随时有死亡的危险。当病情危重时应立即下达病危通知书,对病人所应承担的风险,需医患双方签字。急诊抢救与病人家属的知情合作十分重要,不能因抢救紧迫而忽视告知义务,急救护理人员要保持清醒的头脑,把知情同意作为有效的风险防范措施,不断强化风险预测意识,进而减少及杜绝医患纠纷。当病人死亡后应对家属表示同情,并帮助家属做些力所能及的工作,以减轻其痛苦。

问题 291:泌尿系统疾病的护理要注意哪些事项?

答:泌尿系统疾病包括肾、膀胱、尿道、前列腺等,主要与体内液体有关,在护理上特别要注意肾性水肿、尿路刺激等症状的护理。

1. 肾性水肿的护理。肾性水肿导致体液失衡,出现水钠潴留、低蛋白血症、皮肤受损等。护理上通常采取以下措施:(1)休息:平卧可增加肾血流量,提高肾小球滤过率,减少水钠潴留。轻度水肿病人卧床休息与活动可交替进行,限制活动量,严重水肿者应以卧床休息为主。(2)饮食护理:限制水、钠和蛋白质摄入。①水盐摄入:轻度水肿,尿量 >1000 毫升/日,不用过分限水,钠盐限制在 3 克/日以内,包括含钠食物及饮料;严重水肿伴少尿每日摄水量应限制在 1000 毫升以内,给予无盐饮食(每天主副食中含钠量< 700 毫克)。②蛋白质摄入:严重水肿伴低蛋白血症病人,可给予蛋白质每日每千克体重 1 克,其中 60% 以上为优质蛋白;轻中度水肿每日每千克体重 0.5～0.6 克蛋白质,给予蛋白质的同时必须要有充足热量摄入,每日 126～147 千焦/千克(30～35 千卡/千克);(3)病情观察:注意病情的变化,防止肾功能出现衰竭;(4)服药护理:按医嘱给予利尿剂;(5)保持皮肤、黏膜清洁;(6)防止水肿皮肤破损:患者应

穿宽大柔软棉织品衣裤,保持床铺平整干燥,卧位或坐位患者要协助经常变换体位,避免骨隆起部位受压,引起皮肤破损。肌内及静脉注射时,要严格无菌操作,应将皮下水肿液推向一侧再进针,穿刺后用无菌干棉球按压至不渗液。

2. 尿路刺激症的护理。尿频、尿急、尿痛等与尿路感染有关的疾病。主要的护理措施:(1)休息与饮食:急性期或发作期要卧床休息,进食清淡富有营养的食物,补充多种维生素,多饮水,每天饮水量＞2000毫升,对增加尿量,减少尿路炎症有利。(2)尿痛不适的护理:多饮水,可饮白开水或茶水,使尿量增多以冲刷尿路,减少炎症对膀胱的刺激,是减轻尿路刺激征的重要措施。(3)高热护理:体温＞39℃时,应进行物理降温。(4)服药护理:按医嘱用药;(5)健康指导:尿路刺激症多见于尿路感染,其诱因多为过度劳累、会阴部不清洁及性生活等;平日病人每天清洁会阴部,性生活后冲洗会阴部并排尿,多饮水,不憋尿,常可预防尿路感染复发;合理安排工作生活。

问题 292:瘫痪病人护理要注意哪些要点?

答:护理瘫痪病人是一项琐碎的工作。良好的护理有利于瘫痪病人康复和生存质量提高。护理要点如下:

1. 充分了解病人瘫痪部位,注意有无其他症状,以及生活自理程度,制订合理的护理计划和采取相应的措施。

2. 固定于功能位:发病早期,上肢屈曲下肢伸直,足尖与床面呈 90 度,防止足下垂。防止肢体挛缩。锻炼小腿肌肉。

3. 早期被动运动。急性期只要生命体征稳定,就应及早进行肌肉按摩,关节被动运动;急性期过后要鼓励病人自主活动,进行日常生活技能训练。

4. 预防褥疮。勤翻身,勤擦洗,勤按摩,勤换洗,勤整理,用轮椅时加用新型聚氨酯坐垫;床单保持干燥清洁;每周至少擦洗或洗澡一次。勤翻身要求每2~3小时翻身一次,翻身时不可在床褥上拖拉推以免挫伤皮肤。易患褥疮部位,如骶尾部、髂后上嵴、肩胛部等部位要使用气垫、海绵垫以减轻压力。推荐使用气垫床、水床。

5. 防止烫伤、防止跌倒。康复期病人跌跤会造成运动能力下降,还会使病人因怕再次跌跤而不愿多动,造成病人心理恐惧。

6. 加强营养,保持大小便通畅。

问题293:老年人在用药上如何加强管理?

答:老年人随着年龄的增长,老年疾病增多,药也越吃越多,如果子女们不注意老年人的用药护理,危险是很大的。

1. 用药过多,会导致各种药源性疾病发生。不少老人常患多种疾病,同时服用几种甚至十几种药物,药物不良反应增多,容易导致机体组织或器官发生功能性、器质性损害,出现各种异常症状。大多数药源性疾病在停药后可逐渐自愈,但也有少数严重反应比原发病更凶险,如链霉素引起的药源性耳聋、庆大霉素引起的急性肾功能衰竭等。

2. 注意药物反应的类型。药源性疾病在临床上有多种类型,老年人最常见的有过敏性、功能性和感染性三种。(1)过敏。轻度过敏可出现发热、皮疹、浮肿、嗜酸性细胞增多;严重者则表现为胸闷、呼吸不畅过敏性休克,甚至致死。最常引起过敏的药物有抗生素,其中青霉素最多见,还有磺胺类、保泰松、消炎痛、炎痛喜康等。(2)功能损害。有的药物使用不当或大剂量使用可促使造血功能、肝肾功能发生障碍。如氯霉素、头孢菌素、氟尿嘧啶等使用不当或大剂量用,可引起造血功能障碍;四环素、利福平可导致肝肾功能障碍;庆大霉素、卡那霉素可造成肾功能不全等。(3)感染。病人滥用抗生素或抗生素激素并用,容易导致双重感染,或引起多菌性败血症或癌变。有些药物使用不当可能会诱发癌症,诸如蛋白同化剂可诱发肝癌,雌性激素可能诱发子宫内膜癌等。

3. 合理用药。为减少与避免药源性疾病的发生,应采取以下措施:严格掌握用药原则,能少用或不用药的尽量少用或不用。老年人虽常表现一身数病,但有些病是一种随机体老化而产生的自然现象,如骨质疏松、腰腿痛、食欲减退、失眠等,若能注意自我保健调节,通过饮食调理,合理参加体育运动,控制生活节奏,理疗和心理治疗等,不用服药也可以改善症状的。对于老年人中常出现的肥胖、动脉硬化、高血压、冠心病和糖尿病等彼此有内在联系的疾病,要抓住主要病症用药,并辅以积极的非药物疗法,尽量多采用口服药物治疗,只有在危、重、急和无法选择口服药等情况下,才宜选择注射用药。

 问题294:老人骨质疏松症怎样护理?

答:老人的骨质疏松症是最常见的,老人得了骨质疏松症会时常感觉骨骼疼痛、抽筋、身长缩短,且容易骨折,严重影响了老人的日常生活。要及时治疗,以免引起更为严重的后果。在平时的生活及饮食中做好护理十分重要。

1. 适量锻炼身体。早晚在室外活动,长期坚持运动是预防骨质疏松最佳的方法。平时可以慢步行走、跳舞、适当的户外旅行,不过对于老年人来说,一定要适量,切不可过度劳累,否则会起到相反的效果。运动能增加骨骼肌力,有助于预防骨质疏松。

2. 补充钙质。补足钙质可以有效地预防骨质疏松症,保持骨骼强壮,上午的阳光照射可以增强体内的维生素 D,科学饮食可以使身体吸收更多的钙质,平时要多食用牛奶、豆制品、骨头汤、海带、紫菜等一些营养丰富的食物,都可以有效补钙。

3. 禁烟限酒。吸烟对身体有很大的伤害,很容易让老年人患骨质疏松症,酒、咖啡过量都会对身体造成一定的伤害。因此老人一定要拒绝香烟,适量饮酒。

4. 药物护理。药物护理并非是大量吃中西药,是以补钙、补维生素 D 为原则。(1)维生素 D 能增加肠道对钙、磷的吸收,坚持每日 2 次,每次 0.25 微克(国际单位),或每日 1 次 0.5 微克口服。(2)老人钙片、碳酸钙、乳酸钙、氯化钙等是老人补钙的重要护理药物。每日 1～2 克,分 3 次服用。补钙时加服维生素 D,更有利于钙的吸收。药物治疗要在医生的指导下服用,切不可擅自服用。老人应该定期去医院检查骨密度,以了解自身健康。

 问题 295:缓解老花眼有什么护理方法?

答:老年人都会有不同程度的老花眼,给老人生活带来不便和困扰,缓解老花眼可以用以下护理方法。

1. 冷水洗眼法。清晨起床后,坚持用冷水洗脸、洗眼。首先将双眼泡于冷水中1～2分钟,然后再用双手轻轻搓脸部及眼肌20～40次。

2. 经常眨眼法。平时一有空就利用一开一闭的眨眼来振奋、维护眼肌。同时用双手轻度搓揉眼睑,增进眼球的滋润;闭眼时竭力挺起肩,两眼紧闭一会儿再放松。如此反复操作。

3. 热水敷眼法。每天晚上临睡前,用40～50℃的温热水洗脸。洗脸时先将毛巾浸泡在热水中,取出来不要拧得太干,立即趁热敷在额头和双眼部位,头向上仰,两眼暂时轻闭,约热敷1～2分钟,待温度降低后再拿水洗脸。

4. 中药泡茶法。自购中药枸杞子、草决明,每次各用12克,用刚开的沸水泡好,当茶水饮用,可收到滋补肝肾、清肝明目的功效。

以上方法宜联合施用、轮番使用。一般只要坚持半年左右,就会收到明显的效果。如有不适,请及时到医院就诊,避免耽误病情。

 问题296:怎样照顾有抑郁症的老人?

答:老人得抑郁症也很常见,照顾好患抑郁症的老人可以从以下几方面入手:

1. 掌握病人的情绪变化规律。老年抑郁症病人容易早醒,清晨是抑郁情绪最严重的时刻,因而清晨破晓最易发生意外。家人或护理人员应密切观察病情掌握病人情绪变化规律。

2. 区分隐瞒病情的表现。老年抑郁症病人常伴有食欲不振、体重减轻等躯体症状,临床上常把饮食改变、体重增加作为抑郁症好转的标志。当病人食欲、体重尚未改善,而突然出现情感活跃,一反常态,此时护理人员要警惕,仔细观察病人言行,并收集其他病人的反映,警惕病人有自杀的倾向。

3. 关注病人有无自杀倾向。要密切掌握老年抑郁症病人的自杀规律。病人往往可从各方面寻找自杀机会,故在每个环节上加强观察,使工作有的放矢。

4. 加强生活护理。督促并协助老年抑郁症病人料理好个人生活,清洁整齐能使人精神振作,对抑郁症有一定意义。自责的病人会用手抓破皮肤,故应及时修剪指甲。有的病人生活不能自理,有时天气非常冷还穿单衣或以挨冻的方式来惩罚自己,应根据情况给予护理。病人可出现睡眠障碍,应采取措施保证足够睡眠。

5. 对病人积极引导与鼓励。引导和鼓励病人与现实接触和起床活动,并指导其参加集体活动及简单的劳动。当病人任务完成时,应给予真诚的赞赏,使其感到自己是对社会、家庭有用的人。渐渐增加其工作量及工作的复杂性和与其他人的合作,工作完成后都应给予赞扬,避免病人长时间隔离于房间中。

6. 注意协作护理。老年抑郁症病人有可能不会服从医生的安排,也可能抵触治疗,这时就需要医生、护士、家属三方面的通力协作,做好护理工作。

问题 297:脑卒中病人如何实施家庭急救?

答:脑卒中绝大多数发生在医院外,现场急救是否及时准确对病人能否起死回生起决定性的作用。家庭急救要点如下：

　　1.立即让病人平卧床上，保持安静，尽量避免随意搬动病人，以防出血加重。如有氧气袋，应立即给氧。

　　2.病人头部略垫高，头侧向一边，防止呕吐时呕吐物吸入呼吸道。

　　3.头部可敷冷水毛巾或冰袋，降低头部温度，减少脑的耗氧量，增强脑组织对缺氧的耐受力，减轻脑水肿，并可降低颅内压，保护脑细胞。脑供血不足者慎用。

　　4.注意观察神志、意识、呼吸、脉搏、血压，尽量能记录下来，以便治疗时供医生参考。

　　5.立即联系救护车，就近进行抢救治疗。要担架搬运，不能抱持病人。

　　问题298：冠心病病人急性发作时如何采取急救措施？

　　答：冠心病急性发作时，病人突然剧烈胸痛、大汗淋漓，甚至突然心跳、呼吸停止。遇到这种情况，在场人员往往慌了手脚，乱作一团，不但没有对病人进行有效的急救，甚至因为一些错误做法反而加速了病人的死亡。冠心病急性发作的时候，应该做到：

　　1.立即坐下或卧床休息。稳定患者情绪、减少激动非常关键。无论是心绞痛还是心肌梗死，病人首先应立即停止一切活动，坐下或卧床休息，禁止奔走呼救或步行去医院。如在室外，应原地蹲下休息。因为静止可以减少心脏的负荷，从而减少心肌耗氧量，延缓心肌细胞因缺氧而坏死。同时,精神应放松,不要过分紧张。如在冬季野外发病时应注意保暖。

2. 保持呼吸通畅。顺畅、有效的呼吸对冠心病急性发作的病人尤为重要。应该立即开窗通风,保持室内空气新鲜。同时解开病人衣领,及时清除其口腔内的呕吐物,以免误吸造成气道阻塞。家属还应不断安慰患者,避免过度紧张造成气道痉挛,引起窒息。有条件可立即给予吸氧。

3. 舌下含服硝酸甘油。有冠心病病史者应常备急救药物。一旦心绞痛发作,可立即舌下含服硝酸甘油1片或含服消心痛1~2片。心绞痛的发作,一般在休息及服用硝酸甘油后几分钟即可缓解;如不能缓解,则要考虑心肌梗死的可能。此时硝酸甘油片可增至每3~5分钟用1次,或口服冠心苏合丸。一些针对冠心病急性发作的喷雾制剂(如硝酸异山梨酯气雾剂)也可在短时间内起效。如病人烦躁不安,可让其口服1片安定,也可指掐或针刺内关(位于腕横纹上2寸)等穴位。在进行上述处理的同时,应迅速向急救中心呼救。注意保暖及保持大小便通畅。

4. 心肺复苏。冠心病发作最凶险的一种类型和最常见的死亡原因是心脏骤停,常称为冠心病猝死。对一个猝死者来说,在心跳、呼吸停止后的4分钟内是急救的关键时间。这时大脑内的能量尚未耗尽,给予及时的现场急救,可能使猝死者起死回生;如果超过4分钟,则脑细胞可因严重缺血、缺氧而坏死,病人几乎没有生还的可能,即使存活下来,部分病人会变成植物人。

问题299:如何现场抢救猝死者?

答:当有人突发心脏病猝死时,在向急救中心呼救的同

时,应立即把病人仰卧在木板上。然后,按以下步骤进行抢救:

1. 打开气道。由于猝死者舌根向后坠落,不同程度地堵塞了气道入口处,因此,首先要给病人通畅气道。目前国际上通用仰头举颏法,方法是急救者位于病人一侧,用一只手置于病人的前额,用力往下压,另一手的食、中指放置于病人下颏(下巴),用力往上举,使病人下颏与地面垂直,充分打开病人气道。

2. 胸外心脏按压。当病人无脉搏跳动时,用人工的方法使心脏跳动,让流动的血液把肺部的氧送至大脑和其他重要脏器。急救者可用一手掌根放置于病人的胸骨中下1/3处,另一手掌根重叠于前一手背上,压住掌根,然后两手臂绷直,用腰部的力量向下按压,深度为4.5厘米,频率为每分钟100次。

3. 人工呼吸。当病人无自主呼吸时,此时猝死者肺脏已塌陷,故第一次需用力吹两口气,观察到胸腹部有起伏即可;而后每分钟吹气16～20次/成人。注意吹气时,应捏紧病人鼻孔,并口对口密封。由于急救者吹出的气中18%是氧气(大气中含21%的氧),只要吹气正确,可使患者得到充分的氧。

4. 人工呼吸和心脏按压交替进行。如果是双人操作,则为5∶1比例,即5次胸外心脏按压和1次人工呼吸交替进行。单人操作按压与吹气比例30∶2。

5. 心肺复苏不能随意停止。一直要坚持到救护车到达,及时把急救的"接力棒"传给随车医生,则可望大大地提高猝死者的生存率。

问题 300：临终关怀护理包含哪些主要内容？

答：临终关怀，在生命最后的时刻，给病人最温暖的照顾。其中，临终关怀护理，包括四方面的内容：

1. 以照料为中心。对临终病人来讲，治愈希望已变得十分渺茫，而最需要的是身体舒适、控制疼痛、生活护理和心理支持，因此，目标以由治疗为主转为对症处理和心理护理照顾为主。

2. 维护人的尊严。病人尽管处于临终阶段，但个人尊严不应该因生命活力降低而递减，个人权利也不可因身体衰竭而被剥夺，只要未进入昏迷阶段，仍具有思想和感情，医护人员应维护和支持其个人权利；如保留个人隐私和自己的生活方式及习惯，参与医疗护理方案的制订。

3. 提高临终生活质量。有些人片面地认为临终就是等待死亡，生活已没有价值，病人也变得消沉，对周围的一切失去兴趣；甚至有的医护人员也这样认为，并表现出态度冷漠，语言生硬，操作粗鲁。

临终也是生活，是一种特殊类型的生活，所以正确认识和尊重病人最后生活的价值，提高其生活质量是对临终病人最有效的服务。

4. 共同面对死亡。有生便有死，死亡和出生一样是客观世界的自然规律，是不可违背的，是每个人都要经历的事实，正是死亡才使生存显得更有意义。工作人员要指导病人坦然地面对死亡、接受死亡，珍惜即将结束的生命的价值，一起共同面对死亡，要站在病人的角度去思考和处理一些事情，将病人的经历视为自己的体验。

5. 做好基本的护理。(1)将病人移置温暖、通风好的房间内;(2)适当整理解衣、裤,注意保温;(3)能饮水者,可给喝热糖水;(4)必要时针刺人中穴;(5)呼吸困难或停止时,立即做人工呼吸,同时进行胸外心脏挤压术;(6)严重者应及时送医院抢救。⑦当医生宣布病人死亡后,用枕抬高病人头部,清洁面部。